Hamburger Edition

David Kuchenbuch

Globalismen

Geschichte und Gegenwart des globalen Bewusstseins

Hamburger Edition

Hamburger Edition HIS Verlagsges. mbH
Verlag des Hamburger Instituts für Sozialforschung
Mittelweg 36
20148 Hamburg
www.hamburger-edition.de

Gestaltung: Lisa Neuhalfen
Satz aus der Alegreya Serif und Sans
Druck und Bindung: CPI books GmbH, Leck
ISBN 978-3-86854-370-4
1. Auflage September 2023

Inhalt

1 Einleitung

Globalismus als Kampfbegriff

Was ist Globalismus? Beginnen wir mit einem Tweet. Mitte Mai 2021 empfiehlt Hans-Georg Maaßen auf Twitter das drei Jahre zuvor erschienene Buch *Globalisten* von Quinn Slobodian. Es kommt nicht oft vor, dass sich ein prominenter Politiker auf ein geschichtswissenschaftliches Werk bezieht. Aber nicht nur das macht den Literaturtipp bemerkenswert. Ein Angehöriger des rechten Flügels der CDU, der eine Darstellung der »Widersprüche der neoliberalen Weltanschauung« als Lektüre für ein »verregnetes Wochenende« empfahl? War das ernst gemeint?[1] Die Antwort lautet: nein. In einer Talkshow hatte wenige Tage zuvor die Klimaschutzaktivistin Luisa Neubauer dem ehemaligen Präsidenten des Bundesamts für Verfassungsschutz vorgeworfen, auf Twitter antisemitische Inhalte zu verbreiten. In Politik, Presse und den sozialen Medien führte das zu einiger Aufregung. Dabei war es insbesondere der Begriff »Globalisten«, der in einigen der von Maaßen geteilten Posts gefallen war, an dem sich die Diskussion über Neubauers Vorwurf abarbeitete. Schien er den einen harmlos, wiesen andere, darunter die Konrad-Adenauer-Stiftung, darauf hin, dass dieser Ausdruck in der extremen Rechten als sogenanntes Hundepfeifen-Signal kursiert: als Code für Verschwörungstheorien wie die »Neue Weltordnung«, die »die Juden« seit jeher zu schaffen

1 https://twitter.com/hgmaassen/status/1392450611820498944?lang=de [25.6.2023].

versuchten.[2] Vor diesem Hintergrund war Maaßens Empfehlung zweifellos als Selbstentlastung gemeint: Seht her, »Globalismus« ist ein Mainstreambegriff. Zugleich war sein Lob vergiftet. Denn Maaßen zitierte aus einer Besprechung von Deutschlandfunk Kultur, einem jener Sender, die er anderswo scharf für ihre unterstellte linksliberale Voreingenommenheit kritisierte.

Der kanadische Historiker wollte das offenbar nicht auf sich beruhen lassen. Slobodian, der sich im Nachwort zu seinem Buch in der Tradition der linken Globalisierungsproteste in Seattle und Genua verortet, reagierte seinerseits mit einem Tweet. Darin wies er auf die Nähe Maaßens zur Friedrich-August-von-Hayek-Gesellschaft hin, die sich der Pflege des Gedankenguts dieses Ökonomen verschrieben hat, der als Vordenker des Neoliberalismus betrachtet wird.[3] Unabhängig vom Antisemitismusvorwurf zielte das darauf, Maaßen, der sich mittlerweile einem Parteiausschlussverfahren ausgesetzt sieht, als einen Befürworter uneingeschränkter globaler Märkte zu entlarven, der aus Opportunismus zuletzt auf einen nationalistischen und protektionistischen Kurs umgeschwenkt sei, um sich als Verteidiger der »kleinen Leute« zu gerieren.

So weit, so polemisch. Zwei Monate später allerdings legte der ehemalige Direktor des Kölner Max-Planck-Instituts für Gesellschaftsforschung, Wolfgang Streeck, ein Buch vor, das die Auseinandersetzung verkompliziert. Streeck nämlich sieht die deutsche Gesellschaft am Scheideweg »zwischen Demokratie und Globalismus«. Der meinungsstarke, dem Selbstverständnis nach linke Kritiker »technokratischer« Institutionen

2 Hüllen, »Was verstehen Rechtsextremisten unter ›Globalismus‹?«, https://www.kas.de/de/web/extremismus/rechtsextremismus/was-verstehen-rechtsextremisten-unter-globalismus [25.6.2023].

3 https://twitter.com/zeithistoriker/status/1392579563562143747 [12.10.2021, der Tweet wurde zwischenzeitlich gelöscht].

wie der Europäischen Zentralbank (EZB), geizt darin nicht mit Vorwürfen an die sich »als kosmopolitisch verstehende, neolibertäre und neoelitäre Mittelschicht«.[4] Diese ist für Streeck Profiteurin einer Globalisierung unter wirtschaftsliberalen Vorzeichen, die seit den 1990er Jahren die soziale Ungleichheit innerhalb der Gesellschaften Europas und Nordamerikas vergrößert habe. Die Rückkehr von Nationalismus, Protektionismus und Nativismus in jüngster Zeit deutet Streeck als basisdemokratischen Protest von Globalisierungsverlierern. Dieser richte sich auch gegen eine Doppelmoral, die sich im letztlich bloß symbolischen Eintreten für Benachteiligte aus fernen Ländern bemerkbar mache, anstelle eines Engagements für die Rettung demokratischer Institutionen zuhause vor einer immer schwerer kontrollierbaren Global Governance.

Meinten Maaßen, Streeck und Slobodian dasselbe, wenn sie von Globalisten schrieben? Es wird noch verzwickter. Denn der Begriff »Globalismus« spielt auch in ganz anderen Denkzusammenhängen eine wichtige Rolle. So in der jüngsten Debatte über das Anthropozän – also das menschengemachte Erdzeitalter, das Naturwissenschaftlerinnen am theoretisch auch noch in Millionen Jahren messbaren Einfluss der Menschheit auf Geologie, Klima und Biome der Erde festmachen. Ökologisch sensibilisierte Geistes- und Gesellschaftswissenschaftler wie Bruno Latour identifizieren nicht selten »den« Globalismus der Industriemoderne als Hürde, die den Weg aus der Klimakatastrophe versperre.[5] Globalismus wird hier nicht als politische Haltung, sondern als eine instrumentelle Außensicht auf unseren Planeten verstanden, und diese wiederum als Ausdruck einer typisch westlichen Machbarkeitshybris. Entsprechend wird der Globalismus einem nachhaltigeren In-der-Welt-Sein gegenübergestellt. Auch die Globalismuskritik der

4 Streeck, *Zwischen Globalismus und Demokratie*, S. 12.
5 Latour, *Kampf um Gaia*, bes. S. 211–224.

Theoretiker des Anthropozäns geht also mit Skepsis gegenüber internationalen politischen Übereinkünften einher, etwa dem Handel mit Emissionsrechten. An eine Rückbesinnung auf die Integrations- und Gestaltungskraft der Nationalstaaten, wie sie Wolfang Streeck vorschwebt, ist aber sicher nicht gedacht, wenn Latour dazu aufruft, Allianzen zwischen Menschen und Tieren zu bilden.

Können Historikerinnen die Debatte entwirren? Es geht ja um ihre Themen: die Geschichte des Antisemitismus und der neoliberalen Hegemonie im späten 20. Jahrhundert; die Geschichte des Nationalstaats, ja sogar die des westlichen Fortschrittsdenkens schlechthin. Allerdings: Zuletzt haben auch Historikerinnen, allen voran Vertreter der Globalgeschichte, den eigenen »methodischen Globalismus« zu hinterfragen,[6] ja als Bestandteil eines »epidemischen Globalismus« zu historisieren begonnen. Der habe nämlich in den 1990er und frühen 2000er Jahren, der Hochphase der Globalisierungseuphorie, keineswegs nur Wirtschaft und Politik angesteckt, sondern eben auch die deutenden Wissenschaften.[7] Jürgen Osterhammel und Stefanie Gänger haben sich und ihren Kolleginnen sogar eine Denkpause empfohlen. Die während der Corona-Pandemie unübersehbare Exekutivmacht der Territorialstaaten bringe manch lang gehegte Annahme ins Wanken, etwa hinsichtlich des Primats des Welthandels vor der Politik. Umso wichtiger sei es, dass Historiker über die Geschichte von Globalitätsvorstellungen nachdenken, zu denen »weltbürgerliche Visionen« ebenso zählten wie »klaustrophobische Ängste […] vor einem durch gemeinsame Bedrohungen zusammengehaltenen Erdball«.[8]

6 Mittelman, »Globalization«, S. 21–33.
7 Osterhammel, »Globalifizierung«, S. 6.
8 Gänger/Osterhammel, »Denkpause für Globalgeschichte«, S. 84.

Reflexive Globalisierung: Globalismus als analytischer Begriff

Dieser Essay soll zeigen, wie eine solche selbstreflexive Analyse von Globalitätsvorstellungen in der Geschichte (West-)Europas und des nordatlantischen Raums aussehen könnte. Zwei Hypothesen sind dabei zentral. Die Auseinandersetzung über Globalismus ist beim genaueren Hinsehen davon bestimmt, dass Annahmen über historische Globalisierungsprozesse zu Argumenten werden. Es scheint daher erstens angeraten, Globalitätsvorstellungen vor dem Hintergrund von Globalisierungs*erfahrungen* zu analysieren, in Anlehnung an die Überlegungen des Bielefelder Historikers Reinhart Koselleck zum Verhältnis von »Erfahrungsraum« und »Erwartungshorizont«.[9] Um der Gefahr vorzubeugen, dabei von einer Art Naturgesetzlichkeit alles überwölbender Globalisierungsprozesse auszugehen, die Erfahrungen präfigurierten, ist es zugleich wichtig, Globalität immer auch als Ergebnis von *aktiver Vernetzungsarbeit* zu betrachten: einer Arbeit, die sich ihrerseits erst durch die Erwartung positiver globaler Zukünfte seitens einflussreicher Akteure erklärt. Spätestens um 1880, so wird zu zeigen sein, war »Globalisierung« reflexiv geworden.

Deshalb scheint es zweitens sinnvoll, trotz seiner Umstrittenheit am Globalismusbegriff festzuhalten. Aber in dem neutralen Sinne, dass er als »Denken in globalen Bezügen«[10] definiert wird, wie es die Historikerinnen Sabine Höhler und Iris Schröder nennen: als ein Denken, das ein wandelbares, phasenweise durchaus gespanntes Verhältnis zu geografisch weit reichenden Verbindungen in Vergangenheit, Gegenwart und Zukunft impliziert; ein Denken, das aber auch als solches reflektiert wird, weshalb im Folgenden immer wieder vom »glo-

9 Koselleck, »›Erfahrungsraum‹ und ›Erwartungshorizont‹«.
10 Schröder/Höhler, »Welt-Räume«.

balen Bewusstsein« die Rede sein wird. Zu den Globalismen zählt dann auch die Globalisierungskritik. Und zwar nicht nur die »linke«, sondern zum Beispiel auch jene, die Donald Trump, damals noch US-Präsidentschaftskandidat, auf einem Parteitag der Republikaner im Sommer 2016 artikulierte, wenn er verkündete, er stehe für »Americanism, not Globalism«.[11]

Anfänge des globalen Denkens

Aber wird wirklich erst seit dem späten 19. Jahrhundert »global gedacht«? Ist Globalismus ein Phänomen der »Hochmoderne«, der Historiker gern eine besonders ausgeprägte Weltbeobachtungsneigung mit den dazu passenden Wissenschaften – Geografie, Anthropologie, später dann die Area Studies – bescheinigen? Es gibt keine befriedigende Antwort auf diese Frage. Es kommt darauf an. Wissenshungrige Naturforscher und Kartografen, die auf den Spuren von Eroberern und Unternehmern die Erde erkundeten, gab es bereits im ausgehenden Mittelalter und nicht nur in Europa. Man könnte auf die Erkenntnis der Sphärenform der Erde schon in der Antike hinweisen, deren lebensweltliche Relevanz jedoch bescheiden war. Ähnliches ließe sich für die in der Globalisierungsgeschichte gerne bemühten Ursprungsszenen sagen: etwa die Etablierung der einigermaßen regelmäßig zwischen den Philippinen, dem mexikanischen Acapulco und Westeuropa zirkulierenden Manila-Galeonen des 16. Jahrhunderts. Oder alternativ und weniger eurozentrisch: über die riesige chinesische »Schatzschiff«-Flotte des frühen 15. Jahrhunderts, die bis nach Ostafrika vordrang. Solche Ereignisse haben »Interaktionsbarrieren« geschliffen.[12] Aber sie werfen eher einen Schatten voraus als ein Licht auf das Denken ihrer Zeit. Denn das Werk von Menschen

11 Zitiert nach Deuerlein, *Zeitalter der Interdependenz*, S. 16.
12 Fäßler, *Globalisierung*, S. 36–45.

wie dem Kartografen (und Erfinder des Ausdrucks »Atlas«) Gerardus Mercator oder das »Worldmaking« von Denkern wie Montaigne oder Milton waren marginal.[13] Martin Mulsow schlägt vor, die globale Ideengeschichte der frühen Neuzeit als Geschichte von »Überreichweiten« zu untersuchen. Diese Metapher zielt auf Unschärfen aufgrund des Umstands, dass sich die gewissermaßen noch schlecht befestigten »Transportwege« von Ideen unterschieden von der Interpretation geistiger Beeinflussungsverhältnisse etwa zwischen Ostasien und Italien, wo sie im Rahmen der christlichen Heilslehre erfolgten.[14] Es geht Mulsow um die geringe Dichte der Informationen über die Informationswege selbst, um die fehlenden Metadaten des Ideenimports. Eine Vernetzungsdiagnostik im engeren Sinn verhinderten diese eher. Das sah beim kosmopolitischen Interesse europäischer Forschungsreisender an den »Anderen«, das an der Wende zum 19. Jahrhundert ausgeprägt war, schon anders aus. Dass dieses Interesse indes zuletzt fast krampfhaft bemüht wurde, um das Humboldt-Forum im wiedererrichteten Berliner Stadtschloss in eine positive Tradition zu stellen, die auch die Unterbringung mutmaßlichen Raubguts aus den Kolonien rechtfertigt, deutet nicht auf seine historische Verbreitung hin.[15]

All die genannten Phänomene sind bemerkenswert. Sie werden hier aber vor allem insofern eine Rolle spielen, als sie zu verschiedenen Zeitpunkten in der jüngeren Geschichte als Argumente für weniger oder mehr globale Vernetzung auftauchten. Und zwar *nach* jener Zäsur, die für die Erfahrungs- und Deutungsgeschichte der Globalität die wichtigste ist: dem

13 Ramachandran, *Worldmakers*.

14 Mulsow, *Überreichweiten*.

15 Siehe nur die virtuelle »360°-Experience«, die zum »Weltdenken« einlädt: https://berlin-global-ausstellung.de/ [25.6.2023] und die Kritik an der Ausstellung von Daniel Morat, »Katalysator wider Willen«.

Ende einer Welt, in der er es für einen signifikanten Teil der Menschheit noch keinen ökonomischen Nachteil bedeutete, *nicht* in geografisch weit reichende Prozesse eingespannt zu sein, für die viel später der Begriff »Globalisierung« geprägt wurde.[16] Insofern beginnt die Reflexionsgeschichte von Globalität mit dem enormen Transformationsdruck, der in der zweiten Hälfte des 19. Jahrhunderts von einem dominierenden, sich industrialisierenden Europa ausstrahlte.

Vergleich und Konnektivitätsdiagnostik als Modi der Welterzeugung

Es ist viel geschrieben worden über Globalitäts*indikatoren* wie die ersten Ozeane »überquerenden« Finanzkrisen, etwa den »Gründerkrach« 1873, und über das Zusammenwirken verschiedener Globalierungs*faktoren* dieser Zeit. Man denke an die sich rasant verkürzende Übermittlungsdauer von Informationen durch die transatlantische Telegrafie, an die fallenden Transportkosten dank neuer Technologien, die fossile Brennstoffe für Antriebe nutzbar machten, an internationale Übereinkünfte, die Transaktionskosten im Welthandel senkten, die Vereinheitlichung von Ortszeiten infolge der Washingtoner Meridiankonferenz 1884. Letztere, so betonen Globalisierungshistoriker, koinzidierte mit der Kartierung der letzten (für Europäer) »weißen Flecken« der Erdoberfläche. Das war eine Entwicklung, die viele Menschen ihre Gegenwart als »globale Gleichzeitigkeit« erleben ließ.[17]

Ich skizziere diese Prozesse des ausgehenden 19. Jahrhunderts auch deshalb schon an dieser Stelle, weil es verführerisch ist, aus ihnen eine Erfahrungsgeschichte der *Konnektivität* her-

16 In diesem Sinne Osterhammel/Petersson, *Geschichte der Globalisierung*, S. 41.

17 Ebd., S. 64.

auszulesen, also eine Geschichte nunmehr regelmäßiger Kulturkontakte, die bis zu zeitgenössischen Diagnosen der Abhängigkeiten oder Interdependenz der »Völker« der Erde voneinander führen *konnten*. Nicht zuletzt die Prägung eines Begriffs wie »Weltwirtschaft« durch deutsche Nationalökonomen der 1860er Jahre ist dafür wiederholt als Indiz angeführt worden. Allerdings muss schon mit Blick auf den Kolonialismus sofort der Hinweis folgen, dass die genannten Prozesse asymmetrisch waren, und das auch schon in der zeitgenössischen Wahrnehmung.[18] Jürgen Osterhammel betont, dass die wirtschaftliche Globalisierung im letzten Viertel des 19. Jahrhunderts mit dem Wandel des Kulturtransfers zu einer »Einbahnstraße« zusammenfiel.[19] Je häufiger Europäer beobachteten, dass andere, etwa die Eliten Japans während der Meiji-Restauration, ihr Modell kopierten, umso weniger glaubten sie selbst von diesen Anderen lernen zu können. Wer vorschnell in der Kategorie der Vernetzung denkt, übersieht, dass die Vermehrung und Verdichtung der kulturellen Kontaktzonen Ende des 19. Jahrhunderts immer seltener zu jenem respektvollen Interesse an den Anderen führte, das man derzeit so gerne Alexander von Humboldt attestiert.

Abstrakter ausgedrückt: Historische Globalitätserfahrungen entstehen in Wechselwirkung mit Modi der gedanklichen »Welterzeugung«. Die Geschichte des atlantisch-europäischen Globalismus zwischen der zweiten Hälfte des 19. Jahrhunderts und den 1960er Jahren war die eines *globalen Vergleichens*, das sich zu Gewissheit der eigenen Überlegenheit verdichtete.[20] Eben dieses Superioritätsbewusstsein legitimierte Praxen kolonialer Treuhänderschaft weit hinein ins 20. Jahrhundert. Dabei gilt es jedoch zu bedenken: Wer vergleicht, tut zweierlei. Es

18 Stanley, »›Maidservants‹ Tales«.
19 Osterhammel, *Verwandlung der Welt*, S. 1286.
20 Steinmetz, *Europa im 19. Jahrhundert*, bes. S. 45 f.

geht um eine Differenzdiagnose, der eine Gleichheitsunterstellung zugrunde liegen muss.[21] Es ist bekanntlich durchaus erlaubt, Äpfel mit Birnen zu vergleichen, solange es um den Vergleich zwischen Früchten geht. Ein Vergleich kann aber auch darauf hinauslaufen, Identität oder gar Gleichwertigkeit festzustellen. Die Annahme einer Weltgemeinschaft oder geteilten Humanität, die daraus abgeleitete Vorstellung eines gemeinsamen Schicksals, wohnt dem globalen Denken also inne.

Umso wichtiger ist es, zu verdeutlichen, wann und warum das Trennende betont wurde. Das globale Vergleichen des späten 19. Jahrhunderts war mit der Überzeugung des Imperialismus verwandt, dass »Weltpolitik« (auch dieser Begriff war neu) ein Nullsummenspiel sei, einer Überzeugung, die vom Sozialdarwinismus überformt war, bis hinein in Arenen des internationalen Leistungswettbewerbs, die bis heute bestehen: die Olympiaden und Weltausstellungen etwa. Und selbst die Ende des Jahrhunderts wie Pilze aus dem Boden schießenden internationalen Organisationen förderten, indem sie zu zwischenstaatlichen Regelwerken drängten, den Trend zum Territorialstaat mit seinen klaren Grenzen.[22] Das widersprach nur auf den ersten Blick der in der entstehenden Soziologie aufkommenden Theorie, die Menschheit werde langfristig in einer Art sozialer Evolution zusammenwachsen, sich also von den Dorfgemeinschaften über die Nationen zur Weltgesellschaft entwickeln.[23] Denn dass der Stimulus dieses Prozesses von den am weitesten »fortgeschrittenen« Gesellschaften ausgehe, stand außer Frage.

21 Heintz, »Welterzeugung durch Zahlen«.

22 Paulmann, *Globale Vorherrschaft*.

23 Deuerlein, *Zeitalter der Interdependenz*, bes. S. 35–37.

Europäer und das Vergessen der »Anderen«

Noch einmal: Sind das nicht doch Themen, die auch in der im vergangenen Jahrzehnt wieder aufgeflammten Diskussion über die Genese des modernen, »globalen« Kapitalismus im 15. und 16. Jahrhundert eine zentrale Rolle spielen? Es wird in dieser Diskussion ja gerne eine kapitalistische »Rechenhaftigkeit« als Faktor neuer ökonomischer Dynamiken ausgemacht (ganz unabhängig davon, ob dabei die Städte Oberitaliens oder das Jangtse-Delta als Beispiel dienen). Damit einher geht ein erneuertes Interesse an der Koevolution von Kapitalismus und Kolonialisierung. Es wird sich wieder auf die Urszenen der »ursprünglichen Akkumulation« bzw. eines »Raubkapitalismus« besonnen,[24] der mit Blick auf den Sklavenhandel im *Black Atlantic* zweifellos auch schon in der frühen Neuzeit ein »racial capitalism« war. Nun sollen die umwälzenden Folgen der interkontinentalen Zwangsarbeit hier nicht kleingeredet werden. Die Kommodifizierung afrikanischer Menschen lässt sich kaum trennen von neuen kapitalistischen Praktiken und Profiterwartungen. Diese verknüpften sich mit staatlichen Bemühungen um die Produktivmachung von Populationen, aber auch mit einem *othering* dahingehend, Afrikanern und mehr noch Afrikanerinnen ihre ökonomische Rationalität abzusprechen, um sie so zu dehumanisieren.[25] Zweifellos: Das globale Vergleichen war auch in der frühen Neuzeit eine gedankliche Operation, die die räumliche Expansion begleitete und teils wohl auch hervorrief. Denn in der Perspektive einer frühkapitalistischen Staatlichkeit versündigten sich Populationen, die die von ihnen bewohnten Territorien (vermeintlich) nicht effizient bewirtschafteten, am göttlichen Auftrag der Urbarmachung der Welt. Aber diese »Vergleichspraxis« war insofern ambiva-

24 Siehe etwa Beckert, *King Cotton*.
25 Morgan, *Reckoning with Slavery*.

lent, als sie die Europäer *anderen* »Anderen« näher rückte. Beispiele sind die Antikerezeption des europäischen Humanismus, der nur langsam die Rolle des arabischen Raums als Überträger vergaß, oder die Begeisterung der höfischen Gesellschaften Europas für die Kulturen Chinas und Japans.

Verglichen nur Europäerinnen infolge der frühneuzeitlichen globalen Kontakte? »Anfänge. Eine neue Geschichte der Menschheit« aus der Feder des jüngst verstorbenen Anthropologen David Graeber und des Archäologen David Wengrow argumentiert anders. Die Autoren wollen zum Nachdenken über Alternativen zur Gegenwartsgesellschaft anregen, indem sie zeigen, dass die politische Organisation außereuropäischer historischer Kollektive vielfältiger und freiheitlicher war als meist angenommen, und dass dies den Menschen im 16. und 17. Jahrhundert klar gewesen ist. Heute werde unterschätzt, wie groß die Resonanz der nordamerikanischen indigenen Kritik an Europa in der Aufklärungsphilosophie war.[26] Fraglos waren fremde (fiktionale) Blicke auf Europa – Montesquieus *Persische Briefe* (1721) zum Beispiel – ein beliebtes Genre der Essayistik dieser Zeit. Und es wäre absurd anzunehmen, dass basisdemokratische Ideen nur in Europa entstanden; man denke an die Haitianische Revolution, die in Frankreich breit wahrgenommen wurde – zunächst. Genau das ist der Punkt: Wengrow und Graeber bleiben eine Antwort auf die Frage schuldig, warum der indigene Einfluss in Vergessenheit geriet.

Die Antwort auf diese Frage bildet zugleich eine Rechtfertigung der zentralen Limitation dieses Essays. Ist es nicht eurozentristisch, nur die Geschichte des nordatlantisch-europäischen Globalismus zu schreiben? Nun ließe sich einwenden, dass diese Kritik sich bei anderen europäischen Ismen nicht so schnell aufdrängt. Warum aber sollte der europäische Glo-

26 Graeber/Wengrow, *Anfänge*. Überzeugender: Dodds Pennock, *On Savage Shores*.

balismus »globaler« sein als sein Anarchismus oder Liberalismus? Die geografische Einschränkung erklärt sich in diesem Fall aber auf andere Weise. Der so problematische, eurozentrische Blick des »Nordens« auf die Welt und die paradoxerweise abnehmende Bereitschaft der Europäer, von den »Anderen« zu lernen: Beide Phänomene werden sich als Spezifika des beleuchteten Zeitraums erweisen. Ich werde zeigen, dass die Forderung an die Geistes- und Gesellschaftswissenschaften, ihre Erkenntnisinteressen und ihr Material zu »globalifizieren«, eine vergleichsweise junge Geschichte hat. Und dass diese Geschichte nicht unmittelbar aus einer Herausforderung durch »nichteuropäisches« Denken herrührt. Entsprechend bin ich der Überzeugung, dass die Begrenzung auf die nordatlantisch-europäische Ideenwelt – bei aller Vorsicht im Umgang mit solchen Kategorien – für den hier in Rede stehenden Zeitraum sogar notwendig ist. Zumal, wenn wir die Feindseligkeiten gegenüber einer »kosmopolitischen Ethik« besser verstehen wollen.

Das führt zu einer zweiten Einschränkung. Die Kapitel zum ausgehenden 19. und frühen 20. Jahrhundert werden die potenzierten Möglichkeiten dieser historischen Phase herausarbeiten, neuartige Globalitätserfahrungen zu machen, die die Menschen aber nicht zwangsläufig als solche artikulierte. Demgegenüber kann und wird der Essay in den Abschnitten zu den letzten zwei Dritteln des 20. Jahrhunderts und zum frühen 21. Jahrhundert stärker auf den Einsatz solcher Erfahrungen als Argumente im Zusammenhang von Bemühungen abheben, »Globalität« zu verstärken oder auch zu reduzieren. Dabei ist es mein Ziel, Konjunkturen und Trends im globalen Bewusstsein zu identifizieren und sie ein Stück weit zu erklären. Das Nachdenken über das globale Denken beginnt erst.

2 Die Welt der ersten Globalisierung

Die Welt, 1882

Historiker lieben es, sich mit einzelnen Jahren zu beschäftigen. Mal werden diese als Zeiträume interpretiert, in denen sich bestimmte Ereignisse akkumulieren, bis sie fundamentale Umwälzungen herbeiführen. Dann wieder sollen Einzeljahre eher Schlaglichter auf den historischen Prozess werfen, also kulturelle, soziale, ökonomische Strukturen aufblitzen lassen. Mit 1882 geht beides. Blickt man in die Wikipedia, stößt man auf eine Vielzahl von Ereignissen, die sich als Wendemarken in der Geschichte der Globalisierung interpretieren lassen, aber auch auf solche, die die erreichte »Globalität« des späten 19. Jahrhunderts verdeutlichen. Zum Beispiel gründet John Rockefeller in diesem Jahr das Standard Oil Trust. Er konsolidiert damit sein Monopol bei der Raffinierung jenes Materials, das die Kohle als Triebkraft der Weltwirtschaft abzulösen beginnt. Darauf werden wenig später die ersten Antitrust-Gesetze der USA reagieren, die zur Gründung einiger der noch heute dominierenden Ölunternehmen führen. Im Frühjahr 1882 geben sich die USA mit dem Chinese Exklusion Act ihr erstes rassistisches Einwanderungsgesetz, während in Russland die Maigesetze die Freizügigkeit der Juden einschränken. Im Juli beschießt die britische Flotte Alexandria und erringt die Kontrolle über den Suezkanal, wenige Monate später wird ganz Ägypten zum britischen Protektorat. Bis heute wird über den Suezkanal ein erheblicher Teil des Welthandels abgewickelt, seit seiner Eröffnung 1859 vollzieht sich über ihn aber auch die lessepssche Migration: die Zuwanderung invasiver Arten aus dem Roten

Meer ins Mittelmeer. Dazu passt, dass 1882 das erste Internationale Polarjahr (IPY) war, in dem sich die Regierungen von zwölf Staaten verpflichten, die Erforschung der letzten unerforschten Gebiete der Erde koordiniert anzugehen. Das bildet eine Voraussetzung für den internationalen wissenschaftlichen Austausch, der auch im so konfliktreichen 20. Jahrhundert nie zum Erliegen kommt. Zugleich legt die im Rahmen des IPY verabredete Standardisierung und Integration von meteorologischen Daten den Grund für die neue Konzeption des »Weltklimas«. Auch die Idee eines »Weltumweltschutzes« wird in den 1880er Jahren begrifflich fassbar. Schließlich ist 1882 das Jahr, in dem der Historiker Ernest Renan an der Pariser Sorbonne die Vision einer supranationalen europäischen Gemeinschaft entwirft. Sein Vortrag »Was ist eine Nation?« wird für seine »konstruktivistisch« informierten Nachfolger der 1990er Jahre zur zentralen Referenz, wenn sie nach Forschungsperspektiven jenseits des Nationalstaats fragen.

Die Beispiele sind so ausgewählt, dass sie eine Vielzahl Themen berühren, die wir heute durch die Globalisierungsbrille betrachten: ökonomische und infrastrukturelle Verflechtungen und die Macht multinationaler Unternehmen; transkontinentale Migration und der Versuch, sie zu unterbinden; die Zerstörung der Erde durch den Menschen; die Suche nach postnationalen Konstellationen. Meine Auswahl macht zugleich das Kernproblem der Jahreszahlbücher deutlich, die »Jahre am Rande der Zeit« identifizieren,[1] in denen also etwas zu Ende ging und etwas anderes begann: Die Zeitgenossen selbst thematisierten meist nicht dieselben Vorgänge, die Historikerinnen als entscheidende ausmachen; globaler Umweltschutz und europäische Identität zum Beispiel waren keine zentralen Themen der »langen Jahrhundertwende« (ca. 1880–1918), um

1 Thiemeyer, »Jahre am Rande der Zeit«.

die es im Folgenden geht. Schließlich ist das Gefühl, in einer Umbruchsituation zu leben, der eine offene Zukunft folgt, mit guten Gründen als Standarderfahrung moderner Menschen herausgearbeitet worden.[2] Und dennoch: Es spricht einiges dafür, dass es in den letzten zwei Jahrzehnten des 19. Jahrhunderts für eine präzedenzlos große Zahl von Menschen zur Selbstverständlichkeit wurde, die Welt als politischen, ökonomischen, sozialen und naturräumlichen Gesamtzusammenhang zu betrachten.

Die ganze Welt in Thüringen

1882 lancierte Hermann Berghaus eine Weltkarte, die diesen Gesamtzusammenhang visualisierte (siehe die Abbildung in der vorderen Buchklappe). Das Werk ist eine virtuose Mischung aus topografischer und thematischer Karte. Die Erdoberfläche wird durch Schummerungen der Höhenunterschiede dargestellt, Gewässer, Wüsten, sogar das Packeis ist farblich markiert. Visualisiert werden darüber hinaus Meerestiefen sowie Strömungen und ihre Geschwindigkeiten. Was jedoch als Erstes ins Auge fällt, ist die große Aufmerksamkeit, die der Kartengestalter den Verkehrs- und Kommunikationsinfrastrukturen hat zuteilwerden lassen, den »regelmäßigen Dampfschifffahrts-Linien und Ueberland-Routen« und den »grossen Land- und Untersee-Telegraphen«. Wollte man Berghaus' Karte aus sich selbst heraus interpretieren, wären ihre Themen die Beherrschbarkeit der Welt und die Bedeutung von Kommunikation. Sie wäre ein Medium, das zugleich andere Medien(-kanäle) zeigt, deren Zuverlässigkeit durch die Detailtreue der Karte selbst verbürgt wird. Denn irgendwie müssen die geografischen Informationen, die an Messpunkten auf der ganzen

2 Koselleck, »›Erfahrungsraum‹ und ›Erwartungshorizont‹«.

Welt erhoben wurden, schließlich am Standort des Kartografen zusammengeführt worden sein.

Dieser Standort, und das macht die Karte nicht nur zum Symbol, sondern auch zum Produkt von Globalisierung, war das thüringische Gotha, genauer die kartografische Anstalt des Verlagsbuchhändlers Wilhelm Perthes, an der Hermann Berghaus 1863 eine erste Version der Karte entwarf. Der 1828 geborene Kartograf hatte bei Perthes die Aufgabe, Kartenwerke zu aktualisieren. Berghaus, der in seinem Leben kaum weiter gereist ist als von seinem westfälischen Geburtsort Herford nach Thüringen, saß an einem peripheren Ort, an dem dennoch erkennbar wurde, was sich in der Welt veränderte, wie sie zusammenwuchs. Umso wichtiger ist, dass die Karte englisch beschriftet und betitelt ist, was auf die Existenz eines länderübergreifenden Marktes für die thüringischen Verlagsprodukte hinweist. Tatsächlich war einer der Verwendungszwecke die Nutzung als Kontorkarte durch Reedereien, die mit ihrer Hilfe einzelne Schiffe auf ihrer Route *tracken* konnten, wie wir heute sagen. Womöglich lag der *unique selling point* der Karte allerdings in dem Effekt, der sich bei ihrer Betrachtung aus gewissem Abstand ergibt. Dann nämlich verschwimmt das »Geflecht sich überkreuzender und überlappender Linienbündel«[3] – die kartografische Entscheidung, jede damals regelmäßig befahrene Schifffahrtslinie in durchbrochenen Linien auf der Karte zu verzeichnen, lässt einen Gesamteindruck menschengemachter Globalität entstehen. Die natürliche Geografie der Erde bleibt erkennbar, wird aber überschrieben durch ein Netz aus menschlicher Aktivität.

Und so kann man sich vorstellen, wie die Zeitgenossen die Verbindungen dieses Netzes mit dem Finger abreisten in einer Phase massenhafter Migration insbesondere aus Europa nach

3 Siegel/Weigel, »Warum Phileas Fogg keine Karten braucht«, siehe aber auch Schröder, »Provinz«.

Amerika. Gut möglich, dass Menschen auch der Route der nach Südamerika ausgewanderten Verwandtschaft folgten, wenn sich nicht gar eigene Auswanderungsträume an der Karte entzündeten. Karten schaffen Möglichkeitsräume; sie sind Imaginationshilfen, die zur Veränderung der Realität einladen.[4] Daher überrascht nicht, dass die Berghaus-Karte immer wieder mit den literarischen wie realen Weltreisen ihrer Zeit in Verbindung gebracht wird, mit der Weltumrundung des George Francis Train im Jahr 1870 oder mit der Postkarte, die eine Tageszeitung 1888 als *publicity stunt* auf eine siebzigtägige Reise um die Welt sendete.[5] Sie war damit sogar zehn Tage schneller als der britische Gentleman Phileas Fogg, den der Schriftsteller Jules Verne bereits 1873 auf seine fiktionale Reise geschickt hatte – eine Reise, die sich nicht nur als Abenteuer, sondern auch als Wette auf die Genauigkeit der Kursbücher der Reedereien, auf die Konnektivität ihrer Zeit verstehen lässt.[6] Tatsächlich neigten Historiker zuletzt zu der Überzeugung, »dass das, was seit Ende des letzten [20., D.K.] Jahrhunderts als Globalisierung bezeichnet wird, eine in ihrer Grundform recht dauerhafte Bewusstseinsfigur darstellt«.[7] Realentwicklungen des 19. Jahrhunderts bilden das latente Erfahrungsreservoir für das Globalitätsdenken, mit dem wir seitdem operieren.

Die erste Globalisierung

Als Ende der 1990er Jahre die Globalisierungsdebatte einen ersten Höchststand erreichte, sahen sich auch Historiker herausgefordert, mitzudiskutieren. Gerade Wirtschaftshistoriker sind zu wichtigen Einsichten gelangt, indem sie etwa die These

4 Dünne, »Die Karte als Operations- und Imaginationsmatrix«.

5 Siehe Homberg, *Reporter-Streifzüge*, bes. Kap. 5.

6 Krajewski, *Restlosigkeit*, S. 30.

7 Eckel, »Schlusskommentar«, S. 689.

von der präzedenzlosen Globalisierung des späten 20. Jahrhunderts hinterfragten. Wenn wir heute von Phasen oder Wellen der Globalisierung sprechen, dann liegt das an quantifizierend arbeitenden Forschern wie Kevin O'Rourke und Jeffrey G. Williamson oder Cornelius Torp, die die Jahre ab ca. 1860 als Zeit einer »ersten Globalisierung« beschreiben. Diese Globalisierung machen sie, darin den Sozialwissenschaftlerinnen der Jahrtausendwende ähnlich, bevorzugt an zahlenmäßigen Indikatoren der Weltmarktintegration fest.[8] So weisen sie auf die Preiskonvergenzen des späten 19. Jahrhunderts bei Fleisch- und Milchprodukten auf verschiedenen Kontinenten hin oder auf die sich rasant verkleinernden Weizenpreisdifferenzen zwischen Odessa und Liverpool in der Zeit von 1850 bis 1910. Zwischen 1800 und 1913, so eine oft zu lesende Statistik, stieg das Welthandelsvolumen um das 43-Fache.[9] Statt der Luxuserzeugnisse der frühen Neuzeit wie Gold und Gewürze wanderten nun Schütt- und Massengüter wie Eisenerz, Kohle, Dünger und Fasern, aber auch Maschinen um den Globus. Dabei übertrafen die Steigerungen im Welthandel die der ebenfalls rasant wachsenden Güterproduktion. Gut messbar ist auch der Zuwachs grenzüberschreitend agierender Wirtschaftsakteure, also der ersten multinationalen Unternehmen (MNU), zu denen Firmen wie die AEG oder Siemens gehörten.[10] Nachweisen lassen sich aber auch erste interkontinentale Wirtschaftskrisen, etwa im Zuge des Krimkriegs und des Gründerkrachs ab 1873. Als wichtiger Verflechtungsindikator muss mithin die immense Kapitalmobilität des 19. Jahrhunderts gelten. Wobei die Wirtschaftsgeschichte hier Investitionsmuster ausmacht, die sich von jenen der Globalisierung des 20. Jahrhunderts

8 Zum Folgenden Osterhammel/Petersson, *Geschichte der Globalisierung*, S. 60–62; Bin Wong, »Möglicher Überfluss«; Torp, »Weltwirtschaft«.

9 Paulmann, *Globale Vorherrschaft*, S. 112.

10 Dazu ausführlich Lenger, *Preis der Welt*, S. 217–250.

unterscheiden.[11] Direktinvestitionen von Aktionären in Firmen im Ausland waren seltener als die Portfolioinvestitionen aus den globalen »Zentren« in die »Peripherien«; europäische Anleger erwarben bevorzugt ausländische öffentliche Anleihen für Hüttenwerke, Plantagen oder solche mit Infrastrukturbezug: Ein Großteil entsprechender Investitionen erfolgte im letzten Drittel des 19. Jahrhunderts in Verkehrsnetze und Transportanlagen.[12]

Insofern, als damit der Bau ebenjener auf der Berghauskarte verzeichneten Hafenanlagen finanziert wurde, die die Frequenz der globalen Kontakte vergrößerten, wird schon deutlich, dass sich quantitative Indikatoren der Globalisierung analytisch oft nicht sauber von ihren Faktoren trennen lassen. Neben Produktivitätssteigerungen im Agrarsektor war es die industrielle Revolution (und die durch sie getriebene Rohstofferschließung), die immer größere Absatzmärkte in den Blick geraten ließ und auch die enormen Produktionskostendifferenzen erklärt, die den Fernhandel erst rentabel machte. Dass dabei preissenkende technische Innovationen auch und gerade im Bereich des Transports von zentraler Bedeutung waren, liegt auf der Hand. Es war die Nutzbarkeit des fossilen Brennstoffs Kohle für den Güterverkehr, die lokale Standortfaktoren für Unternehmer nachrangig machte, so Historiker wie Peter Fäßler und Johannes Paulmann.[13] Die Zuverlässigkeit und Ladekapazitäten der Dampfer begannen ab 1870 die von Segelschiffen hinter sich zu lassen;[14] der Eisenbahnbau in den zwei Jahrzehnten zuvor war aber noch wichtiger, denn der größere Teil der Transportkosten fiel über Land an und nicht auf dem

11 Fäßler, *Globalisierung*, S. 78–81.

12 Paulmann, *Globale Vorherrschaft*, S. 113.

13 Zum Folgenden wiederum Fäßler, *Globalisierung*, Kap. V. 3; Paulmann, *Globale Vorherrschaft*, Kap. II. 2, hier bes. S. 112–114.

14 Torp, »Weltwirtschaft«, S. 572.

Seeweg. Zirkeldynamiken entstanden daraus, dass der Eisenbahnbau selbst einen Stimulus für die industrielle Kohleförderung sowie für Innovationen in Hüttenwesen und Maschinenbau darstellte und, kaum weniger bedeutsam, für die Entstehung von Kapitalgesellschaften neuen Typs. Darüber hinaus trugen die Koordinationszwänge des Eisenbahnbetriebs zu Transaktionskosten senkenden internationalen Übereinkünften bei, bis hin zur erwähnten Vereinheitlichung von Ortszeiten. Ende des Jahrhunderts erweiterten zudem neue Kühltechniken die Palette der handelbaren Produkte und ermöglichten damit die Integration neuer Regionen. So kamen um 1900 via Kühlschiff erstmals in größerem Umfang Butter aus Neuseeland und argentinisches Rindfleisch in Europa an.[15]

Das Tempo dieses Güterverkehrs konnte aber nicht mit der exponentiell wachsenden Geschwindigkeit der Informationsübermittlung mithalten. Die »Reisedauer« von Informationen entkoppelte sich mit der Telegrafie (die 1866 erstmals einigermaßen stabil den Atlantik überquerte) überhaupt zum ersten Mal in der Geschichte von ihren biologischen Trägern.[16] Und ein erheblicher Teil des Kommunikationsgeschehens erfolgte zwischen den sich vernetzenden Börsen. Der Preisverfall und die Massenhaftigkeit des transnationalen Nachrichtenverkehrs, aber auch die Tatsache, dass die Telegrafie half, Verkehrssysteme zu koordinieren, machte aber nicht nur globale Geschäftspraxen in »Echtzeit« möglich.[17] Sie öffnete auch neue Spielfelder für die Spekulation: Der Preisabgleich via Telegrafie trug zur Risikominimierung bei.

Neben technischen spielten auch kostensenkende rechtliche Standards eine Rolle. Gerade sie bildeten einen wichtigen Deutungshintergrund für die Globalismen des 20. Jahrhun-

15 Borchardt, »Globalisierung«, S. 219.

16 Fäßler, *Globalisierung*, S. 90.

17 Wenzlhuemer, »›Less Than No Time‹«.

derts: Der Abbau von Zöllen wurde lange Zeit als Signum des vermeintlich besonders liberalen 19. Jahrhunderts angesehen und auch der Aufstieg Großbritanniens zum Hegemonen aus der dortigen Dominanz der Freihandelsidee erklärt. Tatsächlich war es 1846 unilateral zur Aufhebung der *Corn Laws* gekommen, der die Streichung aller Importzölle durch die Briten folgte. Das fand mit dem Cobden-Chevalier-Vertrag mit Frankreich 1860, der das Meistbegünstigtenprinzip festschrieb, erstmals auch Eingang in ein zwischen zwei Staaten verhandeltes Abkommen. Dies muss indes in den Kontext einer Vielzahl von Sicherheit und Effizienz für den Handel gewährleistenden Übereinkünften schon des frühen 19. Jahrhunderts gestellt werden. Allen voran gilt das für den Goldstandard, den die Bank of England 1821 initiierte, indem es seine Währung zu einem festen Umtauschkurs ans Gold band, das Pfund also zugleich mit Gold deckte und eine Einlösungspflicht der Banknoten in Gold garantierte. Je mehr Staaten sich diesem Vorgehen anschlossen, umso mehr entsprach dies einem System fester Wechselkurse. Eine Art globales Währungssystem entstand, das noch Mitte des 20. Jahrhunderts als positive Referenz dienen konnte.

Die Skizze sollte zeigen, dass die Wechselwirkungen verschiedener Globalisierungsfaktoren einen enormen Transformationsdruck aufbauten, dem sich auch außereuropäische Gesellschaften nicht mehr entziehen konnten. Zweifellos ging dieser Druck von Europa aus, das das Zentrum der Weltproduktion war.[18] Insofern kann von einer *einheitlich* globalisierten Welt nicht die Rede sein. Selbst innerhalb Europas trifft der Integrationsbefund nur für Enklaven zu. Es gab, so Jürgen Osterhammel und Niels P. Petersson, keine etwa durch Kreditflüsse integrierte globale Fläche.[19] Und noch immer war der

18 Fäßler, *Globalisierung*, S. 76.

19 Osterhammel/Petersson, *Geschichte der Globalisierung*, S. 66f.

Zugang zur Weltwirtschaft nicht überall grundsätzlich ein Wohlstandsfaktor. Im Gegenteil profitierten vor allem industrialisierte Regionen von offenen Märkten, was einem Trend zur Spezialisierung bzw. globalen »Arbeitsteilung« entsprach, nicht nur mit den kolonisierten Regionen des (später so genannten) »globalen Südens«, sondern auch mit einem Land wie Kanada, das sich als erfolgreicher Rohstoffexporteur spät industrialisierte.[20] Der »Welthandel im Zeichen Europas« (Johannes Paulmann) war extrem ungleich verteilt; innerhalb des »Rests der Welt« wurde weit weniger gehandelt, was die Konsequenzen des Außenhandels mit Europa für manche nichteuropäische Ökonomie keineswegs entschärfte. In den südostasiatischen Nassreisökonomien oder im subsaharischen Afrika gab es kaum Produktivitätszuwächse, während die englischen Textilien die einheimische Produktion in Indien nachgerade zerstörten.[21] Dennoch kann die erste Globalisierung nicht per se als Ausdruck eines Ungleichgewichts allein zwischen Europa und Nordamerika und der »außereuropäischen Welt« begriffen werden. Allerdings sollten die Langzeitwirkungen der Investitionsregime, die sich um 1900 etabliert hatten, eine zentrale Rolle in den kritischen Debatten der zweiten Hälfte des 20. Jahrhunderts über die Ursachen von Entwicklungsrückständen spielen,[22] etwa wenn der Blick auf die Eisenbahnstrecken in Afrika fiel, die mit dem Ziel der Extraktion von Rohstoffen, nicht aber der Erschließung des Kontinents für seine Bewohner angelegt worden waren.

20 Lenger, *Preis der Welt*, S. 254–255.
21 Paulmann, *Globale Vorherrschaft*, S. 116.
22 Ebd., S. 114f.

Unkoordiniertes Zusammenwirken

Die Globalisierung im späten 19. Jahrhundert war tendenziell ein »blinder« Prozess. Gerade ihre ökonomisch-technologischen Dynamiken waren das Ergebnis eines unkoordinierten Zusammenwirkens einer Vielzahl von Akteuren. Und wie wir sehen werden, besteht in dieser geringeren Bedeutung bewusster politischer Richtungsentscheidungen ein Unterschied zur zweiten Globalisierung im 20. Jahrhundert, in dem die Erinnerung an die ungeheure Wachstumsdynamik der Jahrhundertwende selbst zum Faktor der Vermehrung globaler Verbindungen wurde. Damit ist aber nicht gesagt, das Zusammenwachsen der Welt sei kein bestimmendes Thema der Debatten des letzten Drittels des 19. Jahrhunderts und des frühen 20. Jahrhunderts gewesen. Im Gegenteil dokumentiert die Begriffsgeschichte ein ausgeprägtes Globalitätsbewusstsein in diesem Zeitraum. Im Deutschen explodierte die Zahl der »Welt«-Komposita, von denen wir viele noch heute benutzen: In den 1860er Jahren kam etwa der Begriff »Weltwirtschaft« auf, im Jahrzehnt danach kamen »Weltreich«, »Weltmacht« und »Weltrevolution« hinzu, dicht gefolgt von »Weltpolitik«, »Weltverkehr«, »Weltstaat« und »Welthandel«.[23] Das Wort »Welt« wurde säkularisiert und materialisiert, aber auch »temporalisiert«. Es hatte zuvor – ähnlich wie »Kosmos« – die gesamte Schöpfung gemeint. Die Idee, die ganze Welt *erfassen* zu können oder eine Wortverwendung, die gleichbedeutend mit »Erdoberfläche« war (»Weltkarte«), hätten als geradezu blasphemisch gegolten. Der marxsche Imperativ, die Welt zu *verändern* und schon um die Mitte des 19. Jahrhunderts aufkommende Formeln wie »neue Welt« und »moderne Welt« deuten also auf eine gewissermaßen philosophische Diskontinuität hin.

23 Das Folgende nach Braun, »Welt«.

Karl Marx und Friedrich Engels hatten 1847/48 im *Kommunistischen Manifest* festgestellt, dass »das Bedürfnis nach einem stets ausgedehnteren Absatz für ihre Produkte [...] die Bourgeoisie über die ganze Erdkugel« jage. »Überall muß sie sich einnisten, überall anbauen, überall Verbindungen herstellen. Die Bourgeoisie hat durch ihre Exploitation des Weltmarkts die Produktion und Konsumption aller Länder kosmopolitisch gestaltet. An die Stelle der alten lokalen und nationalen Selbstgenügsamkeit und Abgeschlossenheit tritt ein allseitiger Verkehr, eine allseitige Abhängigkeit der Nationen voneinander.«[24] War das noch weitgehend Projektion, so hat der Historiker Alexander Engel in seiner Analyse des Terminhandels am Ende des 19. Jahrhunderts plausibel argumentiert, dass es die Telegrafie war, was überhaupt erst eine moderne Vorstellung vom Markt hervorrief. Die Konzeption eines abstrakten, »globalen« Wirkens der Preissignale drängte sich geradezu auf angesichts der Erfahrung einer »Raum-Zeit-Kompression« (David Harvey), die darin bestand, dass der Gütertransport dem telegrafischen Informationsfluss über Güterpreise hinterherhinkte. So stellte der Nationalökonom Gustav Cohn bereits 1866 fest, eine »mächtige Zentralisierung der Preise [...] für den ganzen Erdkreis« lasse die Börse immer mehr als »abgekürztes Bild der Idee des Handels überhaupt« erscheinen.[25]

Tatsächlich verdankt sich die Datengrundlage, auf die die beschriebene wirtschaftsgeschichtliche Globalisierungsforschung aufbaut, selbst einer Weltwirtschaftsanalytik, die bald breit institutionalisiert war. Das 1914 gegründete Kieler Institut für Weltwirtschaft etwa, das sich als Dienstleister verstand, das globale Informationen für Unternehmen bereitstellte, be-

24 Zitiert nach: Fäßler, *Globalisierung*, S. 74. Siehe auch Mergel, »Marx, Engels und die Globalisierung«, der die Globalisierungsvorstellung der Autoren genauer analysiert.

25 Engel, *Risikoökonomie*, S. 135 f.

steht bis heute.[26] Allerdings lässt sich keine eindeutige Korrelation zwischen der konkreten lokalen Bedeutung geografisch weit reichender (ökonomischer) Verbindungen und dem Maß ihrer Thematisierung beobachten. Im deutschen Kaiserreich war das wissenschaftliche Interesse am Markt als einer spezifischen institutionellen Form offenbar groß infolge der Dominanz der Historischen Schule der Nationalökonomie. Aber auch das politische Gewicht großagrarischer Kreise spielte eine Rolle, was die praktische Forschungsagenda der Ökonomen bestimmte.[27] Die Globalisierungsdebatten *avant la lettre* des 19. Jahrhunderts vollzogen sich überhaupt meist im nationalen Rahmen. Das zeigt auch die Medienberichterstattung über den erwähnten transatlantischen Gründerkrach 1873. Zwar hatte diese erste »Weltschuldenkrise« den Planeten in den Augen des Bankiers Mayer Carl von Rothschild zur »kleinen Stadt« werden lassen, was Beobachtungen des Medientheoretikers Marshall McLuhan zum »global village« ein knappes Jahrhundert später vorwegnimmt. Die Historikerin Catherine Davies argumentiert jedoch, dass die Krise zwar *ex post* als Globalisierungsindiz bewertet werden kann, aber von den wenigsten Zeitgenossinnen als translokale Kettenreaktion gesehen, sondern eher mit Blick auf nationale währungspolitische Prinzipien debattiert wurde.[28]

Imperialismustheorien

Kurz vor dem Ersten Weltkrieg mehrten sich dann aber doch Analysen, die die Weltwirtschaft als System interpretierten. Es war unübersehbar geworden, dass immer mehr Großunter-

26 Eiling, *Primat der Praxis*.
27 Engel, *Risikoökonomie*, S. 135 f.
28 Vgl. Davies, »›Mingled in an Almost Inextricable Confusion‹«.

nehmen auf geografische Ausweitung drängten, um von den *economies of scale* zu profitieren. Verbunden mit der zeitgleich wachsenden Spannung zwischen den Großmächten stimulierte dies die ersten Imperialismustheorien über die Zusammenarbeit von Regierungen und Kapital dahingehend, neue Territorien der Verwertung zu erschließen, die sich mit Namen wie Rudolf Hilferding und John Atkinson Hobson, später dann W. I. Lenin verbinden. Dabei deutet das Landnahmetheorem Rosa Luxemburgs den Imperialismus wohl am konsequentesten als Phase der kapitalistischen Entwicklung, die einer räumlichen Ausdehnung gleichkam. Bereits in ihrer Einführung in die Nationalökonomie 1909/10 hatte Luxemburg von einer »weitverzweigten [...] Arbeitsteilung« gesprochen, die »ein tägliches Hinüber und Herüber schafft und einzelne Länder nur als organische Teile eines größeren Ganzen erscheinen« lässt.[29] In *Die Akkumulation des Kapitals* (1913) spann Luxemburg Marx' und Engels' Überlegungen weiter, indem sie einen unmittelbaren Zusammenhang von Unterkonsumptionskrisen in Europa und der (gewaltsamen) Erzeugung immer neuer Absatzmärkte in nichtkapitalistischen Gebieten der Erde postulierte und als logische Konsequenz eines gefräßigen Kapitalismus ausmachte, der zwangsläufig einmal an planetarische Grenzen stoßen musste.

Nun lassen sich gerade die Annahmen zum sogenannten Finanzimperialismus, also zur Vermengung von kolonialistischer Politik und Finanzwirtschaft nicht bestätigten. Die teils schon multinationalen Bankengruppen wirtschafteten stets auf eigene Rechnung, stützten also nur für *sie* lukrative Kolonialprojekte. Auch war die nationalistische Staatenkonkurrenz durchaus mit »wirtschaftlicher Kooperation zwischen den Kolonialmächten und ihren Investoren vereinbar«.[30] Und die

29 Zitiert nach Petersson, »Globalisierung und Arbeit«, S. 262.
30 Lenger, *Preis der Welt*, S. 301.

konkreten Bedingungen und die Intensität der Ausbeutung außerhalb Europas und Nordamerikas waren hochgradig unterschiedlich, je nach der Sozialstruktur vor Ort oder auch den naturräumlichen Umständen, die sich schon in benachbarten Ländern Lateinamerikas stark unterscheiden.

Dennoch bildeten die Imperialismustheorien in den späten 1960er und 1970er Jahren ein intellektuelles Reservoir für die Kritik an der Abhängigkeit der globalen Peripherien. Darauf wurde in den Zentren mit Weichenstellungen in Richtung ebenjener »zweiten Globalisierung« reagiert, die noch heute unser Leben prägt. Hier ist aber zunächst festzuhalten, dass die Imperialismustheorien sich als Kombination der zwei bereits herausgestellten Modi der Globalitätsdiagnostik des ausgehenden 19. Jahrhunderts begreifen lassen: Eine Logik der irreversiblen Ausweitung kapitalistischer Vernetzung ging zusammen mit Ungleichzeitigkeitsannahmen hinsichtlich »noch-nicht-kapitalistischer« Regionen der Erde, deren ausbeutungsanfällige Gesellschaftsstruktur erst im Modus des Vergleichs erkennbar wurde.

Die erste Globalisierung im Alltag

Natürlich war das Feld der Kapitalismusanalyse nicht das einzige, auf dem »Globalität« zeitgenössisch beobachtet und dargestellt wurde. Ein plastisches Beispiel ist die Omnipräsenz »globalitärer« (Peter Fäßler) Firmenwerbung: Die Allgegenwart von Logos auf Basis von Globen in den Großstädten der Jahrhundertwende, die verdeutlicht, dass globales Wirtschaftshandeln auch prestigeträchtig war. Generell war die Chance, als Europäer im Alltag mit als solchen ausgewiesenen Produkten aus »Übersee« in Berührung zu kommen, im ausgehenden 19. Jahrhundert ungleich höher als an dessen Anfang. Dasselbe gilt für die Wahrscheinlichkeit, dass ein zu Beginn des letzten

Drittels des Jahrhunderts geborener Mensch ein interkontinentales Leben führen würde. Ob in den britischen Kolonialverwaltungen, im belgischen Missionswesen oder bei den Geschäftsreisen Hamburger Kaffeehändler zu Firmenniederlassungen in Südamerika: Europäern boten sich Karrieremöglichkeiten, die wohl auch manches Zugehörigkeitsgefühl verkomplizierten.[31] Das »vernetzte Kaiserreich«[32] etwa war eben nicht nur von einer enormen sozialen Mobilität in seinem Inneren geprägt; bürgerliche Akteure waren bis hinein in ihre Psyche von Konnektivitätserfahrungen geprägt. Die Modekrankheit Neurasthenie, die Krankheit der Börsenarbeiter und später der Telefonistinnen, sollte nicht einfach als Folge von Überarbeitung begriffen werden. Sie kann auch als Ausdruck der permanenten Sorge vor dem Scheitern an den Frequenzen des vernetzten Wirtschaftslebens begriffen werden.[33] Das Unruhe weckende Gefühl, ständig auf »Abruf« zu sein, lässt sich als Effekt eines durch die interkontinentale Telegrafie rasant an Umfang zunehmenden und dabei dank Endgeräten wie dem kontinuierlich klickenden Börsenticker geradezu eingekörperten Informationseingang betrachten.[34] Das rief, verknüpft mit dem Eindruck, dass der Welthandel nie schlief, ein Gefühl globaler Gleichzeitigkeit hervor. Und diese trat für Geschäftsleute umso schärfer lebensweltlich in Erscheinung, als kleinste Unterschiede in der *lokalen* Geografie – also die Entfernung des eigenen Kontors zum nächsten Telegrafenbüro – sich als große Vor- oder Nachteile auf dem Weltmarkt erweisen konnten.[35]

31 Penny, *German History Unbound*.
32 Jäger, *Das vernetzte Kaiserreich*.
33 Klassisch: Radkau, *Zeitalter der Nervosität*.
34 Wenzlhuemer, »›Less Than No Time‹«.
35 Johnston, *Networks of Modernity*.

Ebenso global wie marktförmig war aber auch die (urbane) Vergnügungskultur des späten 19. Jahrhunderts, in die sich mancher Banker nach Arbeitsschluss stürzte. Nicht nur die Unterhaltungsinhalte waren insofern »global«, als Impresarios ihre europäischen Kundinnen mit Wildwest-Shows, Lichtbildvorträgen zu abenteuerlichen Expeditionen und den viel diskutierten »Völkerschauen« zu gewinnen versuchten. Spätestens in den 1880er Jahren hatte sich auch eine transnationale Kulturwirtschaft herausgebildet: Europäische Promoter gingen auf Suche nach Rednern, mit deren Auftritten sich in den USA oder Australien Geld verdienen ließ und umgekehrt. Die Monetarisierung länderübergreifenden Ruhms setzte international agierende Nachrichtenagenturen[36] ebenso wie »globale Publika«[37] voraus. Nicht nur berichteten »Entdecker« wie der norwegische Polarforscher Fridtjof Nansen auf Vortragstouren, die selbst mehrere Kontinenten überspannten, von ihren Reisen in die unwirtlichen Extremzonen des Planeten.[38] Figuren wie der brasilianische Luftschiffpionier Alberto Santos Dumont verkörperten den für die Jahrhundertwende typischen »technologischen Kosmopolitismus«.[39] Die Grenze zwischen ernst zu nehmenden Technikutopien und dem Unterhaltungsroman, allen voran der der Science-Fiction (die oft um Reisen in Raum und Zeit kreiste), war fließend, wie das Beispiel des britischen Autors H. G. Wells zeigt. Wie weit verbreitet die durch Romanciers wie Wells oder Jules Verne fiktionalisierte Erwartung der lückenlosen (technischen) Erschließung der Welt in diesem hoch optimistischen Zeitalter war, lässt sich daran bemessen, dass neben dem Typus des *gentlemen expert* – für den der kanadische Ingenieur und Lobbyist eines Weltzeit-

36 Barth, *Wa(h)re Fakten*.

37 Huber/Osterhammel (Hg.), *Global Publics*.

38 Exemplarisch: Jones, »Exploration, Celebrity«.

39 De Oliveira, »Transforming a Brazilian Aeronaut«.

systems Sandford Fleming stehen kann – auch weit exzentrischere, global denkende »Projektemacher« ernst genommen wurden. Der Technikhistoriker Franz Maria Feldhaus etwa betrieb um 1900 mit der lückenlosen Kartierung der Welttechnikgeschichte in Bernau nahe Berlin ein gigantomanisches Datensammlungsprojekt, während der deutsch-baltische Chemiker Wilhelm Ostwald sich vor dem Hintergrund seiner Visionen globaler energetischer Effizienz für die internationale Plansprache Esperanto engagierte, die eine völkerverbindende Kommunikation ermöglich sollte.[40]

Die Forschungslücke zum globalen Denken außereuropäischer Akteure des 19. Jahrhunderts ist demgegenüber groß. Wenige Ausnahmen zeigen, wie Globen im kolonialen Indien von Luxusprodukten zu Medien einer säkularen Pädagogik wurden, die auch hier ein älteres, »kosmologisches« Bewusstsein verdrängten.[41] Es kann aber davon ausgegangen werden, dass um 1900 die Bildungsschichten in weiten Teilen der Welt grundsätzlich »orientiert über einander« waren, was für einige Historiker ausreicht, von einer globalen Bewusstseinstransformation auszugehen.[42] Quantitativ betrachtet verblassen die Translokalitätserfahrungen des »globalen Bürgertums«[43] des späten 19. Jahrhunderts aber hinter der transkontinentalen Migration der »unteren Schichten« aus Europa in die »neue« Welt. Neue Verkehrswege gaben auch hier den Ausschlag, nicht nur weil sich das Reisen verbilligte, sondern auch mit Blick auf die Bauphase der entsprechenden Infrastrukturen, die Wanderarbeitern Verdienstmöglichkeiten boten. Rund 60 Millionen Menschen wanderten im 19. und frühen 20. Jahrhundert in immer größeren Wellen aus Europa aus. Triebkraft war ne-

40 Krajewski, *Restlosigkeit*, Kap. 2.2.

41 Siehe aber Ramaswamy, *Terrestrial Lessons*.

42 Osterhammel/Petersson, *Geschichte der Globalisierung*, S. 63 f.

43 Dazu Dejung/Motadel/Osterhammel (Hg.), *Global Bourgeoisie*.

ben dem demografischen Druck auch die Eigendynamik der Kettenwanderung, also die Gewissheit potenzieller Auswanderer, am Ankunftsort soziale Anknüpfungsmöglichkeiten vorzufinden. Um 1900 bestand, mehr als jemals seitdem, ein globaler, hoch dynamischer Arbeitsmarkt. War 1800 die dauerhafte, etwa religiös motivierte, Gruppenauswanderung bestimmend gewesen, kam es nun zur interkontinentalen saisonalen Wanderung der *Golondrinas* (Schwalben), die den Erntezeiten um die Erdkugel folgten, etwa von Italien nach Südamerika.[44] Nicht vergessen werden sollte der Verkehr selbst als Beschäftigungsfeld. Es waren schon im späten 19. Jahrhundert Matrosen vom indischen Subkontinent, die einen beträchtlichen Teil jener auf britischen Schiffen beschäftigten Menschen ausmachten, die Menschen- und Ressourcenbewegungen des Empire gewährleisteten. Globalisierung geschieht nicht einfach: Sie ist das Ergebnis von Arbeit.[45]

Globalisierungsgegner um 1900?

Spuren einer Globalitätsdiagnostik oder gar eines Globalismus, um die es hier ja geht, wird man aber weniger bei subalternen Arbeiterinnen und migrierenden Menschen finden als bei den Kritikerinnen von Aus- und mehr noch Einwanderung. Scheint die Migration, als reine Statistik betrachtet, im so »liberalen« 19. Jahrhundert modellhaft den Gesetzen von Arbeitsangebot und -nachfrage zu folgen, wurde sie von den aufnehmenden Gesellschaften keineswegs als Bereicherung wahrgenommen. Und an diesem Punkt lässt sich zum ersten Mal ein für die Globalisierungsdiskussion konstitutives Wechselverhältnis von Globalisierung und *Nation Building* beobachten: Politische Reaktionen zielten überproportional auf Akteure,

44 Dazu Torp, »Weltwirtschaft«.
45 Petersson, »Globalisierung und Arbeit«.

die man heute als Globalisierungsverlierer bezeichnen würde, etwa die ostelbischen Wanderarbeiter und Großagrarier.[46] Just auf dem Höhepunkt der Welthandelsbilanzen um die Wende zum 20. Jahrhundert ließen sich Entwicklungen in Richtung Wirtschaftsprotektionismus und Einwanderungsbeschränkungen erkennen, die mit dem Beginn des modernen Sozial- und Interventionsstaats in Europa zusammenfielen. Es liegt auf der Hand, dass die Massenimmigration allmählich zu Lohnkonvergenzen führte, auf die immer mehr Länder mit Abschottung reagierten. Das allein legt die Vermutung nahe, dass es sich bei den forcierten Staatsbildungsprozessen dieser Zeit auch um eine »Politisierung von Globalität«[47] handelt, die auf Grenzziehung, auf Territorialisierung, aber ebenso auf nationale Identitätskonstruktion hinauslief.

Sebastian Conrad argumentiert, dass der sich radikalisierende Nationalismus des deutschen Kaiserreichs nicht allein »aus der deutschen Geschichte heraus, sondern auch als Reaktion auf die globalen Vernetzungen der Zeit verstanden werden muß«.[48] Er untermauert dies mit Blick auf die Debatte über die Arbeitsmigration aus Polen. Der Wirtschaftshistoriker Knut Borchardt sieht gar erste Protestbewegungen gegen die Globalisierung entstehen. Zu diesen muss man den wachsenden Antisemitismus zählen, der sich ja auch und gerade an den assimilierten europäischen Juden als vermeintlich besonders erfolgreich auf den Weltmärkten agierender Gruppe entzündete, der Unwille (bald dann »biologische« Unfähigkeit) zur Integration vorgeworfen wurde, wenn die jüdische Diaspora nicht gar in ihrer Gesamtheit als wurzelloses »Weltjudentum« verunglimpft wurde. Selbst wenn es überzogen ist, wie

46 In diesem Sinne Borchardt, »Globalisierung«, aber auch Osterhammel/Petersson, *Geschichte der Globalisierung*, S. 68.

47 Ebd., S. 69.

48 Conrad, *Globalisierung und Nation*, S. 20.

Borchardt auch den Sozialismus als antiglobalistische Protestbewegung zu deuten: Der Bedeutungszuwachs der organisierten Arbeiterbewegung – und die politischen Reaktionen auf ihn – erfolgte zu ebenjener Zeit, als dem Freihandel innergesellschaftlich zunehmend Gegenwind entgegenblies, so infolge der »grain invasion« aus der Ukraine und Amerika und entsprechender Preisverfälle in Europa.

Nun gab es Freihandel ohnehin nie in Reinform oder flächendeckend, sondern bestenfalls phasenweise, in den 1860er und 1870er Jahren, und für bestimmte Güter. Ab 1879 ist aber ein klarer Trend zur Wiedereinführung von Zöllen erkennbar, der bald Zolltarifkriege, etwa zwischen Deutschland und Russland 1893/94 folgten. Für Paulmann gehört zu den Signaturen des späten 19. Jahrhunderts, dass die europäischen Mächte erstmals so etwas wie Welt(wirtschafts)politik als Innenpolitik betrieben. Mit dem Ergebnis, dass Zollerhöhungen, die als bloße Drohungen nach außen begannen, innenpolitisch ausgeschlachtet wurden und dann nicht mehr zurückgenommen werden konnten. Zwar waren von Globalisierung in verschiedenen Ländern sehr unterschiedliche Wirtschaftssektoren und damit Bevölkerungsgruppen betroffen, deren Einfluss auf die Politik von komplexen lokalen Mobilisierungsbedingungen abhing (die im deutschen Kaiserreich vergleichsweise »günstig« waren). Aber trotz der unterschiedlichen Ausprägungen solcher Dynamiken habe dies in Europa und Nordamerika doch in einer Hinsicht den gleichen Effekt gehabt, so Borchardt: »Der Nationalstaat, wie wir ihn kennen, war eine, vielleicht die bedeutendste Antwort auf die Herausforderungen der ersten Globalisierungswelle.«[49] Das war zunächst gar kein Widerspruch. Angesichts der Tatsache, dass steigende Zölle das Welthandelswachstum anfangs kaum bremsten, hät-

49 Borchardt, *Globalisierung*, S. 223.

ten sie innenpolitisch befriedend gewirkt und somit das Außenhandelsklima sogar verbessert. Protektionismus funktionierte als eine Art Sozialpolitik, zumindest so lange, bis die Grenze der Vereinbarkeit von Wirtschaftswachstum und Handelsbeschränkungen erreicht war – und der Erste Weltkrieg ausbrach.

Lebensraum und Weltpolitik

Schon die Debatte über die Kriegsursachen zeigt: Nationalismus allein als Reaktion auf die ökonomische Globalisierung zu begreifen, würde bedeuten, die komplexen Dynamiken des »Denken[s] in Begriffen der weltumspannenden Rivalität« zu unterschätzen.[50] So wurde diese Rivalität ab 1900 auch durch die Sorge um die wachsende Weltbevölkerung und die sich »verengenden« Lebensräume auf einer, wie es nun bereits hieß, »schrumpfenden« Erde verstärkt. Dies wirkte mit einer Erweiterung geografischen Wissens und der Konjunktur geopolitischen Theorisierens zusammen, das den aufsteigenden Mächten Argumente für Aufrüstung und Kolonisierung lieferte.[51] In den Jahrzehnten nach Publikation der Berghaus-Karte bildete das übrigens auch den Kontext eines enormen Innovationsschubs der Welt-Kartografie – hinsichtlich der Projektionsmathematik, der geografischen Datendichte, aber auch von Bemühungen um die schulische Vermittlung geografischen Wissens. Manche Historikerinnen sehen um die Jahrhundertwende einen veritablen »Raumrausch« um sich greifen.[52] Der war insofern mit den Beobachtungen Rosa Luxemburgs verwandt, als er fast obsessiv um die Topoi der zunehmenden

50 Paulmann, *Globale Vorherrschaft*, S. 69.
51 Vgl. Grimmer-Solem, *Learning Empire*.
52 Theodor Schieder zitiert nach Paulmann, *Globale Vorherrschaft*, S. 410.

Enge und Dichte kreiste,[53] die parallel die »Eroberungen« der letzten »weißen Flecken« der Erde durch heroische Europäer zu verbürgen schienen. Diese Eroberungen gerieten – etwa beim norwegisch-britischen Wettstreit um die Erstbegehung des Südpols – sowohl zum transnationalen Medienereignis als auch zum Überbietungswettbewerb der Nationalstaaten. Das indigene Wissen und die Arbeit von Arktisbewohnern, die die Erschließung der entsprechenden Gebiete erst ermöglicht hatten, wurden dabei verdeckt.[54]

Das passte zum kolonialen Charakter der »raumüberwindenden« (Beobachtungs-)Infrastrukturen dieser Zeit. Waren Naturereignisse mit planetarischer Wirkung wie das »Jahr ohne Sommer«, das dem Ausbruch des Vulkans Tambora 1815 folgte, noch unverstanden geblieben, so hatte sich zum Zeitpunkt der Krakatau-Eruption 1883 ein imperial geprägtes Netz von Messstationen herausgebildet, das die genaue Kartierung der von ihr ausgelösten atmosphärischen Phänomene auf der ganzen Erde ermöglichte und so zum erwähnten vertieften Verständnis planetarer meteorologischer Zusammenhänge beitrug.[55]

Theoretiker wie Friedrich Ratzel in Deutschland, Rudolf Kjellén in Schweden und Halford Mackinder in England indes konzipierten die Welt weniger als grenzenlosen Innenraum denn als Summe von Großräumen. Dem viel gelesenen amerikanischen Ex-Admiral Alfred T. Mahan schien der Verlauf der Menschheitsgeschichte gar in seiner Gesamtheit durch die Geschichte des Ringens um Seemacht erklärbar. Das beeinflusste die deutsche und amerikanische Flottenpolitik auch mittelbar, insofern es geopolitische, immer unverhohlener imperialistische Kalküle gewissermaßen zivilisationshistorisch

53 Jureit, *Das Ordnen von Räumen*.
54 Siehe etwa Lüders Kaalund, »Erasure as a Tool«.
55 Dörries, »Krakatau 1883«.

adelte. Ab ca. 1880 kam es bekanntlich zu einer Torschlusspanik der europäischen Mächte, also zu ebenjenem Zeitpunkt, als in Kalifornien die amerikanische Westexpansion an die Grenze des Pazifiks stieß.[56] Weite Teile Afrikas wurden regelrecht aufgeteilt zwischen den konkurrierenden imperialen Mächten.

Tatsächlich lagen die erwähnten Imperialismustheoretikerinnen insofern richtig, als europäische Mächte globale Ressourcen nun für einen als nationales Prestigeobjekt verstandenen Industriekapitalismus zu mobilisieren versuchten. War die wirtschaftliche Vernetzung über weite Strecken des 19. Jahrhunderts ungesteuert verlaufen, so bildeten sich in der Phase von 1890 bis 1914 vor dem Erfahrungshintergrund des bisherigen wirtschaftlichen Erfolgs – aber auch aufgrund der strategischen Relevanz der Eisenbahn in den Mobilmachungsplänen der Großmächte – neue Ziele wie die Beherrschung von Kohlestationen in aller Welt heraus, in denen ökonomische und militärische Rationalitäten in eins fielen.[57] Das war wirklich eine neue Form der europäischen Weltpolitik, die angetrieben wurde von Nachrichtenagenturen, die Publika weltweit an Auseinandersetzungen wie dem Spanisch-Amerikanischen Krieg anteilnehmen ließen, aber auch vom nationalistisch-personalisierten Monarchismus dieser Zeit. Die Herrscher wurden zu Integrationsfiguren für Kollektive, die sich zunehmend im existenziellen Kampf miteinander sahen. Dieser Kampf, so Paulmann, hatte innereuropäisch wenig Spielraum. Und das ließ den »Rest« der Welt auch symbolisch umso interessanter erscheinen, weshalb Claims sogar dort abgesteckt wurden, wo das wirtschaftlich wenig sinnvoll war.

56 Osterhammel/Petersson, *Geschichte der Globalisierung*, S. 70.
57 Das Folgende bei Paulmann, *Globale Vorherrschaft*, S. 384, 390.

(Inter-)Nationalismus

Allerdings: »Der Kolonialismus verschärfte [...] trotz des Bewusstseins, dass nun am Ende des 19. Jahrhunderts der Globus völlig erschlossen und aufgeteilt sei, nicht zwingend die Rivalität, sondern schuf auch Felder für Verständigungsbemühungen zwischen den Imperien«.[58] Das Zeitalter der ersten Globalisierung war eben auch das Zeitalter des Internationalismus. Zwischen 1850 und 1913 wurden fast 500 internationale Nichtregierungsorganisationen (INGO) gegründet, die Wissensaustausch, Migration oder Kulturbeziehungen ermöglichen oder regulieren sollten. Auch das war ein Novum des 19. Jahrhunderts, das seinen Ausgangspunkt in der Verkehrsregulierung hatte, etwa in der Central-Commission für Rheinschifffahrt (1816) und dem Weltpostverein. Dabei reagierten die neu geschaffenen Institutionen nicht selten auf Probleme, zu denen überhaupt erst die Vorgängerregelungen geführt hatten, wie das Beispiel der Regulierung der Mobilität auf dem Suezkanal zeigt.[59] Damit soll die Bedeutung von Zusammenschlüssen wie den ersten internationalen Arbeiterschutzkonferenzen oder der Vereinigung der Handelskammern 1905 nicht kleingeredet werden.[60] Die federführenden Akteure – Reformer, Expertinnen, Wissenschaftler, Unternehmer – waren aber ebenso vielfältig wie ihre Motive. Frühe und bedeutende Anliegen waren die Abschaffung der Sklaverei, aber auch die Bekämpfung des Mädchenhandels, bei der sich bürgerlichen Frauen Handlungsspielräume eröffneten, ebenso wie natürlich in der Frauenwahlrechtsbewegung. Auch eine erste internationale Naturschutzorganisation gab es ab 1900.

58 Ebd., S. 413.
59 Huber, *Channelling Mobilities*.
60 Dazu und zum Folgenden Paulmann, *Globale Vorherrschaft*, bes. S. 396–408.

Der in den 1860er Jahren geprägte Begriff des »Internationalismus« war ebenso wenig eindeutig wie das Phänomen selbst. Er bezeichnete mal schlicht grenzüberschreitende Organisationen, dann konkrete völkerrechtliche Bestrebungen, anderswo Institutionen der »Völkerverständigung«, die von universalistischen Idealen getrieben waren (oder dies zumindest behaupteten). Theoretisch galten als »international« Bewegungen und Strukturen, die offen waren für alle. Faktisch waren die INGO des späten 19. Jahrhunderts oft von Interessengegensätzen zwischen staatlichen Akteuren überformt und überdies alles andere als paritätisch zusammengesetzt. Regelwerke und Mitgliedschaft waren auch in sozialer Hinsicht asymmetrisch, also von Herkunft und Einkommen geprägt. Selbst die europäische Kolonialismuskritik hatte eine machtpolitische Komponente,[61] auch wenn es sehr wohl einen indigenen Antikolonialismus und mitgliederstarke entsprechende Nationalbewegungen gab, etwa in Ägypten. Die Weltkarte der INGO war aber europäisch-atlantisch, die Büros und Clearingstellen waren in Europa ansässig.[62] Selbst die Kategorien, die globale Solidaritätsideen überformten, waren eurozentrisch, wenn etwa die Allgemeingültigkeit der Lohnarbeit in der Welt angenommen wurde.

Das galt auch für den sozialistischen Internationalismus. Die 1864 gegründete, in den 1870er Jahren eingeschlafene Erste Internationale war vergleichsweise heterogen gewesen. Sie hatte sich unter anderem aus Gewerkschaftsaktivisten und anarchistischen Gruppierungen zusammengesetzt. Sie bildete ein Selbstverständnis heraus, das sich am besten als »transnational« beschreiben lässt. Demgegenüber war die 1889 in Paris gegründete Zweite Internationale dominiert von den deutschen und französischen Arbeiterparteien. Bei ihrem Treffen

61 Stuchtey, *Die europäische Expansion*.
62 Paulmann, *Globale Vorherrschaft*, S. 404f.

1907 in Stuttgart nahm nur jeweils ein Delegierter aus Afrika, Australien und Japan teil. Auch mit ihrer sich aus nationalen Gruppen zusammensetzenden Struktur war sie dem etablierten Typus internationaler Organisationen ähnlicher als ihre Vorläuferin. Zwar nahm man abstrakt auf die »Weltsolidarität« Bezug; eine tiefer gehende Reflexion über die »Natur des Internationalismus« fand aber nicht statt, was einen Grund dafür bildet, dass manche Beteiligte bei Kriegsausbruch 1914 schockiert waren von der Parteinahme der Arbeiterbewegungen für ihre Heimatländer.[63]

Ob der Internationalismus als Ausdruck einer »globalen Zivilgesellschaft« (Peter Fäßler) gesehen werden kann, ist also fraglich, zumal angesichts der Tatsachen, dass etwa Regeln zur Humanisierung des Kriegs im kolonialen Raum ohnehin keine Anwendung fanden, und der Kampf gegen den Sklavenhandel als Feigenblatt für koloniale Eroberungen dienen konnte. Und doch verankerte der Internationalismus die Kategorie der »Menschheit« auf rhetorischer Ebene, was durchaus als ein normativer »Globalismus« gesehen werden kann. Aber wo viele Globalismen des 20. Jahrhunderts ihre Frontstellung gegenüber »dem Staat« auszeichneten, beförderte der Internationalismus des 19. Jahrhunderts Nationsbildung und Territorialität gerade. So entstanden viele internationale Organisationen am Rande der Weltausstellungen, auf denen Exotismus und nationaler Leistungswettbewerb zusammenfanden.[64] Der Zurschaustellung »primitiver« Menschen standen hier Symbole wie der riesige Himmelsglobus gegenüber, der auf der Pariser Weltausstellung 1900 direkt neben dem Eiffelturm errichtet wurde. Bezeichnenderweise war die Installation weit zurückgeblieben hinter dem Vorschlag des französischen Geografen Élisée Reclus, der eine gigantische Weltkugel im Maß-

63 Dogliani, »Socialist Internationalism«, S. 47.

64 Barth, *Mensch versus Welt*.

stab 1:100.000 vorgesehen hatte. Damit hatte der Anarchist und Angehörige der Ersten Internationale vermitteln wollen, dass die natürliche Welt eine Einheit darstellte, die der Gemeinschaft der Menschheit als Vorbild dienen konnte.[65]

Faktisch trugen internationale Zusammenschlüsse und Begegnungen eher zur Überlagerung jener nationalen »Identitäts- und Entscheidungsräume« bei, deren Lücken sie eigentlich füllen sollten.[66] Der »reformerische Impetus« (Johannes Paulmann) nahm überdies oft zivilisationsmissionarische Züge an. Wenn von einem Globalitätsbewusstsein der Internationalisten der Jahrhundertwende gesprochen werden kann, war dieses in Europa nahezu immer ein Sonder- und Überlegenheitsbewusstsein.[67] Und wenn man weltweite Vorgänge nicht ohnehin im Modus der Konkurrenz thematisierte, dann im Rahmen von Theorien der zivilisatorischen Höherentwicklung. So sieht Paulmann Historismus und Evolutionstheorie als Denkstile, die sich problemlos an nationalistische Integrationsprojekte anschmiegten, aber eben auch an einen »ethischen Kolonialismus« mit allen seinen Facetten von der Treuhandschaft bis hin zur berüchtigten »white man's burden«, die »weniger entwickelten« Völker der Erde zu erziehen, die eine Teilerklärung dafür bildet, dass der Internationalismus um 1900 auch »transimperiale« Züge hatte,[68] etwa in Form des Expertenaustauschs. Schließlich ist zu Recht betont worden, dass es auch eine »Internationale der Rassisten« gab, die auf Kongressen wie 1911 in London zusammenkam – die Journalistin Dorothy Thompson spitzte diesen Widerspruch zu, wenn sie (allerdings gemünzt auf 1931) schrieb: »The only internatio-

65 Siegrist, »Cosmopolis and Community«.

66 Paulmann, *Globale Vorherrschaft*, S. 408.

67 Ebd., S. 44, ähnlich Steinmetz, *Europa im 19. Jahrhundert*, S. 45 f.

68 Siehe etwa Wagner, *Colonial Internationalism*.

nal which seems to be winning these days is the international of the antiinternationalists.«[69]

Evolutionismus – und Relativismus?

Das Zitat ist weniger paradox, als es scheint, wenn man sich den vielleicht wichtigsten »weltbildenden« Aspekt des Wissenschaftsinternationalismus der ersten Globalisierung bewusst macht: Seine Kommunikationsweise war die des Vergleichens, das eine gemeinsame Zivilisationsmesslatte implizit voraussetzt. Nun wäre es abwegig, ausgerechnet den Rassismus »nichteuropäischen Völkern« gegenüber als Ausdruck eines globalen Denkens zu begreifen. Dennoch kann die indirekte Vereinheitlichungslogik gerade der wissenschaftlich vergleichenden Welterschließung in ihrer Bedeutung kaum überschätzt werden. Diese zeigt sich im veritablen Rausch der deskriptiven Statistik, der die Industriegesellschaften um die Wende zum 20. Jahrhundert erfasste. Er war zugleich Folge und Faktor der wachsenden Mobilität der Wissenschaftler und Wissenschaftsmanager, die internationale Journale gründeten, Gastforscherprogramme auflegten, Universitäten und technische Hochschulen nach ausländischen Beispielen aufbauten usw. Je öfter man zusammentraf, umso einheitlicher wurde die gemeinsame Sprache, zumal eine Konvention oft die nächste nach sich zog – der Weltmeterkonferenz (1875) folgten beispielsweise die erwähnten Bemühungen um ein Weltzeitsystem (1884). All das förderte Verständigung in dem engeren Sinne, dass Kommunikationsformen und Daten standardisiert wurden. Man könnte von einer dreifachen wissenschaftlichen Globalisierung der Welt um 1900 sprechen: Erstens erhöhte sich die Frequenz der Datenerhebung zu Phänomenen wie der

69 Zitiert nach Zahra, »Against the World«, S. 2.

Weltbevölkerung oder dem Welthandel, zweitens wurden die Daten immer präziser infolge länderübergreifender Übereinkünfte zu Mess- und Darstellungsstandards, die sich – drittens – der zunehmenden internationalen Kooperation der beteiligten Statistiker, Demografen, Agro- und Ökonomen oder Geologen verdankten. Innerhalb der Wissenschaftsgemeinde bildeten sich gemeinsame Modi der Welterfassung heraus, zu denen das Denken entlang der statistischen Kategorie des Nationalstaats gehörte.

Diese Welterzeugung durch Zahlen war durchzogen von einer Spannung zwischen »Gleichheitsunterstellung und [...] Differenzbeobachtung«.[70] Auch deshalb konnte das praktische Weltwissen unterschiedliche Effekte haben. So erhöhten vergleichende Wirtschaftsstatistiken die Sichtbarkeit der militärischen Potenz von Staaten, was Konfliktpotenziale und/oder das nationale Selbstbewusstsein bis zur Selbstüberschätzung vergrößerte.[71] Wie der Umwelthistoriker Corey Ross darstellt, empfanden es die europäischen Mächte auch als ihre zivilisatorische Bürde, ihre vermeintlich überlegene Fähigkeit zur Naturbeherrschung in den Dienst der kolonialisierten Subjekte zu stellen. Ross spricht vom »Resource globalism«, der daher rührte, dass europäische Experten sich der Überlegenheit ihres imperialen Überblicks gewiss waren, wenn sie glaubten, Formen der Plantagenwirtschaft oder einzelne »Cash crops«, mit denen man in der Karibik erfolgreich gewesen war, nach Afrika oder Südostasien exportieren zu können, mit bis heute sichtbaren ökologischen Folgen.[72]

In anderen Fällen entstanden durchs globale Vergleichen indes gedankliche Spielräume, die an die Relativierung des europäischen Superioritätsbewusstseins grenzten. Das zeigt

70 Heintz, »Welterzeugung durch Zahlen«, S. 10.
71 Vgl. Paulmann, *Globale Vorherrschaft*, S. 380.
72 Ross, *Ecology and Power*, S. 156.

das Beispiel von Hans Paasches 1912/13 erschienenem fiktionalen Reisebericht *Die Forschungsreise des Afrikaners Lukanga Mukara ins innerste Deutschland*, mit dem der Lebensreformer die Widersprüche der sozial entfremdeten, der Natur entrückten Industriegesellschaft aufzudecken versuchte. Ein relativistisches Potenzial lässt sich auch in der Ethnologie/Anthropologie – im Berliner Museum für Völkerkunde unter der Leitung Adolf Bastians[73] – oder in praktischen Projekten wie der »Tuskegee Expedition« erkennen. Initiiert vom afroamerikanischen Pädagogen und Bürgerrechtler Booker T. Washington waren im Jahr 1900 vier schwarze Landwirtschaftsexperten von Alabama nach Togo aufgebrochen, um dort den Baumwollanbau zu optimieren. Hier zeigte sich ein Muster, das bei Entwicklungsprojekten des 20. Jahrhunderts immer wieder auftauchen sollte: Die amerikanischen Experten kamen mit den lokalen Umständen nicht zurecht bzw. ignorierten diese. Zugleich wehrten sich die Bauern vor Ort erfolglos gegen die Zumutung, effizienter für den Weltmarkt zu produzieren. Entscheidend ist an dieser Stelle, dass dies wiederum der deutsche Soziologe Max Weber genau beobachtete – und als Entsprechung von sozialen Problemen in Ostelbien betrachtete.[74] In der Anekdote finden also nicht nur Themen wie US-Rassensegregation, Kolonialismus, europäische Sozialpolitik und ökonomische Globalisierung zusammen. Sie deutet auch darauf hin, dass manche Europäerinnen im Rest der Welt Nachahmungspotenzial erkannten. Eine solche, und sei es eine tentative, Umkehrung der Beeinflussungsrichtung war jedoch die große Ausnahme. Das Interesse an den exotischen »Anderen« war um 1800 einigermaßen offen gewesen. Die »Verwandlung der Welt« im 19. Jahrhundert aber hatte im Zusammenhang mit der »asymmetrischen Effizienzsteigerung« der Industrie-

73 So Penny, *Schatten Humboldts*.

74 Zimmerman, *Alabama in Africa*.

länder in den »Bereichen Wirtschaft, Militär und Staat« auch eine »asymmetrische Referenzverdichtung« zur Folge.[75] Der Austausch, so Jürgen Osterhammel, wurde zur Einbahnstraße, die, so ließe sich ergänzen, erst in den 1970er Jahren wieder für den Gegenverkehr freigegeben wurde.

Von Berghaus zu Langhans

Hermann Berghaus starb 1890, acht Jahre nach Publikation seiner Karte. Der Kartograf hatte zuletzt ein schweres Augenleiden; er dürfte wenig von Entwicklungen in seinem Verlag mitbekommen haben, die stellvertretend stehen können für die zunehmende Unvereinbarkeit der Globalisierung mit einem immer aggressiveren Nationalismus. Jüngere Kartografen wie der im Jahr vor Berghaus' Tod ins Verlagshaus Perthes eingetretene Paul Langhans waren viel stärker einer Spannung zwischen ihren politischen Überzeugungen und der Unternehmensstrategie eines Verlagshauses ausgesetzt, das international agierte.[76] So setzte Langhans, der in Leipzig bei Friedrich Ratzel studiert hatte und sich in nationalistischen und antisemitischen Vereinen engagierte, seine Kartografie zur Legitimierung der deutschen kolonialen Ambitionen ein. Nach dem Ersten Weltkrieg publizierte er revisionistische Karten der Verteilung des deutschen »Volkstums in der Welt«. Dennoch ließ der in den 1920er und 1930er Jahren immer stärker »Boden«-bezogene Radikalnationalismus ihn bald alt aussehen: Langhans' viel biologistischer denkende Zeitgenossen wussten mit dem verbliebenen Wissenschaftlichkeitsanspruch von dessen auf Sprachdaten beruhender Kulturgeografie nichts mehr anzufangen. Der Kartograf war in einer Zwickmühle, denn er hatte auch internationale Kundenkontakte und Datenquellen

75 Osterhammel, *Verwandlung der Welt*, S. 1286.

76 Dazu genauer Meyer, *Kartographie und Weltanschauung*.

zu pflegen, wofür ein wissenschaftlich-sachlicher Ruf von größter Bedeutung war. »Deglobalisierung«, so das viel zitierte Stichwort für die Welt der Zwischenkriegszeit, konnte zum persönlichen Dilemma werden.

3 Gegenläufe zwischen zwei Weltkriegen

(K)eine Reise ins Paradies

1938 kehrten Thor und Liv Heyerdahl aus den Tropen nach Norwegen zurück. Rund ein Jahr hatte das frisch vermählte Paar am anderen Ende der Welt verbracht: in einer simplen Hütte auf der ostpolynesischen Insel Fatu Hiva. Die *Jagd nach dem Paradies*, so der Titel des Reiseberichts, den Heyerdahl anschließend in Oslo verfasste, war nicht erfolgreich gewesen. Statt auf ein rousseausches Idyll war das Paar auf feindselige Inselbewohner gestoßen, hatte unter Nahrungsmangel, Krankheiten und dem Dauerregen gelitten. Aber Heyerdahl hatte sein Lebensthema gefunden: Steinerne Artefakte vor Ort und die Analyse von Meeresströmungen deuteten für ihn darauf hin, dass Polynesien durch jahrtausendelanges Inselhopping von den Amerikas aus besiedelt worden war, also nicht, wie die Anthropologen annahmen, vom Westpazifik aus. Heyerdahl brachte fortan viel Energie auf, um diese Hypothese auf unkonventionellem Wege zu belegen. Wobei »Weg« im Wortsinn zu verstehen ist: 1947 brach er mit der Kon-Tiki-Expedition zu einer ersten Fahrt mit einem historischen Seefahrzeug auf, die die Überwindbarkeit der Weltmeere mit präkolumbischen Mitteln beweisen sollten. Dieses *reeneactment* machte ihn zum Medienstar, auch wenn sich Fachwissenschaftlerinnen wenig von Heyerdahls Beweisführung beeindruckt zeigten,[1] die sich ideengeschichtlich aus ganz unterschiedlichen Einflüssen speiste.

1 Zum Folgenden Anker, *Power of the Periphery*, S. 14–20.

Heyerdahl wurde 1914 in Larvik geboren, einer kleinen, der Welt aber zugewandten Hafenstadt und wuchs in einer Zeit auf, als norwegische Entdecker wie Fridtjof Nansen und der Pol-»Eroberer« Roald Amundsen weltberühmt waren. Der ebenso wanderfreudige wie eigenbrötlerische Heyerdahl interessierte sich bereits als Teenager für Zoologie und insbesondere für die Ausbreitung der Fauna über die Erde. Tatsächlich bildeten Studien für eine entsprechende Doktorarbeit an der Universität Oslo den vordergründigen Anlass des Aufenthalts auf Fatu Hiva. Der entscheidende Gedankensprung fand statt, als die Heyerdahls während ihres Südseeabenteuers auch »Kulturen« – in Analogie zur Tier- und Pflanzenwelt – als Kontinuen zu betrachten begannen. Nicht gänzlich unberührten Gesellschaften, sondern Ähnlichkeiten innerhalb der Menschheit galt fortan ihr Interesse; nicht spontane kulturelle Emergenzen oder parallele soziale Evolutionen, sondern die Beziehungen zwischen weit voneinander entfernten Regionen schienen die Weltgeschichte zu formen. Für die Geschichte des globalen Denkens ist dieser Diffusionismus von großer Bedeutung. Er modernisierte Ideen des 19. Jahrhunderts über die »Völkerfamilie«; er prägte aber auch bestimme ethische Spielarten des Globalismus, die Thor Heyerdahl, der sich in den 1950er und 1960er Jahren humanitär und umweltpolitisch engagierte, bald verkörperte.

Ihre erste Reise 1938 hatten Thor und Liv Heyerdahl indes als Zeitreise in die Frühgeschichte der Menschheit begriffen. Die Missstände, denen man in Polynesien begegnete, werteten sie als Folge des verderblichen Einflusses der Zivilisation. Das war noch der Modus der vergleichenden Kulturkritik der Jahrhundertwende. Die Heyerdahls standen überhaupt in einer jahrzehntealten Tradition von enttäuschten »Südsee«-Fantasien, die man mit dem Maler Paul Gauguin assoziieren mag, der sich in den 1890er Jahren auf einer Nachbarinsel von Fatu

Hiva aufgehalten hatte, oder mit der Geschichte des Lebensreformers und Aussteigers August Engelhardt, dessen Leben in Deutsch-Neuguinea Christian Kracht in seinem Roman *Imperium* (2012) fiktionalisiert. Und so geht es hier um eine von Latenzen und Widersprüchen geprägte Phase – eine »Zeit der Gegenläufe«.[2] Mehr als in den anderen Kapiteln wird die »Realgeschichte« im Zentrum stehen, aber auch das begründete Spekulieren darüber, wie die gesellschaftlichen, wirtschaftlichen und politischen Umbrüche ab 1914 Globalitätserfahrungen prägten, die ihrerseits das Nachdenken über Globalität im 20. Jahrhundert beeinflussen sollten.

Welt-Krieg

Anders als im Zweiten Weltkrieg, als es zu den ersten von den Deutschen überfallenen Ländern gehörte, blieb Norwegen – Heyerdahls Heimat – von den militärischen Auseinandersetzungen der Jahre 1914 bis 1918 verschont. Dennoch büßte das kleine skandinavische Land einen großen Teil seiner Handelsflotte ein, die im 19. Jahrhundert die größte der Welt gewesen war, und damit seinen Status als wichtiger Dienstleister des Weltmarkts. Das spiegelt die Entwicklung Europas in der Zwischenkriegszeit insgesamt wider. Am Vorabend des Weltkriegs waren viele Länder des westlichen Teils des Kontinents zugleich imperiale Zentren und Knotenpunkte der interkontinentalen Wissens- und Warenströme gewesen. Das ist nicht dasselbe: So deckte der Welthandel sich nicht mit kolonialen Strukturen, auch wenn zivilisierungsmissionarische Vorstellungen den Export von Industrieprodukten aus jenen Ländern flankierten, aus denen die in Europa verarbeiteten Rohstoffe extrahiert wurden. Wichtiger ist: Noch 1913 waren die Ökonomien Euro-

2 Fäßler, *Globalisierung*, S. 98.

pas trotz des beschriebenen Zuwachses an Schutzzöllen vergleichsweise »offen«. Ein Jahr später kappte der Krieg eine Vielzahl von Verbindungen, die sich nach seinem Ende nicht einfach wiederherstellen ließen. Die 1920er und 1930er Jahre zeichnet zwar eine Vielzahl transatlantischer Zahlungsströme aus, nicht zuletzt zur Finanzierung von Reparationen, denen verglichen mit dem 19. Jahrhundert aber weit geringere Warenbewegungen gegenüberstanden. Wirtschaftshistoriker haben die Zeit zwischen 1914 und 1945 daher als Deglobalisierungsphase beschrieben – und vor allem: als »Enteuropäisierung« der Welt.[3] Die globale Außenhandelsbilanz sank insgesamt zwischen 1913 und 1927 um fast zwei Drittel. Aber der Welthandelsanteil der USA und Kanadas stieg um mehr als fünf, der der asiatischen Staaten auf bis zu zehn Prozent. Auch rein ökonomisch definiert, darf man sich Globalisierung und Deglobalisierung also nicht als lineare Prozesse vorstellen.

Auch trennte der Weltkrieg nicht nur, er schuf zugleich neue Verbindungen, die eine zusammenrückende Welt indes eher nicht als Segen erscheinen ließen. Jürgen Osterhammel und Niels P. Petersson sprechen vom europäischen Krieg, der mit globalen Ressourcen geschlagen wurde, und der zu verdichteter Interaktion *und* Entnetzung zugleich führte.[4] Millionen von Menschen aus aller Welt warf er durcheinander. Und selbst wenn die überwiegende Zahl der Kolonialgebiete nur pro forma involviert war, gab es sehr wohl Kämpfe in den deutschen Kolonien in Afrika. Frankreich setzte mehrere Hunderttausend afrikanische Soldaten, etwa Senegalesen und Berber, nebst vietnamesischen Arbeitern ein. Die »schwarze Schmach«, als die der Einsatz von Kolonialtruppen während der alliierten Rheinlandbesetzung später von deutschen Hetzkampagnen bezeichnet wurde, verband sich mit der als ungerechtfertigt

3 Dejung, »Deglobalisierung«.

4 Osterhammel/Petersson, *Geschichte der Globalisierung*, S. 75 f.

empfundenen Niederlage und dem »Schandfrieden« des Versailler Vertrags.

Die Ursachen des Kriegs lagen indes in Europa; die Bereitschaft zum Vabanquespiel, das ihn auslöste, resultierte nicht (nur) aus der imperialen Konkurrenz auf anderen Kontinenten. Anders als manche Imperialismustheorie es will, entsprach der Krieg auch nicht den Interessen des »Kapitals«. Für die exportorientierte deutsche Industrie hatte er nur Nachteile.[5] Die Haltung der Industriekapitäne wurde im Kriegsverlauf zwar ambivalenter; die Kriegswirtschaft erzeugte Eigendynamiken, die die Beendigung des Kriegs erschwerten, denn den Unternehmern wurde klar, dass ihr Geschäft bei einer Niederlage stärker leiden würde als bei einem Sieg. Auch deshalb kam es zur Annäherung von Staatsführungen und Wirtschaft, was durchaus eine institutionelle Basis für Gemeinwirtschafts- und Planungsideen bildete, die ihrerseits Faktoren einer Abwendung von der »Welt« werden konnten – und dann die Plausibilität des Verdachts vergrößerten, der Krieg sei von Staat und Schwerindustrie gewollt gewesen.

Gegen eine imperialismustheoretische Deutung spricht aber schon das Faktum, dass der Krieg völlig anders verlief als erwartet. Nur allmählich wurde ersichtlich, *wie* groß die Vorteile der Defensive im modernen Massen- und Stellungskrieg waren, und dass es daher um die Schwächung der gegnerischen Gesellschaft insgesamt gehen musste. Kaum jemand hatte mit dem *Welt*-Krieg gerechnet, als der sich die Auseinandersetzung also auch im Hinblick auf die Versorgung der eigenen, europäischen Bevölkerungen erwies, bei der die Entente mit ihrem kolonialen »Hinterland« bessere Karten hatte. Der Krieg war also global, weil er in Europa total geführt wurde.[6] Das ist für die Deutungsgeschichte deshalb wichtig, weil es

5 Dazu und zum Folgenden Plumpe, *Das kalte Herz*, bes. S. 286–289.

6 Fäßler, *Globalisierung*, S. 102 f.

ironischerweise die geopolitischen Prämissen jenes lange nur rhetorischen Kampfs um den »Platz an der Sonne« zu bestätigten schien, der die Spannungen vor dem Krieg erhöht hatte: Die Relevanz des Denkens in Großräumen bestätigte sich ganz konkret im Blick auf den deutschen U-Boot-Einsatz gegen Handelsschiffe, also gegen globale Lieferketten, oder die von der Royal Navy schon im August 1914 gekappten deutschen Unterseetelegrafenkabel. Erste Globalisierung und Weltkriegsstrategie hingen insofern auch für Zeitgenossinnen erkennbar zusammen, als die technologische Transport- und Kommunikationsverbilligung neue, und wie sich zeigte: asymmetrische Vulnerabilitäten geschaffen hatte. Was seit den 1880er Jahren Arbeitsmärkte und Kapitalmarktverflechtung betroffen hatte, wurde nun den Mittelmächten zum militärischen Verhängnis: Die »Protektionswirkung« des Raums war verringert.[7] Das war eine Fundamentalerfahrung des 20. Jahrhunderts, die neue Denkbewegungen in Gang setzte. Zumindest in den Augen mancher Zeitgenossinnen erzeugte der enorme Innovationsschub, den der Krieg in Transportwesen und Massenmedien mit sich brachte, Zwänge zur aktiven internationalen Friedensarbeit.

Welt-Krisenreaktionen

Im internationalen Handel und in der Finanzwirtschaft gingen im Sommer 1914 zuallererst die Lichter aus.[8] Geschäftsbeziehungen wurden gekappt, Industrieexporte stagnierten, Bankenzentren verloren über Nacht an Bedeutung, ausländische Kapitalanlagen wurden beschlagnahmt oder liquidiert. Bald wurden gigantische Sachwerte und Produktionskapazitäten zerstört oder umgewidmet. So litt die Weltwirtschaft nach

7 Nützenadel, »Die wirtschaftliche Dimension der Globalisierung«.

8 Lord Grey, zitiert nach Fäßler, *Globalisierung*, S. 98.

Kriegsende an einer agrarischen Überproduktion, die die Preise fallen ließ, mit entsprechenden Verelendungsfolgen. Wirtschaftliche Schieflagen waren auch insofern in Kauf genommen worden, als der Staat als Hauptabnehmer den Firmen, die die Kriegsproduktion gewährleisteten, monetäre Anreize hatte bieten müssen. Das hieß meist: Steuern erhöhen, sich bei der Bevölkerung durch allerlei Anleihen verschulden und die Gelddruckmaschine anwerfen. Zwangsläufig war die (informelle) internationale Koordination der Währungen neben der sprichwörtlichen »Wahrheit« zu einem der ersten Kriegsopfer geworden, womit ein zentraler Garant der ersten Globalisierung wegbrach. Schon während des Kriegs war es damit verbunden zur Inflation gekommen, die sich über sein Ende hinweg fortsetzte und zur Hyperinflation der frühen 1920er Jahre ausweitete.[9] Auch die Entente-Länder, allen voran Frankreich, hatten sich für die Rüstung massiv verschuldet, vor allem bei den USA, die nach dem Krieg auf Rückzahlung drängten. In diesem Zusammenhang erwies sich der Versailler Vertrag als Zeitbombe. Die französischen Unterhändler wollten die Erholung Deutschlands verhindern, setzten aber zugleich Reparationen in einem Umfang fest, deren Zahlung ohne diese Erholung illusorisch war, was die deutsche Politik durch radikale Umsetzung zu verdeutlichen versuchte. Amerikanische Banken, die die Reparationen refinanzierten, schwammen derweil im Geld, verliehen dieses aber meist nur kurzfristig, während die USA mit hohen Importzöllen den eigenen Markt abriegelten. Überhaupt hat der Unwille der USA, ihre unabweisbare Rolle als globaler wirtschaftlicher Hegemon auch politisch einzunehmen, die Krisen der Zwischenkriegszeit mit ausgelöst. Denn die »wechselseitige Verschuldung der größten Volkswirtschaften und der Protektionismus der Vereinigten Staa-

9 Zum Folgenden Plumpe, *Das kalte Herz*, S. 300–307, 309–310.

ten [überlagerten] ein System, dessen Gleichgewicht freien Handel vorausgesetzt hätte«.[10]

Tatsächlich wurde die Inflation in den meisten Ländern in den 1920er Jahren gestoppt; 1925 war das industrielle Produktionsniveau, drei Jahre später die Welthandelsquote der Vorkriegszeit wieder erreicht.[11] Dann aber kam die Weltwirtschaftskrise. Als die Amerikaner Kredite abzogen, die zur Finanzierung langfristiger Investitionen in Mitteleuropa gedient hatten, führte das hier zu enormen Liquiditätsproblemen, befeuerte dort indes eine Produktion, die nicht mehr durch Absatzmärkte aufgesogen wurde. Es kam, verkürzt gesagt, zu einer Implosion des Weltwirtschaftssystems, in dessen Folge der Welthandel um zwei Drittel schrumpfte und die internationalen Kapitalströme fast völlig versiegten. Zentral ist: Nicht nur für Ökonomen erschöpften sich diese Vorgänge nicht im Börsencrash an der Wall Street am 24. Oktober 1929. Weite Teile der amerikanischen und europäischen Bevölkerungen erlebten die Krise sehr bewusst als Verflechtungsphänomen, als sich über mehrere Jahre hinwegziehende Kettenreaktion von Kursverlusten, Kreditausfällen, Firmeninsolvenzen, Bankenpleiten.[12]

Kein Wunder, dass ein Ausklinken aus den globalen ökonomischen Strukturen in den 1930ern als Allheilmittel gesehen wurde. Kaum abzusehen war für die politischen Entscheidungsträger indes, dass die nun folgenden nationalen Alleingänge nahezu aller europäischen Staaten die Krise noch verschärfen sollten. Viele Regierungen versuchten, ihre Produzenten durch drastische Schutzzölle abzuschirmen und werteten ihre Währungen nach dem *Beggar-thy-neighbour*-Prinzip mit dem Ziel der Exportförderung gegenüber denen der Nachbarn ab. Mit

10 Lenger, *Preis der Welt*, S. 337.

11 Zum Folgenden Osterhammel/Petersson, *Geschichte der Globalisierung*, bes. S. 80–82; Fäßler, *Globalisierung*, S. 107–110.

12 Einführend Plumpe/Hesse/Köster, *Die Große Depression*.

Blick auf die Realgeschichte der Globalisierung in Europa kann die Bedeutung dieses auch durch Eigendynamiken und lokale Pfadabhängigkeiten geprägten Nationalisierungstrends kaum überschätzt werden. In den 1930er Jahren wuchs das Bedürfnis nach ökonomischer Sicherheit, für das »starke«, gar autoritäre Staaten besser sorgen zu können schienen – zumal der Sowjetkommunismus im Kontext einer Weltwirtschaftskrise, die vielfach als Krise des Kapitalismus insgesamt gesehen wurde, umso heller strahlte. Der Blick sollte aber nicht an den Autarkiebestrebungen von – immer auch von revisionistischen Rüstungsbestrebungen motivierten – Staaten wie Italien und Deutschland haften bleiben. Angesichts der Tatsache, dass sich das neuartige Phänomen der Massenarbeitslosigkeit offensichtlich nicht mit den Mitteln des »alten« Liberalismus, mit Lohnsenkungen etwa, bewältigt ließ, setzten auch die entstehenden Wohlfahrtsstaaten Skandinaviens auf eine Mischung aus Korporatismus, Planung und einer forcierten nationalen Identitätsbildung, die zugleich als Erziehung zur Demokratie betrieben wurde. Und zum *New Deal* der USA gehörten neben staatlichen Investitionsprojekten auch Maßnahmen, die die Kapitalmobilität und Spekulationstätigkeit einhegten, allen voran der Glass-Steagall Act – die Bundesgesetze, die ab 1933 die Trennung des Investmentbanking vom normalen Kredit- und Einlagegeschäft vorsahen – eine Risikoeinhegungsmaßnahme, die erst durch die Clinton-Administration in den 1990er Jahren zurückgenommen wurde.

Die Nationalisierungsprozesse der 1930er Jahre wurden also teils angetrieben von neuen Konzepten politischer und wirtschaftlicher Planung. Denn effektive Planung, so Lutz Raphael, verlangte nach innenpolitisch klar »geordneten« und abgegrenzten Räumen.[13] Dies färbte auch auf ökonomische Theo-

13 Raphael, *Imperiale Gewalt*, bes. S. 149–157.

rien ab, die durchaus als kritische Globalisierungsreaktionen betrachtet werden können, allen voran die sogenannte antizyklische Konjunkturpolitik. Durch staatliche Kreditaufnahmen und Investitionen etwa in Infrastrukturprogramme sollte die Beschäftigung erhöht werden; eine wachsende Kaufkraft würde dann die Auftragslage verbessern. Und die steigenden Steuereinnahmen konnten in der nächsten Boomphase zur Tilgung der Kredite eingesetzt werden. Generell wurde die nationale Binnennachfrage bis ins späte 20. Jahrhundert hinein zum Gegenstand eines planungszuversichtlichen Politikstils, und das auch im »globalen Süden«.

Völkerbundsstatistiker und Genfer Globalisten

Letztlich stellte die Weltwirtschaftskrise das »Globalisierungstrauma des 20. Jahrhunderts schlechthin« dar – auch als verarbeitete Erfahrung, auf die nach 1945 vor allem dort zurückgegriffen wurde, wo die heillos unkoordinierten nationalen Bewältigungsstrategien der 1930er Jahre zur Warnung dienen sollten.[14] Der »Traum einer Rückkehr« zur staatlich regulierten, aber marktwirtschaftlich dominierten Weltwirtschaftsordnung« beschäftigte auch schon die Menschen in der Zwischenkriegszeit, wenn er die »kleine Welt der Unternehmer und Wirtschaftsexperten« nicht sogar zusammenhielt. Dieser Traum stand zwar in Kontrast zum »Vertrauensverlust aller übrigen Akteure in dieses liberale Marktmodell«.[15] Hinsichtlich längerer Ideenkonstellationen, also eines reaktivierbaren »globalitären« Erfahrungswissens, ist aber wichtig, dass es in der Zwischenkriegszeit sehr wohl Bemühungen gab, die Weltwirtschaft auf stabilere Beine zu stellen, also die globale ökonomi-

14 Kunkel/Meyer, »Dimensionen des Aufbruchs«, S. 12.
15 Raphael, *Imperiale Gewalt*, S. 175 f.

sche »Verflechtung mit Hilfe eines reformierten Ordnungsrahmens« zugleich zu verstärken und auszubalancieren.[16]

Es liegt nahe, Refugien einer solchen positiven Bezugnahme auf Globalität bei den internationalen Organisationen zu vermuten, deren enormes Wachstum die Deglobalisierungsthese ebenso verkompliziert wie die Enteuropäisierungsthese. Denn es waren Orte in Europa wie Brüssel oder Genf (wo im Mai 1927 die auf Initiative des Völkerbunds organisierte, letztlich erfolglose zweite Weltwirtschaftskonferenz getagt hatte), an denen sich Milieus herausbildeten, innerhalb derer weltbezogene Ideen brodelten.[17] Die grenzübergreifende Verflechtung von Experten schritt in präzedenzlosem Tempo voran. Gerade dort, wo diese internationalen Experten versuchten, das ökonomische Krisengeschehen zu verstehen, wirkten wissenschaftliche Globalitätskonzeptionen und gedankliche Nationalisierungsprozesse allerdings auch zusammen. Wie der Historiker Martin Bemmann zeigt, waren wirtschaftsstatistische Ländervergleiche im 19. Jahrhundert zumeist von Privatpersonen erstellt worden. Nach dem Weltkrieg aber besorgten dies (semi)staatliche Statistikbüros im Auftrag von Regierungen, die mit den Daten Handlungsfähigkeit demonstrierten und damit Souveränitätsforderungen untermauerten.[18] Die Verdatung der Welt der 1920er und 1930er Jahre hatte mehr mit der *Recognition epidemic* der Nationalstaaten zu tun als mit genuin statistischen Anliegen. Im Ergebnis verbreitete sich in den statistischen Abteilungen des Völkerbunds, die die »Zulieferer« zur Vereinheitlichung der Datenerhebungsprozeduren drängten, ein sehr spezifisches Bild von der »Weltwirtschaft«. Man begriff diese als Summe der Wirtschaftsleistung einer Vielzahl miteinander vergleichbarer nationaler Ökonomien.

16 Lenger, *Preis der Welt*, S. 334–336.

17 Dazu Clavin, *Securing the World Economy*.

18 Bemmann, *Weltwirtschaftsstatistik*.

Wie die Forschung zur Genese von Messgrößen wie dem Bruttosozialprodukt zeigt, beeinflusste das bald Konzeptionen globaler Ungleichheit und, wichtiger noch: die von diesen »handhabbaren Abstraktionen« her gedachten, auf Wirtschaftswachstum zielenden Entwicklungsprogramme der Zeit nach 1945.[19] Dass die globale ökonomische Angleichung zur politischen Forderung wurde, die in den 1970er Jahren Akteure aus dem Süden an den Norden richteten, versetzte wiederum die Regierungen in den Industriegesellschaften dermaßen in Unruhe, dass sie sich nach neuen ökonomischen Strategien umsahen, die direkt in unsere marktliberale Gegenwart führen.

Tatsächlich gehörte zu den Ideen, die in der Peripherie des Völkerbunds gärten, auch ebenjener Neoliberalismus, der mit dieser jüngsten Globalisierungsphase assoziiert wird. Das ist die These von Quinn Slobodian, der die Erfahrungsdimension stark macht, die Ludwig von Mises und Friedrich Hayek überhaupt erst zu »Globalisten« werden ließ. Vor allem in Österreich sozialisierte bürgerliche Ökonomen waren bestürzt vom nach 1929 um sich greifenden Trend zum Wirtschaftsprotektionismus, etwa von Preiskontrollen im Bereich der landwirtschaftlichen Produktion, wie sie im Nationalsozialismus der Reichsnährstand verantwortete, oder von den Agrarsubventionen der USA. All das betrachteten sie als eine Politisierung der Wirtschaft zum Schaden aller. Dabei schienen den beteiligten Ökonomen die demokratischen Wohlfahrtsstaaten besonders anfällig zu sein für fahrlässige Formen der Einschränkung der Kapitalmobilität. Denker wie Hayek erkannten im Protektionismus in erster Linie Geschenke an die »Massen«, die einigen von ihnen in Form des Wiener Justizpalastbrandes 1927 erschreckend vor Augen standen. Und vor dem Hintergrund der chaotischen Gegenwart betrachteten die Pioniere des Neo-

19 Speich-Chassé, *Erfindung*, S. 11.

liberalismus, von denen einige erste Berufserfahrungen in der Handelspolitik des untergegangenen Österreich-Ungarns gesammelt hatten, das Habsburgerreich mit anderen Augen, nämlich als eine Art Freihandelsraum. Als solchen verknüpften sie es mit dem enormen Zuwachs an Wohlstand, den der weltweite Handel im 19. Jahrhundert erbracht hatte. Man schöpfte also aus dem (schöngefärbten) Erfahrungsraum der ersten Globalisierung. Zurück zum »freien« Marktwalten wollten aber auch die neoliberalen Ökonomen nicht. Und hier spielten die internationalen Erfahrungen hinein, die viele von ihnen in Institutionen wie dem Genfer Institut universitaire des hautes études internationales gemacht hatten. Die Nähe zum Völkerbund und seinem regulatorischen Ansatz färbte ab. Für die Vertreter der »Genfer Schule« galt es, die Staaten, die sich ökonomisch bekriegten, für eine gegenseitige Verpflichtung auf den »Schutz« des Weltmarktes zu gewinnen. Nur mit dieser – eher juristischen als volkswirtschaftlichen – Methode ließ sich sicherstellen, dass der Wohlstand der Menschheit sich insgesamt erhöhte. So wurden hier intellektuelle Grundlagen einer simplen, aber folgenreichen Weltsicht gelegt. Was als Gegenteil der durch nationale Grenzziehungen vermauerten Gegenwart imaginiert wurde, war eine »flache« Erde, auf der sich das Wirtschaftshandeln ungehindert vollziehen, auf der Kapital, Ressourcen, Güter und Arbeitskräfte also den Marktgesetzen entsprechend wandern konnten.[20]

Die Vision blieb randständig – wie gesagt: vorerst. Sie traf, wenn überhaupt, auf offene Ohren, wo sie unternehmerischen Interessen entgegenkam, etwa im Umfeld der nationalen Handelskammern, die sich 1919 selbst eine in Paris beheimatete Weltorganisation gegeben hatten. Man sollte überhaupt den Einfluss und die Erfahrungen der »Agenten der Globalisie-

20 Das Vorstehende bei Slobodian, *Globalisten*.

rung« (Sebastian Conrad) jenseits der Expertenebene nicht unterschätzen, die auf die »Deglobalisierung« Europas auf unterschiedliche Weise reagierten. Viele Firmen begannen angesichts der Absatzkrisen in Europa ab 1918 erst recht global zu agieren. Unternehmen wie Siemens, Bosch oder Krupp, aber auch Großreedereien und Banken versuchten, ihre Präsenz auf den Weltmärkten zu steigern. Sie verfolgten also just aufgrund ihrer verringerten Weltmarktdominanz Internationalisierungsbemühungen, die in makroökonomischen Welthandelsstatistiken eher nicht sichtbar werden. Es kam zur Ausweitung und Verlagerung ihrer Geschäftsschwerpunkte, etwa durch Gründung von Tochtergesellschaften, die sie geografisch näher an die Händler brachte. Das interessiert hier insofern, als entsprechende Beziehungen etwa mit Japan oder auch Indien für die Zeitgenossen veränderte Begegnungsformen zur Folge hatten. So sahen sich manche Handelsvertreter und Außendienstler genötigt, sich mit Blick auf Unterkünfte und Ernährung den Gepflogenheiten vor Ort anzupassen. Häufiger als vor dem Weltkrieg wurden sie sogar Mitarbeiter nicht europäisch geführter Produktionsstätten.[21]

Weimar und die Welt

Ideologisch hatte der Krieg in Europa vieles einfacher gemacht. Die Welt hatte sich binär geordnet: »Ideen von 1914« und 1789, die »deutsche Kultur« und die »französische Zivilisation«. Bekanntlich hatte nicht nur der Krieg, sondern auch der »überforderte« Frieden (Jörn Leonhard) die Fronten verhärtet. Über den Osten Europas kam es zu einem veritablen Kampf der Karten. Tendenziell blieben die Animositäten zwischen den europäischen Gesellschaften also bestehen. *Inner-*

21 Dejung, »Deglobalisierung«.

halb dieser Gesellschaften nahmen sie sprunghaft zu, vor allem dort, wo nach den Schuldigen an der eigenen Niederlage gesucht wurde. Deutschland war unverkennbar global unwichtiger geworden. Einen Anspruch auf »Weltpolitik«, wie ja ein zentraler Kampfbegriff des ausgehenden 19. Jahrhunderts geheißen hatte, konnte die territorial zusammengestutzte, außenpolitisch isolierte, wirtschaftlich ausgelaugte, teils besetzte Weimarer Republik kaum hegen. Dabei lässt sich argumentieren, dass die wahrgenommene Provinzialisierung die verlorenen Kolonien identitär wichtiger werden ließ, als sie es je gewesen waren (wobei zur Ironie der 1920er und 1930er Jahre gehört, dass viele ehemalige deutsche Kolonialbeamte, die als Experten in den »Süden« zurückkehrten, dort nun als »neutral« auftreten konnten[22]). Der Kontrast zum »Großmachtsgefühl« der vorangegangenen Globalisierungsphase motivierte eine Vielzahl revisionistischer Gruppierungen, die sich biologischen Ideen vom »Rassenkampf« öffneten. Überhaupt war das deutsche »globale Denken« antagonistischer denn je. Die schon im ausgehenden 19. Jahrhundert geprägte Vorstellung eines knappen, von den Großmächten hart umkämpften globalen Innenraums resultierte hier in einer obsessiven Beschäftigung mit den sogenannten Auslandsdeutschen als vermeintlichen Kulturträgern. International verbreitete geopolitische Ideen pervertierten zur deutschen Idée fixe vom »Volk ohne Raum«, zur Vorstellung, »Rasse« und Wirtschaftsform (»Blut und Boden«) hätten sich in Wechselwirkung entwickelt.[23] Das ließ den revanchistischen Blick auf die ehemals »deutschen Ostgebiete« fallen. Und es öffnete den politischen Geografen und anderen »Raumforschern« mittelfristig Karrierechancen bei der Vorbereitung der eliminatorischen NS-Eroberungspolitik – was heute Gegenstand einer intensiven Forschungs-

22 Cornelißen/van Laak, »(Ent-)Provinzialisierung«, S. 17.
23 Jureit, *Das Ordnen von Räumen*.

diskussion über die Kontinuitäten zwischen Kolonialismus und Holocaust ist.

Zur selben Zeit boomte in der deutschen und europäischen Unterhaltungskultur die Orientfaszination, während sich die expressionistische Avantgarde für afrikanische Kunst begeisterte. Das Kino erleichterte die »ästhetische Aneignung der Welt« erheblich.[24] Das stand im Einklang mit der kulinarischen Vermarktung des Exotischen. Anders als der Name vermuten lässt, entführte die Themengastronomie im Haus Vaterland, dem größten Vergnügungskomplex Berlins am Potsdamer Platz, die Müßiggänger der Großstadt je nach Laune nach Japan oder in den »Wilden Westen«.[25] Die ausgeprägte »Erlebnisorientierung«[26] der wachsenden Angestelltenschicht traf auf ein kommerzielles »Weltstadtvergnügen« in doppelter Hinsicht.[27] Denn auch die transkontinentale Mobilität von Kulturschaffenden war ausprägt, wie das Beispiel der in St. Louis, Missouri, geborenen Freda Josephine McDonald zeigt. Teils nur mit dem notorischen Rock aus Bananen bekleidet, tanzte McDonald unter dem Künstlernamen Josephine Baker für begeisterte Zuschauer auf den Bühnen von Paris und Berlin den Charleston. Der Modetanz der 1920er Jahre ging auf Tanzstile afrikanischer Sklaven in den US-Südstaaten zurück, die sich ihrerseits aus kongolesischen Traditionen entwickelt hatten, um nun infolge von Schallplattenexporten, Radiosendungen, aber auch der Tourneen amerikanischer Big Bands in die Welt auszustrahlen. Jenseits der Weimar-Stereotype vom Tanz auf dem Vulkan der »goldenen Zwanziger« macht das auf facettenreiche Translokalitätstrends in der Kultur dieser Zeit aufmerksam – und auf Gemengelagen aus kultureller Globali-

24 Cornelißen/van Laak, »(Ent-)Provinzialisierung«, S. 17.

25 Möhring, »Die ›Welt in einem Haus‹«.

26 Bänziger, *Die Moderne als Erlebnis*.

27 Siehe die Beiträge zu Morat u.a. (Hg.), *Weltstadtvergnügen*.

sierung und politischem Aktivismus. Denn Baker unterstützte auch die amerikanische Bürgerrechtsbewegung und setzte sich gegen Rassismus ein.[28]

Bewegungsförmiger Antiglobalismus?

Vielleicht stärker als in allen anderen Phasen des hier untersuchten Zeitraums gilt es für die Zwischenkriegszeit nach »Bereichsglobalisierungen« (Jürgen Osterhammel) zu suchen. So argumentiert die Historikerin Gabriele Lingelbach mit Blick auf Weimar, dass selbst *innerhalb* verschiedener Trans-Prozesse gegenläufige Dynamiken zu beobachten sind. Während etwa der Tourismus stark zurückging, überwogen auf dem Feld der Migration rein zahlenmäßig die Kontinuitäten zum »Einwanderungsland Kaiserreich«. Allerdings wanderten nun vor allem »Reichsdeutsche« ins deutsche Territorium ein; die Arbeitsmigration hingegen wurde, wie in vielen anderen Ländern, zunehmend reguliert und rassifiziert. Dennoch blieb die illegale Einwanderung der in Osteuropa massiv diskriminierten Juden bedeutsam. Die von dieser Gruppe zumeist intendierte Durchwanderung gen USA kam sogar vermehrt in Deutschland zum Stillstand. In einigen Großstädten bildeten sich typische Migrantensubkulturen, die auf starke Ablehnung stießen.[29] Ältere antisemitische Tropen wie der Ahasver-Mythos vom »ewigen« oder »wandernden Juden« bekamen neues Futter durch die prekären Lebensumstände der »Luftmenschen« aus Osteuropa, die als wurzellos und integrationsunfähig denunziert wurden.[30]

Die Parallelen zur erwähnten rechtspopulistischen Globalismusschelte, die heute die politischen Debatten prägt, legen

28 Gillett, *At Home in Our Sounds*.
29 Lingelbach, »Globalgeschichtliche Perspektiven«.
30 Berg, *Luftmenschen*.

es nahe, nach vergleichbaren Diskursphänomenen in der Zwischenkriegszeit zu fragen. Tatsächlich argumentiert die Historikerin Tara Zahra, dass »Antiglobalismus« ein bislang übersehenes, obschon zentrales Merkmal der europäischen politischen Kultur der Zwischenkriegszeit gewesen sei.[31] Ab 1914 sei es in Zentraleuropa infolge der unterbrochenen grenzüberschreitenden Nahrungsmittellieferketten zu Hungererfahrungen gekommen, auf die nicht nur die »große« Politik, sondern auch eine Vielzahl sozialer Bewegungen reagierten, indem man sich wirtschaftlich autark zu machen versuchte, oft in Form sich selbst versorgender, primitiver Siedlungen an den Rändern der europäischen Großstädte. Das sei eine bewusste Entnetzungspraxis mit dem Ziel gewesen, gegenüber globalen Entwicklungen krisenresilienter zu werden. Allerdings lässt sich die von Zahra untersuchte österreichische Siedlungsbewegung mindestens ebenso gut durch antimodernistische und nicht zuletzt antifeministische Ansätze zur »inneren Kolonisierung« mit einer langen Vorkriegsgeschichte erklären. Darüber hinaus stellt sich die Frage, ob ein Antiglobalismus, dessen Akteure selten bis nie auf die »Welt« Bezug nahmen, zutreffend bezeichnet ist. Einen neuen, systematischen Begriff von länderübergreifenden strukturellen Abhängigkeiten entwickelten Zahras Protagonisten jedenfalls nicht. Schließlich war die »Back-to-the-land«-Bewegung der Zwischenkriegszeit keineswegs per se rechts; es bestanden direkte Verbindungen zum Austromarxismus. Und in dessen Kontext wurde dann doch explizit – und positiv – auf Globalität Bezug genommen.

Besonders deutlich wird das an der Person des Sozialphilosophen, Nationalökonomen und Volksbildners Otto Neurath. Als Leiter des Gesellschafts- und Wirtschaftsmuseums (GWM) in Wien arbeitete er in den 1920er Jahren daran, die Arbeite-

31 Zahra, »Against the World«.

rinnen der österreichischen Metropole an politische Themen wie den sozialen Wohnungsbau heranzuführen, in dem sich Neurath als Gründer des Österreichischen Verbands für Siedlungs- und Kleingartenwesen selbst engagierte. Dafür entwickele Neurath sein ISOTYPE (International System of Typographic Education), eine Kombination aus Statistiken, Karten und Piktogrammen, die auch die globalen imperialen Verhältnisse mit dem Ziel visualisierten, die Solidarität zwischen den Ausgebeuteten der Welt zu vergrößern.[32]

Sozialistischer Internationalismus und Antikolonialismus

Derlei internationalistische Bildpädagogik war weniger außergewöhnlich, als bisweilen suggeriert wird. Das zeigt der 1930 erschienene *Atlas für Politik, Wirtschaft, Arbeiterbewegung* von Alexander Radó, der den Angehörigen Letzterer ebenfalls auf grafischem Wege die Vorzüge des Sozialismus klarmachen sollte.[33] Dabei ist die schillernde Biografie Radós – eines gebürtigen Ungarn, sowjetischen Spions und späteren Gulag-Insassen – ebenso interessant wie sein Werk. Denn sie gleicht den Existenzen der »Reisenden der Weltrevolution«, also der hoch mobilen Kader der Kommunistischen Internationale (Komintern), die in keiner Darstellung des Globalismus der Zwischenkriegszeit fehlen dürfen.

Neben der Völkerbundswelt gab es auch einen »Internationalismus der Sowjetsphäre« (Peter Fäßler). Die Gründung der Komintern im März 1919 in Moskau war der Versuch der Bolschewiki, die Revolutionsdynamik global auszuweiten. Als das dominierende Spaltprodukt des sozialistischen Internationalismus der Jahrhundertwende verlangte sie ihren Funktio-

32 Sandner, *Otto Neurath*.
33 Schneider, »Kartographie«.

nären viel ab. Aus Pariser Hotels oder Berliner Hinterzimmern heraus agierend, bildeten sie infolge ihrer intensiven Vernetzungsarbeit zwangsläufig kosmopolitische Identitäten heraus.[34] Zumal zu den Profirevolutionärinnen auch Menschen aus dem »Süden« gehörten und die Komintern sich bemühte, auf einer Reihe von antikolonialen Kongressen Einfluss zu entfalten. Nun ging die Komintern mittelfristig an den zunehmend doktrinären Vorgaben aus dem stalinistischen Moskau zugrunde. Und Lenins »Gesetz der Ungleichmäßigkeit der ökonomischen und politischen Entwicklung der kapitalistischen Länder« lässt sich zwar als Form des global vergleichenden Denkens betrachten, das auf der empirischen Beobachtung von unterschiedlichen Entwicklungsgeschwindigkeiten innerhalb des »kapitalistischen Weltsystems« beruhte, wie dies nach 1945 in der Sprache des Marxismus-Leninismus hieß. Faktisch unterfütterte das nach Lenins Tod 1924 aber die Doktrin vom »Sozialismus in einem Land«, also die Verabschiedung von der Idee, die Weltrevolution zu exportieren, woraufhin »Kosmopoliten« im eigenen Lager denunziert und verfolgt wurden.

Bei aller Gefahr, die antirassistische Ausrichtung der Komintern zu überschätzen: Nicht nur die Symbolik, auch das Networking auf Zusammenkünften wie dem Kongress der Ostvölker in Baku 1920 oder dem Brüsseler Gründungkongress der »Liga gegen Imperialismus und für nationale Unabhängigkeit« sieben Jahre später sollte in seiner »weltbildenden« Wirkung nicht unterschätzt werden. Prominente europäische Sozialisten und Repräsentanten der Befreiungsbewegungen der Welt, darunter spätere Staatsführer wie der Indonesier Mohammad Hatta oder der Inder Jawaharlal Nehru trafen hier auf europäische Intellektuelle und Wissenschaftler wie Albert Einstein,

34 Studer, *Reisende der Weltrevolution*.

aber auch auf afroamerikanische Bürgerrechtler aus dem Umfeld der National Association for the Advancement of Colored People (NAACP).[35] So fungierten Zentren des Weltstadtvergnügens wie Berlin, dem neben Moskau wichtigsten Knotenpunkt der Internationalen Kommunismus, also auch als Inkubatoren des Antikolonialismus.[36] Das galt auch für das durch seinen Hafen ohnehin besonders globalisierte Hamburg, wo in den 1930er Jahren die einflussreiche Zeitschrift *The Negro Worker* herausgegeben wurde.[37]

Der wilsonsche Moment und der »Globalismus der Vergleichskommunikation«

Solche Konstellationen hatten ihren Ausgangspunkt in kolonialen Diasporen, aber auch in den Pariser Friedenskonferenzen, oder genauer: in der sich einstellenden Enttäuschung darüber, dass die Betonung des Selbstbestimmungsrechts in Woodrow Wilsons 14-Punkte-Plan keine Konsequenzen hatte.[38] Der liberale Internationalismus des US-Präsidenten, der eine zentrale Rolle für den neu zu schaffenden Völkerbund als Hüter des Rechts auf nationale Selbstbestimmung vorsah und damit in Indien und China auf viel Aufmerksamkeit stieß, war in erster Linie auf die Befriedung Europas bezogen gewesen, stellte aber auch eine Reaktion auf die Oktoberrevolution dar, deren katalysierende Wirkung auf das antikoloniale Sentiment man mit Sorge beobachtete. Der Möglichkeitsraum der Dekolonisierung erweiterte sich damit (vorübergehend) explosionsartig. Jörn Leonhard betont, dass die Friedenskonferenz selbst die »durch den Krieg entstandene kommunikative Glo-

35 Dinkel, »Globalisierung des Widerstands«.

36 Goebel, *Anti-Imperial Metropolis*.

37 Adi, *Pan-Africanism and Communism*.

38 Zum Folgenden Leonhard, *Frieden*, S. 837–852.

balität möglicher Begründungszusammenhänge« noch einmal steigerte. Dieser »Globalismus der Vergleichskommunikation« habe einen Ermächtigungsmoment geschaffen, in dem »globale Referenzen und lokale Bedeutungen und Vorgeschichten aufeinandertrafen« – so, wenn indische Tageszeitungen euphorisch von Ankündigungen berichteten, Briten und Franzosen wollten Syrien bzw. Mesopotamien unabhängige Regierungen bilden lassen.[39]

Die imperiale Frage wurde in den Verhandlungen dann aber ausgeklammert, was Akteure aus dem »Süden« auch ganz persönlich als Desillusionierung erlebten, wie Leonhard anhand des späteren vietnamesischen Revolutionsführers Nguyễn Sinh Cung zeigt. Besser bekannt unter seinem Decknamen Hồ Chí Minh fand dieser in Paris, wo er in unmittelbarer Nähe zum späteren chinesischen Revolutionsführer Zhou En Lai an der Place d'Italie wohnte, erst zu den radikalen Sozialisten, nachdem ihm französische liberale Kreise die kalte Schulter gezeigt hatten.

Wilsons Utopie scheiterte daran, dass die USA dem Völkerbund nicht beitraten. Mit dessen Mandatssystem wurde die etablierte koloniale Ordnung eher bestätigt. Immerhin wuchs der Druck auf die Kolonialmächte, Kolonien und Mandatsgebiete »produktiv« zu machen. Mit dem *Colonial Development*, mit dem man zugleich eine Antwort auf ressourcenstrategische Herausforderungen wie auf antiimperialistische Kritik gefunden zu haben glaubte, wurde die Funktion des Kolonialismus von der Extraktion zur Entwicklung umgedeutet. Das war für das globale Denken der zweiten Hälfte des 20. Jahrhunderts von großer, wenn auch zweischneidiger Bedeutung. Denn die von der ständigen Mandatskommission des Völkerbunds verbreitete Entwicklungsidee war »nur um den Preis

39 Ebd., Zitate auf S. 706, 1272, 364; Raza u. a. (Hg.), *The Internationalist Moment*.

der Klassifizierung der Kolonien als rückständig« zu haben.[40] Dieser Klassifizierung wohnte aber eine Logik der *Angleichung* inne und damit die Annahme der grundsätzlichen Modernitätseignung der »Kolonialvölker«, was ein zumindest latent antirassistisches Menschenbild implizierte – Daniel Speich-Chassé spricht vom »Species Universalism«. Man könnte sagen, dass die große Zeit der kolonialen Erziehungsprojekte in den 1920er Jahren erst anbrach. Und die Bedeutung, die der Ausbildung von zum Regieren und Verwalten »fähigen« autochthonen Eliten beigemessen wurde, gehört zu den Hypotheken des Postkolonialismus des 20. Jahrhunderts von Kongo bis Indonesien. Eine nicht unerhebliche Zahl von Führungsfiguren der künftigen »jungen Staaten« lässt sich zumindest bildungsbiografisch als Teil einer globalen Bourgeoisie sehen, und zwar auch dahingehend, dass man europäische Entwicklungs- bzw. Modernisierungswege nachzuahmen trachtete.

Allerdings machen sich Bewegungsintellektuelle des »Südens« auch bittere, aber zukunftsträchtige Gedanken über asymmetrische Verknüpfungen, über politische und ökonomische Ungleichgewichte in der Welt. Eine Reihe neuer Forschungsbeiträge fragt denn auch, ob nicht die stimulierende Wirkung des antiimperialistischen Denkens »der« Kolonien in den politischen Zirkeln der europäischen Metropolen größer war als bislang angenommen. Zumal, wie Priyamvada Gopal zeigt, schon die intellektuellen Transfers des ausgehenden 19. Jahrhunderts das Bild verkomplizieren. So spielten Begegnungen mit Aktivisten aus den Kolonien eine wichtige Rolle in der britischen Independent Labour Party, deren Protagonistinnen die britische Debatte der Zwischenkriegszeit über die koloniale »crisis of confidence« mitprägten.[41] Einigen antikolonialen Aktivistinnen ging es keineswegs nur darum, das euro-

40 Dörnemann, *Plan your Family*, S. 35.
41 Gopal, *Insurgent Empire*.

päische Nationalstaatsmodell zu kopieren. Vielmehr, so die Politikwissenschaftlerin Adom Getachew, setzten sie auf Solidaritäten jenseits des Internationalismus, sofern man diesen eng, also als multilaterale Kooperation zwischen alten und »neuen« Nationalstaaten definiert.[42] Für Getachew resultierte aus der Imperialismuskritik seit den 1920er Jahren eben nicht allein die Forderung nach einer Ergänzung des Staatensystems um weitere »selbstbestimmte« Staaten. Im Gegenteil sei es gerade schwarzen Programmatikern – unter ihnen der Historiker und Philosoph W. E. B. Du Bois und spätere Staatsmänner wie der Ghanaer Kwame Nkrumah – darum gegangen, dem imperialen Weltsystem ein geografisch ähnlich weit reichendes, aber egalitäres »Worldmaking« entgegenzustellen, dessen utopisch-kosmopolitischen Grundzug Getachew betont. Vielen Theoretikern war im Hinblick auf die alles andere als gleichberechtigte Rolle Äthiopiens oder der Republik Liberia im Völkerbund früh klar, dass das Versprechen einer künftigen formalen Souveränität wenig wert war ohne gemeinsamen politischen Druck auf die realen Mächte in der Welt. Es ist jedoch wichtig, dass der Versuch, solche Ideen dem Vergessen zu entreißen, nicht über das Ziel hinausschießt. Nicht selten hatten Bewegungsintellektuelle des »Südens« ein gespanntes Verhältnis zu den »Massen« bei sich »zu Hause«. Oftmals strebten diese Massen nämlich sehr wohl nationale Unabhängigkeit an, weil das größere politische Partizipation vor Ort versprach.

Refugien des Vernetzungsglobalismus

Die Zwischenkriegszeit war also auch mit Blick auf das globale Bewusstsein eine Zeit der Gegenläufe und Ambivalenzen. Stärker als in anderen Phasen des 19. und 20. Jahrhunderts war sie

42 Getachew, *Die Welt nach den Imperien*.

geprägt von einer Spannung, die der Historiker Malte König auf den Völkerbund bezogen so auf den Punkt bringt: »In der Brust der Weltorganisation [schlugen] zwei Herzen [...] – ein kosmopolitisches, ein internationalistisches.«[43] Auch wenn in der politischen Praxis die Mischungen überwogen: Ging es Internationalisten eher um Absprachen zwischen Staaten, drängten Kosmopoliten eher auf die Rechte des Individuums, was oft hieß: auf supranationale Rahmenbedingungen, die diese Rechte garantierten, in Zeiten verstärkter nationaler Mobilisierung jedoch besonders aussichtslos scheinen mussten. Umgekehrt lassen sich in der Zwischenkriegszeit immer dort überraschend optimistische Prognosen vom Zusammenwachsen der Menschheit zur Weltgemeinschaft beobachten, wo man kaum auf konkrete politische Macht hoffen konnte: auf den verbundenen Feldern der technischen Vernetzungsutopien und der (Friedens-)Pädagogik für ein künftiges Weltbürgertum.

Auch dafür ist von Bedeutung, dass die Begegnungen zwischen Experten verschiedener Länder nach 1918/19 stark zunahmen. Für viele von ihnen war unverkennbar, dass das Expertenwissen selbst schneller zirkulierte als je zuvor. Das omnipräsente Thema der »Raumschrumpfung« wurde real verkörpert durch den Aufbau zwischenstaatlicher Telefonnetze, die ersten kommerziell erhältlichen »Weltempfänger«-Kurzwellenradios, den 1930 eingerichteten transatlantischen Zeppelin-Liniendienst und natürlich Medienereignisse wie Charles Lindberghs Flug von New York nach Paris im Mai 1927. Ein Indiz ist, dass sich auch eine »cosmopolitan space international« herausbildete,[44] mit einem Schwerpunkt in der Weima-

43 So der Historiker Malte König zu seinem Forschungsprojekt zum Kosmopolitismus: »Weltbürgertum als konkrete Politik im Alltag?«, https://lisa.gerda-henkel-stiftung.de/kosmopolitismus_maltekoenig_lisainterview [25.6.2023].

44 Geppert, »Space Personae«.

rer Republik: Die Astrofuturisten des Vereins für Raumschifffahrt etwa, dem sich spätere Raumfahrtpioniere wie Wernher von Braun anschlossen, dachten jenseits konkreter Raketentechnik auch schon über die friedliche Interaktion mit Marsbewohnern nach, was sichtlich vom erdgebundenen Internationalismus der Zeit inspiriert war, aber auch im Kontext einer breiteren, populärkulturellen Weltraumbegeisterung der 1920er Jahre gesehen werden muss,[45] die aus Werken wie Hermann Oberths in mehrere Sprachen übersetztem Buch *Die Rakete zu den Planetenräumen* (1922) oder Fritz Langs Stummfilm *Frau im Mond* (1929) spricht.

Erneut nährte die Technikentwicklung die Überzeugung, eine Verständigung der Bürgerinnen der Welt sei leichter möglich denn je. Mehr als nur Relikte des Techno-Globalismus der Belle époque bildeten sich an den Rändern des Völkerbunds Laboratorien konnektivistischer Ideen. Ein prominentes Beispiel ist der schon erwähnte H. G. Wells, der heute neben seiner schriftstellerischen Tätigkeit vor allem als Autor der 1940 erschienenen programmatischen Schrift *The Rights of Man* erinnert wird, die die UN-Menschenrechtsdeklaration acht Jahre später beeinflusste. Vor dem Ersten Weltkrieg mit fantastischen Romanen wie *Die Zeitmaschine* (1895) berühmt geworden, warb Wells nach dessen Ende für einen Weltstaat, der ein Wiederaufflammen der Konflikte verhindern könne, so in der gemeinsam mit seinem Landsmann Leonard Woolf verfassten Denkschrift *The Idea of a League of Nations* (1920). Die beiden Autoren gaben sich darin überzeugt, dass schon seit dem vergangenen Jahrhundert Kräfte in der Welt existierten, die der Teilung der Menschheit entgegenwirken könnten. Nur sei die Menschheit mental unvorbereitet, von ihnen Gebrauch zu machen. Wells verwendete fortan einen erheblichen Teil seiner

45 Dazu Bruggmann, »Der Weltraum im Zeitalter«.

Kraft darauf, diese Mentalität herauszubilden. Die alles entscheidende Frage war, ob die »enorme Zunahme der Intensität und Reichweite der menschlichen Interaktion und Interdependenz« zum Fortschritt oder zur gegenseitigen Vernichtung führen würde. Für Wells bedurfte es einer »erzieherischen Adaption« an diesen Sachverhalt, wollte man den Nationalismus hinter sich lassen. Dies könne eine »World Brain organization« gewährleisten, die man sich vorstellen müsse wie ein »Nervensystem [...] das alle Geistesarbeiter der Welt durch ein gemeinsames Vorhaben und Ausdrucksmedium zu einer zunehmend bewusst kooperierenden Einheit [...] zusammenflicht«. Ein solches globales Netzwerk von Akademien und Bibliotheken könne einen großen Schritt beim »menschlichen Fortschritt in Richtung Einheit«, von der »Stammesgemeinschaft« zur Weltgesellschaft machen.[46]

Weltwissen, soziale Evolution und der »planetarische Maßstab der Technik«

Weder Wells' Diagnose noch sein Lösungsvorschlag waren so aus der Zeit gefallen, wie es scheinen mag. Das Spektrum der Raumerweiterungsvisionen war zwischen Jahrhundertwende und dem Ausbruch des Zweiten Weltkriegs breit. Auch in Deutschland machten sich Denker wie Walter Benjamin Gedanken zur Eigenlogik der Technikexpansion und zum nunmehr »planetarischen Maßstab« der menschlichen Umgestaltung seiner Umwelt, einem »Kontakt mit dem Kosmos«, der für Benjamin 1928 nur noch rauschhaft zu begreifen war. Hans Freyer sah bereits drei Jahre vorher die Technik sich gar anarchisch-dämonisch selbst weiterbauen, bis sie alle nationalen

46 Wells, *World Brain*, Zitate auf S. 11, 21, 39, 31, 54f. [Übersetzungen D.K.].

Grenzen sprengte,[47] was den konservativen Soziologen eher beunruhigte. Das »Ephemer-Werden« der Kommunikationsinfrastrukturen durch Radio und Radar, wie der Architekt und Autor Richard Buckminster Fuller es 1938 nannte – die Entkopplung des menschlichen Denkens von dem, was wir heute als physische Datenträger bezeichnen – ließ sich aber genauso gut fortspinnen in die Utopie einer kognitiv weiter »entwickelten« Menschheit. In diese Richtung gingen die parawissenschaftlichen Spekulationen eines Pierre Teilhard de Chardin,[48] die sich überraschend als Ideenreservoir eines späteren ökologischen Globalismus erweisen sollten. Teilhard de Chardins Ausführungen zur »Kosmogenese« (die auch manche Idee des Transhumanismus vorwegnahmen), kreisten um einen unabgeschlossenen Evolutionsprozess, der sich erst in der »Noosphäre« verwirklichen werde. Darunter verstand der französische Jesuit, Paläontologe und Naturphilosoph eine Art kommunikativ verknüpfte Metaintelligenz, die er in seinem später publizierten Hauptwerk *Der Mensch im Kosmos* (1955) räumlich dachte: als eine Hülle aus Signalen, die die Erde umgebe. Teilhard de Chardin teilte sich die Urheberschaft der »Noosphäre« mit dem russischen Biochemiker Wladimir Iwanowitsch Wernadski. Der hatte sie als soziales Analogon der in den 1920er Jahre von ihm (mit)geprägten »Biosphäre« eingeführt.[49] Wernadskis und Teilhard de Chardins Denken wies wiederum eine Verwandtschaft mit den Schriften des amerikanischen Theosophen und Architekten Claude Bragdon auf, der in einem bereits während des Weltkriegs erschienenen Buch das Konzept des »Hyperraums« ausbuchstabiert hatte, den sich

47 Herrmann, »Der planetarische Maßstab«, S. 56 (aus Benjamins Text »Zum Planetarium«).

48 Zum Folgenden Kuchenbuch, *Welt-Bildner*, S. 151f.

49 Der Begriff »Biosphäre« geht auf den Geologen Eduard Suess zurück, der ihn 1875 erstmals verwendete: Höhler, *Spaceship Earth*, S. 55.

Bragdon als dem menschlichen Geist mit konventionellen Erkenntnismitteln nicht zugängliche, erst nach einer »Bewusstseinsevolution« erfahrbare kosmische Sphäre vorstellte. In Bragdons Konzept war manche Idee des russischen Mystikers und Mathematiker P. D. Ouspensky eingeflossen. Der war auf der Suche nach den verborgenen Gesetzen des Universums schon um 1900 zu einer frühen Version dessen gekommen, was seit den 1970er Jahren als »Gaia-Hypothese« diskutiert wird und auch in den gegenwärtigen Debatten ums Anthropozän eine gewisse Rolle spielt: die Idee eines lebendigen, gar beseelten, jedenfalls sich selbst regulierenden Planeten Erde.

Dass es sich bei diesen teils auffällig esoterischen Kopplungen von evolutionärem Techniktelos, Kosmopolitismus und der Arbeit an der Verfügbarmachung des Weltwissens um mehr als Hirngespinste handelt, lässt sich abschließend an Paul Otlet und seinem »Mundaneum« zeigen. Otlet, ein Pionier des modernen Informationsmanagements, setzte sich sehr konkret für länderübergreifende moderne Klassifikationssysteme für Bibliotheken ein.[50] So hatte der Belgier 1895 in Brüssel gemeinsam mit seinem Landsmann, dem Pazifisten und späteren Friedensnobelpreisträger Henri La Fontaine, das Institut International de Bibliographie gegründet, das gleichermaßen im Zusammenhang des »cultural internationalism« (Akira Iriye) und des Effizienzdenkens der Jahrhundertwende gesehen werden muss. Nach dem Weltkrieg gehörte Otlet nicht nur zu den Initiatoren des International Committee on Intellectual Cooperation (einer Vorläuferorganisation der UNESCO), ähnlich wie Wells träumte er mittlerweile auch den utopischen Traum von einer Datenbank, in der das Wissen der Welt zentral gespeichert wird. Nie kam Otlet seinem Ideal näher als 1926, als er mithilfe Le Corbusiers ein spektakuläres

50 Zum Folgenden Van Acker, »Internationalist Utopias«.

Museumsgebäude konzipierte. Der Avantgardearchitekt entwarf ein die Symbolik von Globus und Pyramide verbindendes Bauwerk, in dessen Innerem man auf einem spiralförmigen Pfad das Weltwissen durchwandern konnte. Dass Projekt zerschlug sich, es war aber weniger unrealistisch, als man annehmen könnte. Genf bildete in dieser Zeit das Weltzentrum einer Vielzahl von Initiativen zur internationalen Erziehung. Im Völkerbundsumfeld war das Vertrauen in die Wirkung von Publicity und Pädagogik für den Frieden ausgeprägt.[51]

Dennoch standen die Vernetzungsvisionen letztlich unversöhnlich neben dem bestimmenden Trend zur nationalen Abgrenzung, der das globale Denken der 1920er und 1930er Jahre so widersprüchlich wirken lässt, diese Phase aber auch zum intellektuellen Experimentierfeld machte für viele Globalismen des weiteren 20. Jahrhunderts. Als Otlet in den 1990er Jahren im Kontext der Begeisterung für das World Wide Web als Prophet gefeiert wurde, sah man nur zu gerne darüber hinweg, dass er zu rassistischen Äußerungen über die vermeintliche evolutionäre Rückständigkeit der Afrikaner imstande gewesen war. An ein Lernen von den außereuropäischen »Anderen« wäre im Mundaneum schon aufgrund des otletschen Klassifikationssystems nicht zu denken gewesen, das nie den Gedanken eines Zentrums abschüttelte, an dem das Wissen der Welt sortiert und hierarchisiert wurde.

Die Menschheit im gemeinsamen Boot

Thor Heyerdahl war derweil auf etwas anderes gestoßen: auf die Menschheit als eine historisch verbundene Gemeinschaft Lernender. Das kam aber zu Unzeit. Erst nach dem Krieg – der Vorstellungen von der Menschheitsgeschichte als »Kampf ums

51 Dazu Brendebach/Herzer/Tworek, »Introduction«.

Dasein« für lange Zeit desavouierte – erlebte Heyerdahls Karriere ihren Take-off. An die Stelle der verschiedenen Zivilisationsstufen rückte dabei immer mehr die Bewunderung für die technologischen Fähigkeiten nichteuropäischer, präkolonialer Gesellschaften. Ein modernitätskritischer Grundzug blieb Heyerdahls Denken dabei durchaus erhalten. Aber er mauserte sich zur Kritik an der von den westlichen Konsumgesellschaften verantworteten Zerstörung der Natur. Der norwegische Forscher wurde zum Ökoaktivisten, der nicht nur die Routen der Menschheitsentwicklung rekonstruierte, sondern auch auf Zivilisationsspuren neueren Datums aufmerksam machte, wenn er notierte, wie viel Müll man Tag für Tag von der Meeresoberfläche auflas. Ende der 1960er Jahre prägten seine Bestseller Debatten mit, die die wachsenden Zweifel vieler westlicher Intellektueller an der Vorbildrolle des »Westens« erkennen lassen, was das Interesse an vermeintlich im Einklang mit der Natur lebenden, nichteuropäischen Gesellschaften befeuerte. Heyerdahl selbst, der sich bereits unmittelbar nach dem Zweiten Weltkrieg für einen Weltföderalismus starkgemacht hatte, gehörte 1972 zu den Hauptrednern auf der Weltumweltkonferenz der Vereinten Nationen in Stockholm. Hier betonte er, dass die Menschheit mit Blick auf die planetarische Umweltkrise in einem Boot saß. Es gab wohl niemanden, der diese Auffassung besser vertreten konnte als der Experte für die Geschichte der Nautik. Die Metapher wirkte aber auch auf Heyerdahl zurück: Für seinen Versuch, mit einem altägyptischen Papyrusboot Amerika zu erreichen, stellte Heyerdahl 1969/70 bewusst eine Mannschaft aus Experten verschiedener Weltregionen zusammen. Das war eine im ersten Drittel des 20. Jahrhunderts unvorstellbare Symbolik: Ein *sample* der Menschheit fuhr die Bahn ihrer gemeinsamen Geschichte nach.

4 One World: (Nach-)Kriegsglobalismen

US-Ostküste, 1945: Anthropologie im Dienst des Weltfriedens

Im Frühsommer 1945 entwarf Margaret Mead in einem Bauernhaus in New Hampshire eine bessere Welt. Die Anthropologin hatte bewegte Jahre hinter sich. 1939 war sie hochschwanger aus Bali zurückgekehrt. Dort hatte sie gemeinsam mit ihrem dritten Ehemann, dem Briten Gregory Bateson, ethnologische Feldforschungen unternommen. Wie so viele andere amerikanische Akademiker hatte Mead sich dann den Institutionen der »geistigen Kriegsführung« zur Verfügung gestellt. Ab 1942 leitete sie in Washington, D. C., das Komitee des Nationalen Forschungsrats zu Ernährungsgewohnheiten in der Welt. Für Mead war das der Beginn einer intensiven Beschäftigung mit den USA und jenen anderen Ländern, die sie als »komplexe Gesellschaften« bezeichnete – und mittels sogenannter Nationalcharakterstudien klar voneinander unterscheiden zu können glaubte. Mead untersuchte konkret, welche Nahrungsmittel es den Bevölkerungen alliierter Länder im Rahmen der im Krieg staatlich dirigierten Lebensmittelversorgung jeweils zur Verfügung zu stellen galt, damit ihre Kampfmoral erhalten blieb.[1] Drei Jahre später ließ Mead diese Ergebnisse also während ihrer ländlichen Schreibklausur in *Learning to Live in One World* einfließen, das ein ganz anderes, weiter gestecktes Ziel verfolgte. Mit dem Kriegsende im Blick dachte sie über Wege nach, wie die kriegführenden Völker friedlich zusammenleben könnten. Und dabei besann sie sich auf ihre balinesische Feld-

1 Zum Folgenden Mandler, »One World, Many Cultures«, S. 149–172.

forschungserfahrung. Ausgehend von der Beobachtung, dass *alle* Kulturen Idiosynkrasien aufwiesen, sollte ihr Buch nun gerade ihre amerikanischen Landsleute auf das Leben in einer Welt vorbereiten, die multipolarer und komplexer zu werden versprach. Dafür schlug Mead 1945 pädagogische Methoden vor, die an den tief sitzenden Gewohnheiten ihrer Mitbürgerinnen ansetzen, nicht zuletzt an ihrer Alltagssprache. Beispielsweise regte sie an, den Horizont der Amerikaner dadurch zu weiten, dass man sie animierte, andere Gesellschaften mit in den USA vertrauten Sportmetaphern wie »Team« zu beschreiben, was das Verständnis für diese Gesellschaften, aber auch die Einsicht fördern sollte, dass die amerikanische Lebensweise nicht die einzig legitime war.

Fast zur gleichen Zeit konzipierte einige Hundert Kilometer südlich von Meads Schreibstube ein weiterer späterer Wissenschaftsstar ähnliche »kulturrelativistische« Techniken.[2] Als Jude aus Vichy-Frankreich ausgebürgert, erlebte Claude Lévi-Strauss in den Jahren 1941 bis 1947 in Manhattan den Unterschied zwischen den Kulturen deutlich intensiver, gar als persönliches *displacement*, wenn auch in vergleichsweise privilegierter Stellung. Als Kulturattaché der französischen Exilregierung war der aufstrebende Anthropologe für die Vermittlung zwischen Frankreich und den USA zuständig. Wissenschaftshistorikerinnen betrachten Lévi-Strauss' »Verhältnis doppelter Fremdheit« in einer Schaffensphase, über die er später selten sprach, mittlerweile als Schlüssel für das Programm des späteren Strukturalismus. Aber Lévi-Strauss war noch fern von dessen kühl-apolitischer Metaperspektive. Im Gegenteil war er wie Mead auf der Suche nach Methoden, die latente Aggressivität von Menschengruppen gegenüber Fremden einzudämmen und in Austauschbeziehungen umzuwandeln.

2 Das Folgende bei Debaene, »Vorwort«, S. 7–63.

Und wie Mead dachte er dabei an seine Begegnungen mit den »Wilden« Ende der 1930er Jahre. So standen Lévi-Strauss die polyglotten Vermittler der indigenen Dörfer Brasiliens vor Augen, in denen er geforscht hatte, aber auch die »Außenpolitik« der Nambikwara – genauer: seine Beobachtung, dass diese von ihm untersuchten Jäger-und-Sammler-Gesellschaft keine Territorien im europäischen Sinne kannte, sondern Zugehörigkeit durch komplexe soziale Rituale immer wieder von Neuem herstellte. Das waren keine Gedankenspiele im Elfenbeinturm: Lévi-Strauss diskutierte seinen Ansatz unter anderem mit Henri Laugier, dem stellvertretenden Generalsekretär der Organisation der Vereinten Nationen, auch das ähnlich wie Mead, die ihre Ideen im Rahmen der Organisation der Vereinten Nationen für Bildung, Wissenschaft, Kultur und Kommunikation (UNESCO) zu Gehör bringen sollte.

Nun war die pazifistische Idee, Frieden durch Verständigung herbeizuführen, nicht neu. Es kann auch nicht überraschen, dass Intellektuelle im »One World War«, wie der amerikanische Grafiker und Kartograf Richard Edes Harrisson 1942 schrieb, über globale Prozesse nachdachten.[3] Etwas Ähnliches war ja auch schon nach dem Ersten Weltkrieg geschehen. Allerdings spielte zwanzig Jahre später just die Erfahrung mit hinein, dass es nach dessen Ende zu keinem dauerhaften Frieden gekommen war. Fast allen Vorschlägen war deshalb die Überzeugung gemein, dass es dafür Sorge zu tragen galt, dass nach dem sich abzeichnenden Sieg über die Achsenmächte nicht noch einmal Gefahr von ihnen ausgehen würde. Auch deshalb dachten Akademikerinnen in Erwartung des Kriegsendes viel grundsätzlicher über die strukturellen Ursachen gewaltsamer Konflikte in der Welt nach, wobei sie verstärkt auch die offensichtlich schwer zu pazifizierenden modernen Gesell-

3 Zitiert nach Kuchenbuch, *Welt-Bildner*, S. 65.

schaften des »Nordens« wie »von außen« betrachteten. Und dazu mussten sich gerade Anthropologen berufen fühlen, zumal sie dadurch, dass der Krieg lediglich »Distanzforschung« auf Basis von Berichten Dritter erlaubte, methodisch zurückgeworfen waren auf die Analyse der eigenen, der Industriegesellschaften und ihres Aggressionspotenzials. Eine Zeitlang, darum geht es im Folgenden, waren die Spielräume dieser Denkarbeit groß – so groß, dass in den 1940er Jahren sogar das Trennende zwischen »primitiven« und »zivilisierten« Gesellschaften eingeebnet werden konnte. Nur so konnten die Praktiken Ersterer schließlich zum Vorbild der globalen Zukunftsplanungen Letzterer gereichen – ein Vorgang, der mit Blick auf unsere Frage nach den Ausprägungen des globalen Vergleichens bemerkenswert ist.

Dass Mead und Lévi-Strauss mit ihren Ideen Gehör bei einflussreichen Personen und Institutionen fanden, erklärt sich durch die Entstehung einer breiten Globalitätsdebatte in den USA und in Großbritannien in der Zeitspanne ab Beginn der Diskussion über einen Kriegseintritt der Amerikaner 1939 bis zum Ausbruch des Koreakriegs 1950. Fast wirkt es, als habe unter anglophonen Akademikerinnen eine Art Torschlusspanik um sich gegriffen, sich möglichst rasch einer der vielen idealistischen, teils neu gegründeten, teils – wie im Fall der World Citizens Association – lange belächelten Institutionen anzuschließen, in denen über die Nachkriegsordnung nachgedacht wurde, deren Mitglieder dem Selbstverständnis nach aber auch Globalität »lebten«. Im Kontrast zur so viel ambivalenteren Zwischenkriegszeit handelte es sich um eine Phase größter Zuversicht hinsichtlich der Möglichkeit einer *aktiven* Ausgestaltung einer vernetzten Welt. Die Flughöhe, die die Exponenten dieser Debatte einnahmen, ließ die Beteiligten dann aber kurz darauf umso härter auf dem Boden der Nachkriegstatsachen aufprallen.

Neoliberale Wege jenseits des Mont Pèlerin

Für eine Globalisierungsgeschichte, der es um die Wurzeln der wirtschaftlichen Liberalisierung des ausgehenden 20. Jahrhunderts geht, sind die schon erwähnten neoliberalen »Globalisten« im Umfeld des Völkerbunds besonders wichtig. Zwar konnten diese ihre Ideen zur rechtlich-institutionellen Ausgestaltung der Weltwirtschaft nach 1945 nicht durchsetzen. Die Ideen tauchten dann aber nach dem Kollabieren des Wirtschaftssystems der Nachkriegszeit ab 1970 mit umso größerer Wucht wieder auf. Denn die Globalisten nahmen nun eine Form der Dekolonisierung als Problem wahr, die sich als Bildung weiterer souveräner Nationalstaaten zu vollziehen drohte: Angesichts von Forderungen nach einem »One-country-one-vote«-Prinzip in der internationalen Wirtschaftspolitik würde das den abgelehnten Majoritarismus nun auch auf supranationaler Ebene installieren; schwache Staaten würden sich dann hinter globalen Umverteilungsforderungen versammeln. Es bedurfte für die neoliberalen Absolventen der »Genfer Schule« daher zwischenstaatlicher Abkommen zum Schutz von Kapital und Investitionen, um den materiellen Wohlstand *aller* Erdbewohner wachsen lassen.

Allerdings ist das eine retrospektive Zuspitzung, das wirtschaftsliberale ökonomische Denken der 1940er Jahre war heterogen. Das ermöglichte Allianzen, die eine lineare Lesart des neoliberalen Projekts – eine Interpretation der »Road from Mont Pèlerin« als Einbahnstraße gewissermaßen[4] – verkomplizieren. Friedrich Hayek, Schlüsselfigur der Mont Pèlerin Society, des vielleicht wichtigsten Denkkollektivs des Neoliberalismus, hatte in den Jahren vor deren Gründung 1947 nämlich auch der Federal Union angehört. Diese britische Institu-

4 Mirowski/Plehwe (Hg.), *The Road from Mont Pèlerin*.

tion, die um 1940 12.000 Mitglieder verzeichnete, hatte jüngst einen bemerkenswerten Wandel vollzogen.[5] 1938 gegründet, um älteren Ideen Nachdruck zu verschaffen, die in einer stärker föderativen Struktur einen Weg sahen, das kriselnde britische Empire zu reformieren, hatte sie sich zunächst, vor der deutschen Teileroberung Frankreichs, der Idee einer französisch-britischen Union zugewandt. Diese Idee mauserte sich rasch zum Konzept einer föderierten Welt mit dem Ziel einer globalen sozioökonomischen Transformation, durch die allen Menschen eine basale materielle Versorgung und damit verbundene intellektuelle Freiheiten zuteilwerden konnten. Jedoch – und das ist typisch für den Globalismus der Kriegszeit – war man sich uneins über die Machtfülle, über die eine global koordinierende Zentralinstanz würde verfügen müssen. Hayeks viel zitiertes, zwischen 1940 und 1943 entstandenes Buch *The Road to Serfdom* gilt heute als Schlüsselwerk der Kopplung von Marktradikalismus und Antitotalitarismus. Es lässt sich aber ebenso gut als Reaktion auf Ideen seiner Mitstreiterinnen in der Federal Union sehen, die inspiriert waren von Debatten über eine stärker planwirtschaftliche Ausrichtung des Vereinigten Königreichs nach dem Krieg, Debatten, die Hayek als Professor an der London School of Economics aus nächster Nähe miterlebte. Es war also auch als Entgegnung auf konkurrierende Globalitätsentwürfe in seinem akademischen Umfeld gemeint, wenn Hayek supranationale Regularien entwarf, die eher den Schutz unternehmerischer Aktivitäten *vor* dem Staat vorsahen als eine globale Staatlichkeit. Hayek ging es dabei keineswegs um reines Laisser-faire, sondern um eine Art politischer Devolution in globaler Größenordnung. Die kulturelle Vielfalt der Menschheit ließ es aus Hayeks Sicht nämlich wenig wahrscheinlich vorkommen, dass sie sich

5 Zum Folgenden Rosenboim, *Globalism*, S. 157–167.

auf eine Zukunftsgesellschaft würde einigen können, bevor das Planen begann.

Globaloney? Amerikanische Debatten zwischen Globalismus und Imperialismus

Dieses komplizierte Verhältnis von globaler Vernetzung und kultureller Vielfalt rückt das neoliberale Denken in die Nähe der anthropologischen Arbeit der 1940er Jahre an der Ausgestaltung der Welt. In beiden Fällen korrelierte der Versuch, kulturelle Vielfalt und globale Vernetzung neu auszutarieren, mit Skepsis gegenüber dem Nationalstaat – und in Verlängerung: gegenüber einem Internationalismus, der auf Übereinkünfte zwischen souveränen Nationen zielte. Zwar gab es direkte personelle und konzeptionelle Kontinuitäten zwischen den Diskussionen der 1940er Jahre über die Nachkriegsordnung und den konkreten Verhandlungen über eine internationalen Friedensordnung der Zeit unmittelbar nach dem Ersten Weltkrieg; sie lassen sich biografisch besonders deutlich an Sumner Welles aufzeigen, dem gelegentlich als Architekt der Vereinten Nationen bezeichneten, wohl wichtigsten außenpolitischen Berater des US-Präsidenten Franklin D. Roosevelt.[6] Und doch deutet schon der Sprachgebrauch der 1940er Jahre auf einen veränderten Denkstil hin. Roosevelts Redenschreiber etwa ersetzten den Begriff »international« im Manuskript zu seiner Rede vor dem Kongress 1941 zur globalen Strategie der USA wiederholt durch das Wort »world«.[7] Auch die Zahl der »Welt«-Komposita nahm wieder zu, unter denen das »World Government« das meistverwendete war.[8] Wie schon um die Wende

6 O'Sullivan, *Sumner Welles*; zu den Kontinuitäten auch Hathaway/Shapiro, *Internationalists*.

7 Deuerlein, *Zeitalter der Interdependenz*, S. 59.

8 Sluga, *Internationalism*, S. 79.

zum 20. Jahrhundert war dies Ausdruck eines veritablen Wettbewerbs der Weltordnungskonzepte.

In der amerikanischen öffentlichen Debatte war das Adjektiv »global« bald derart omnipräsent, dass Clare Boothe Luce 1943 »Globaloney« (»Globalquatsch«) diagnostizierte. Dabei bezog sich die republikanische Kongressabgeordnete und Publizistin auf für sie politisch naive Äußerungen ihrer Zeitgenossen, die feierlich das Lied der Völkerverständigung sangen, anstatt darauf hinzuwirken, dass die USA die Chance ergriff, machtpolitisch-militärisch auf eine bessere globale Zukunftsordnung hinzuwirken. Luce, die das Medienimperium ihres Ehemanns, dem Herausgeber der *Times* Henry Luce, hinter sich wusste, sprach sich letztlich überraschend offen für einen amerikanischen Imperialismus aus, wenn auch einen, von dem die ganze Welt durch Versorgung mit preisgünstigen Konsumgütern profitieren würde, und der keine direkte territoriale Herrschaft vor Ort voraussetzte. Vor dem Hintergrund eigener Erfahrungen in den Philippinen träumte Boothe Luce stattdessen von einer strategischen Dominanz durch Handelsabkommen und nicht zuletzt Überflugs- und Landerechte in aller Welt (wie sie 1946 auf Druck der Amerikaner tatsächlich kodifiziert wurden).[9] Dass das auch mit Verbindungen zwischen den Luces und US-Unternehmen wie Pan American Airways zu tun hatte, war kein Geheimnis. Allerdings wäre es falsch, hier »nur« wirtschaftliche Motive erkennen zu wollen. Die Historikerin Jenifer Van Vleck spricht mit Blick auf das »American Century«, das Henry Luce 1941 gekommen sah, von einem »nationalistischen Globalismus«. Der entsprang auch einer Reaktivierung der Idee eines schicksalhaften Exzeptionalismus (*Manifest Destiny*), der die Amerikaner in der Perspektive des Medienmagnaten zu immer weiter ausgreifender räumlicher

9 Van Vleck, *Empire of the Air.*

Expansion trieb. Nur dass die entsprechenden Autorinnen, die diesen Gedanken unter anderem im von Luce herausgegebenen Business-Magazin *Fortune* artikulierten, die *Frontier* nun nicht mehr im amerikanischen Westen sahen, sondern in der Sphäre der Wissensproduktion und Technikbeherrschung.

Die Position der Luces lag am rechten Rand eines breiten Spektrums.[10] Durchaus in Reaktion auf ihre Interventionen rief der amerikanische Vizepräsident Henry Wallace 1942 in einer Rede demgegenüber das »Jahrhundert des Manns von der Straße« aus. Inhaltlich handelte es sich um ein Echo der am 14. August 1941 unterzeichneten Atlantik-Charta, in der sich Winston Churchill und Roosevelt neben dem Verzicht auf territoriale Gewinne (indirekt) auch darauf verpflichtet hatten, nach dem militärischen Sieg einen weiteren Krieg auszufechten: den für die »vier Freiheiten«, die der US-Präsident im Januar in seiner Rede zur Lage der Nation umrissen hatte, und unter denen die »Freiheit von Not« in aller Welt hervorsticht. Was auf den ersten Blick anmutet wie eine einfache Opposition zwischen dem Idealismus des Interdependenzdenkens Wallaces und dem machtbewussten Realismus der Luces erweist sich beim näheren Hinsehen als komplizierter. Die Popularität des Adjektivs »global« im Englischen rührte eben daher, dass es den Begriffen »international« und »kosmopolitisch« etwas Neues hinzufügte. Nicht das konkrete Verhältnis zwischen souveränen Nationen, aber eben auch nicht das moralische Fernziel der Weltbürgerschaft motivierte die Verwendung des neuen Attributs: Es war, so die Historikerin Or Rosenboim, die Zielvorstellung einer politischen Einheit der Vielheit, die den gemeinsamen Nenner der intellektuellen Debatten innerhalb der »Anglosphere« bildete.

10 Siehe Rosenboim, *Globalism*; Hearden, *Architects of Globalism*.

Antiisolationismus, Fliegerblicke und populäre Geografien

Die entsprechenden Bekenntnisse zur Globalität eint ihr optimistischer Duktus, der deutlich macht, dass das, was wenig später als weltfremd desavouiert war, phasenweise als zeitnah realisierbar erschien. Besonders schön bringen dies zwei Buchtitel von Autoren auf den Punkt, die schon seit dem Ersten Weltkrieg über die Weltordnung nachgedacht hatten: zum einen die Studie *Nationalism and After* (1945), die der Feder Edward Hallett Carrs entstammte, der der britischen Delegation bei den Pariser Friedensverhandlungen angehört hatte; zum anderen der 1940 publizierte Essay seines Landsmanns H. G. Wells *The New World Order. Whether it is attainable, How it can be attained, and What Sort of World a World at Peace will have to be.* Wells, den wir als Befürworter einer bewussten bzw. einer Weltbewusstsein erzeugenden technisch-wissenschaftlichen Vernetzung kennengelernt haben, wirkt hier allerdings wie ein Relikt der Zwischenkriegszeit, wenn nicht der viktorianischen Ära, denn seine Vorschläge waren auffällig technokratisch, und er machte auch aus seinem britischen Imperialismus keinen Hehl. Mit seiner Überzeugung indes, dass eine Welt, die durch das Flugzeug zwangsläufig zusammenwuchs, sich auch eine »planetarische Demokratie« ergeben musste, war Wells in besserer Gesellschaft denn je.

1943 veröffentlichte Wendell Willkie, einige Jahre zuvor als republikanischer Präsidentschaftskandidat Roosevelt unterlegen, einen Bestseller: *One World,* so dessen Titel, der im US-amerikanischen Diskurs zum geflügelten Wort wurde, verkaufte sich rund 4,5 Millionen Mal, es war das bis dahin meistverkaufte Sachbuch überhaupt. Das lag sicher auch daran, dass es etwas von einem Abenteuerroman hatte: Willkie, der früh einen entschieden antiisolationistischen Kurs in der amerikanischen Außenpolitik befürwortet hatte, beschrieb in seinem Buch die geheime Weltumrundung mit dem umgebauten Bomber »Gulliver«, die er im Auftrag seines ehemaligen Konkurrenten im Jahr zuvor unternommen hatte, und die ihn in den Nahen Osten, nach Indien, China und in die Sowjetunion geführt hatte. Das Buch schilderte Willkies Treffen mit Politikern alliierter Staaten, aber auch Zufallsgespräche mit deren Bürgerinnen, die allesamt einen Kampf für Freiheit zu führen schienen. Darüber hinaus zeichnete Willkie das Bild einer durch moderne Verkehrsmittel geschrumpften Erde, in der die Völker immer enger zusammenrückten: »There are no distant points in the world any longer«, schrieb er, »[o]ur thinking in the future must be world-wide.«[11] Anders als für Clare Boothe Luce resultierte daraus für Willkie aber gerade kein amerikanischer »Luftimperialismus«. Vielmehr brachte er von seiner Reise auch die Erkenntnis mit, dass die Vorbildrolle der USA keine Selbstverständlichkeit mehr sei. So prognostizierte (und forderte) der Politiker auch ein Ende des Kolonialismus; vor allem aber entwarf er eine Zukunft des Wohlstands, der durch freien Handel zwischen Industrienationen geschaffen und durch einen Weltföderalismus garantiert werden sollte. Für Willkie galt es letztlich, die interdependente »Eine Welt« zu gestalten, die einen andernfalls schlicht ereilen würde.

Daran war nicht alles neu; dass ein moderner Krieg interkontinentale technische Zerstörungskraft entfesseln würde, diskutierten Experten schon seit den 1920er Jahren. Doch machten sich Autoren wie Willkie vermehrt die These zu eigen, dass es nur eine Frage der Zeit sei, bis die Reichweite der deutschen Bomber auch den »soft underbelly« der USA erreichen würde. Darin wussten sie sich einig mit einflussreichen amerikanischen Geografen wie Nicholas J. Spykman, der im Council on

11 Willkie, *One World*, S. 10.

Foreign Relations an der Nachkriegsplanung für Asien beteiligt war, und Owen Lattimore, der 1944 als Berater von Wallace auf dessen eigene Weltrumrundung mitkam. Der US-Globalismus der 1940er Jahre war stark geprägt von geostrategischen Theorien.[12] Wissenschaftler wie Spykman, aber auch Exilanten wie der 1938 aus Deutschland eingewanderte Hans W. Weigert, nahmen durchaus Bezug auf ältere Theorien von Geopolitikern wie Alfred Mahan oder Halford Mackinder.[13] Sie aktualisierten diese aber auch aufgrund ihrer intensiven Beobachtung der Ansätze des Kriegsgegners. Die Deutschen schienen allein auf die kontinentale Landnahme von »Lebensraum« zu zielen und daher naiverweise das Faktum einer durch Ausnutzung des Luftraums veränderten Kriegsführung zu ignorieren. Umso wichtiger schien es, bei den politisch-militärischen Entscheidungsträgern Amerikas eine neue »Literalität« hinsichtlich der nicht »erdgebundenen« Kriegsführung herauszubilden.

Und so boomten in den USA der 1940er Jahre die Reflexionen über die Ausweitung militärischer Nachschubräume, über die strategische Bedeutung der Polarrouten, wenn nicht allgemein über die Tatsache der Kugelgestalt der Erde und die damit verbundene Notwendigkeit der Herausbildung eines geografisch »flexibleren« Denkens. Dabei war es eher nachrangig, dass auch die Geostrategen, die in Institutionen wie den amerikanischen Auslandsgeheimdienst OSS drängten, sehr verschiedenartige Rollen für die USA in der Nachkriegsordnung vorsahen. Spykman etwa dachte besonders »realistisch« in Kategorien amerikanischer Herrschaft und nahm dabei die räumlich geteilte Welt des Kalten Krieges geistig ein Stück weit vorweg.

Die »Air-Age«-Debatte mag wie eine Diskussion unter Expertinnen anmuten, unter denen auffallend viele Angehörige

12 Zum Folgenden Rosenboim, *Globalism*, Kap. 3.

13 Ashworth, »Mapping a New World«.

des progressiven Ostküstenmilieus sind, die in der New-Deal-Ära in Leitungspositionen aufgestiegen waren. Jedoch lässt sich an ihr auch ein Eindruck von der zeitgenössischen Verbreitung des globalen Denkens gewinnen, das weit über die politischen und intellektuellen Zirkel hinausging. Amerikanischen Politikern war aufgrund von Umfragen sehr bewusst, dass die Einstellung ihrer Landsleute zum »World Goverment« und zur »international-mindness« überwiegend positiv war, und dass die Mehrheit der Bürgerinnen einen Beitritt der USA zu einer neuen Weltorganisation im Stile des Völkerbunds befürwortete.[14] Es ist anzunehmen, dass dies mit Entwicklungen in den Massenmedien in Wechselwirkung stand. Bereits vor Kriegseintritt der Amerikaner hatten das Interesse der US-Zeitungsleser an konzisen Darstellung zunächst des europäischen Kriegsschauplatzes auf der einen, die ökonomischen Interessen der Printmedien auf der anderen Seite eine veritable visuelle Kultur des Globalismus entstehen lassen.[15] Publizisten versuchten ihre Leserinnen durch immer raffiniertere Quasi-Karten zu gewinnen. Allen voran die Bildwerke, die der bereits erwähnte Grafikdesigner Richard Edes Harrison in Zeitschriften des Luce-Konglomerats wie *Life* und *Fortune* publizierte, sind hier zu nennen. Aber auch der Disney-Film *Victory Through Airpower* von 1943, der angeblich Roosevelt höchstpersönlich in seinem strategischen Denken beeinflusste, gehört in diesen Zusammenhang, ebenso wie eine Vielzahl äußerst gut besuchter Ausstellungen, allen voran »Airways to Peace« am New Yorker Museum of Modern Art (ebenfalls 1943). Oft ging es bei diesen Kulturproduktionen nicht nur um die bedrohliche Nähe, sondern auch um die künftige Nachbarschaft der Erdbewohner, die die zivile Luftfahrt möglich machen werde (verspätet kam das »Porträt der Menschheit« dazu, das die legendäre

14 Rosenboim, *Globalism*, S. 79.
15 Das Folgende bei Schulten, *Geographical Imagination*, bes. S. 205–238.

MoMA-Fotoausstellung »Family of Man« 1950 zeichnete). Neben konventionellen Weltkarten, die mithilfe von Einfärbungen und Pfeilen militärische Strategien verdeutlichten oder zeigten, dass noch die entferntesten Winkel der Erde als Rohstofflieferanten in den Krieg hineingezogen wurden, fallen dabei Visualisierungen ins Auge, die es ermöglichten, sich in die gegnerischen Kriegsziele hineinzuversetzen. Das geschah beispielsweise, indem Grafiken die Sicht aus dem Cockpit feindlicher Bomber im Anflug auf nordamerikanische Städte zeigten. Im Grunde trennte diesen Perspektivwechsel nur noch wenig von den erwähnten Nationalcharakterstudien in den Institutionen der »geistigen Kriegsführung« – und damit von den radikal kulturrelativistischen Annahmen Meads und Lévi-Strauss'.

Weltregierungsvisionen

Auch der Topos der potenziellen atomaren Selbstvernichtung der Menschheit war »globalistisch«. Das wird deutlich an Denkbewegungen in der deutschsprachigen Philosophie, allen voran bei Günther Anders, der die Möglichkeit eines »Omnizids« gekommen sah. In den USA mauserten sich vormalige Technikapologeten wie Lewis Mumford unter dem Eindruck »der Bombe« 1945 zu Zivilisationsskeptikern. Das hielt sie aber nicht davon ab, sich in Organisationen zu engagieren, die darauf drängten, das Zerstörungspotenzial der Atomkraft durch seine internationale Kontrolle einzuhegen. Gerade Naturwissenschaftlerinnen im Umfeld des Bulletin of the Atomic Scientists (dem auch Albert Einstein angehörte) oder der 1945 gegründeten Federation of American Scientists verwiesen dabei immer auch auf das positive Potenzial des Globalismus. Es sei die länderübergreifende wissenschaftliche Kooperation gewesen, die die Entdeckung und Entfesselung der – potenziell ja auch friedlich nutzbaren – Atomkraft erst ermöglicht hatte.[16] Allerdings bereitete die Konkretisierung der Verfahren einer solchen kultur- und länderübergreifenden Zusammenarbeit abseits des *Scientific internationalism* einiges Kopfzerbrechen. Wie Or Rosenboim zeigt, waren nicht ohne Grund auch Theologen wie Reinhold Niebuhr an der Debatte der 1940er Jahre beteiligt, indem sie über die Rolle des Glaubens bei der Begründung einer globalen Nachkriegsethik nachdachten.[17] Andere Denker erwogen die Frage, wie man der globalen Kooperation eine normative Grundlage verschaffen konnte, eher dahingehend, ob man »Universalismus« (etwa hinsichtlich des Rechts auf ein Leben ohne Not und Mangel) und »Partikularismus« (in kultureller Hinsicht) überhaupt durch politische Verfahren ausbalancieren könne.

Die amerikanische und britische Debatte der 1940er Jahre verbiss sich letztlich ins Problem der *Organisation* einer global integrierten Vielfalt. Technikantizipationen eines »Schrumpfens« der Erde, die aus dem 19. Jahrhundert stammten, wurden vom medial stimulierten neuen Interesse an der Erde als sphärischem Schauplatz von Kriegen überformt. Und natürlich war es auch der reale Erfahrungsraum der kriegerischen globalen »Konnektivität«, der zugleich Möglichkeit und Notwendigkeit einer auf friedliche Weise eng vernetzten Weltgemeinschaft aufblitzen ließ.[18] Das förderte einen Utopismus, der viel mit dem Anreiz zum programmatischen Denken zu tun hat, den die Erwartung des Kriegsendes mit den zunehmenden militärischen Erfolgen der Alliierten bildete – aber auch mit der im Krieg erneuerten Erfahrung, dass zentrales Planen durchaus funktionierte, etwa im Kontext der Versorgung der Briten mit Waffen und überlebensnotwendigen Hilfs-

16 Wittner, *One World or None*.
17 Rosenboim, *Globalism*, Kap. 8
18 Pemberton, *Global Metaphors*.

gütern im Zuge des Lend-Lease-Act von 1941. Die Bahnen, in denen das globale Denken sich bewegte, hingen aber auch mit Forderungen zusammen, nach dem kollektiven *War effort* der freiheitsliebenden Völker einen Wandel zu mehr Gleichheit, Fortschritt, ökonomischer Sicherheit und demokratischer Repräsentation einzuleiten (was freilich auch von der schlichten Existenz der Sowjetunion als »Alternative« geprägt war). Die Frage indes, inwiefern das auch das Ende der noch bestehenden Imperien bedeuten musste oder zumindest eine Verstärkung des Drucks auf die Kolonialmächte dahingehend, auf das hinzuwirken, was immer häufiger »development« genannt wurde, blieb ein heißes Eisen. Die Genfer Neoliberalen waren nicht allein mit der Idee, dass Imperien sogar als Vorbilder für globale politische Strukturen dienen konnten. Fast alle an der Debatte beteiligten Denkerinnen betonten zwar, dass es gelte, einen übersteigerten Nationalismus zu bannen. Uneins waren die beteiligen Geografen, katholischen Verbände, Militärtheoretiker, Politiker oder Gewerkschafter indes darüber, was das konkret hieß: Wie viel und welche Macht sollten die Nationalstaaten an wen abgeben? War die Menschheit mit einem globalen Sozialstaat, der Erziehung zum kosmopolitischen Weltbürgertum, mit multilateralen Assoziationen oder regionalen Föderationen »kulturell ähnlicher« Staaten besser beraten oder mit der Einhegung der Steuer- und Zollpolitik der Nationalstaaten?

Weitgehende Einigkeit herrschte darüber, dass die Zukunft demokratisch zu sein habe. Amerikanische Globalistinnen waren sich einer Sache sicher: ihrer Gegnerschaft zur autoritären Herrschaft. Das aber war selbst eine Ursache der Unschärfe ihrer Zukunftsentwürfe: Die *Form* der Debatte war stark davon geprägt, dass es globale Demokratie zu erzielen galt, ohne sie zu erzwingen. Man musste die eigenen Vorschläge demnach öffentlich diskutieren. Daher die vielen populär geschriebenen Sachbücher und Leitartikel, die Ausstellungen und Radio-Features, die sich in der Tat großen Interesses erfreuten. Nun betont Or Rosenboim zu Recht, dass die Vorstellung von Rationalität, die sich in diesen Appellen an die »Vernunft« artikulierte, letztlich in einer westlichen Aufklärungstradition stand, ohne dass die Akteure das reflektierten. Der ambivalente Pluralismus der Weltkriegsglobalisten rührte aber auch daher, dass für sie zur demokratischen Diskussion über die Zukunft ein gewisses Maß an institutioneller Vielfalt jenseits von Staatlichkeit gehörte, was auf die Inhalte ihrer Stellungnahmen abfärbte. Immer wieder wurde die wichtige Rolle betont, die zivilgesellschaftliche Institutionen eben jenen Typs, in dem sich die Globalisten selbst engagierten, auch in den Strukturen einer künftigen Weltorganisation spielen müssten.

Vereinte Nationen, distinkte Kulturen?

Bislang war in erster Linie von den Diskussionen weißer Eliten in den USA und im UK die Rede. Diese wurden anderswo umso intensiver wahrgenommen, je lauter angesichts des erneuten Einsatzes von Kolonialtruppen die Forderungen wurden, der alliierten Selbstdarstellung als hochmoralische Verteidiger von Freiheit und Demokratie auch Taten folgen zu lassen. Wenn man, wie die Historikerin Glenda Sluga,[19] den Fokus vom akademischen Milieu Manhattans umlenkt auf Organisationen wie die National Association for the Advancement of Colored People (NAACP), wird deutlich, dass diese in den 1940er Jahren verstärkt die Nähe zu antiimperialen Gruppierungen und Unabhängigkeitsbewegungen suchten und das als globalistische Praxis markierten. Bürgerrechtsaktivisten wie der Soziologe W. E. B. Du Bois forderten für alle Menschen

19 Zum Folgenden Sluga, *Internationalism*.

das Recht, am Fortschritt zu partizipieren, und sie verknüpften dies mit der in der Atlantik-Charta hervorgehobenen Selbstbestimmungsfrage. Indische Politiker hielten sich aufgrund der jüngsten nationalen Konsolidierungserfahrungen auf dem Subkontinent für besonders kompetent, mit dem Problem der kulturellen Diversität auch auf globaler Ebene umzugehen (in Indien erfreute sich die Formel »One World« noch bis in die 1960er Jahre hinein größter Beliebtheit).[20] Ideenhistorikerinnen der Dekolonisierung haben allerdings gezeigt, dass deren Vordenker das Versprechen der Selbstbestimmung der Völker schon nach dem Ersten Weltkrieg breiter interpretiert hatten als ein Recht zur Staatsgründung. Bewegungsintellektuelle aus dem »globalen Süden« setzten denn auch in den 1940er Jahren auf innovative Formen der *Trans*nationalität, um die europäische Dominanz aufzubrechen, und sie taten dies bis weit in die zweite Hälfte des 20. Jahrhunderts hinein.[21] Die Variationsbreite der dergestalt entworfenen Welten war groß – im französisch-kolonialen Afrika etwa gehörte auch nach 1945 noch der Gedanke dazu, das französische Empire zu einer demokratischen Föderation halbautonomer Regionen umzuwandeln[22] – und die Mischungen waren kompliziert: Wie sich zeigen sollte, konnten Konzepte wie der Panafrikanismus sogar die nativistische Exklusion Fremder im Namen der nationalen Einheit legitimieren.[23]

Wie Sluga darstellt, prägte die Absicht verschiedener Interessengruppen, den Globalismus der westlichen Mächte beim Wort zu nehmen, jedenfalls stark die Debatten, die von April bis Juni 1945 im Rahmen der United Nations Conference on

20 Kuchenbuch, »›Eine Welt‹«, S. 164; zum Kontext Bhagavan, *The Peacemakers.*

21 Getachew, *Die Welt nach den Imperien.*

22 Wilder, *Freedom Time.*

23 Sharma, *Home Rule.*

International Organization in San Francisco geführt wurden. Das Megaevent mit 282 Delegierten aus 51 Ländern, Tausenden Helfern und ebenso vielen Medienbegleiterinnen, aus dem die Vereinten Nationen erwuchsen, war von heftigen Diskussionen über die Mandatsfrage geprägt. Wie schon an der Pathosformel »We the Peoples« in der Präambel der UN-Charta erkennbar, wurde immer wieder die fehlende Berücksichtigung der Belange der Millionen Kolonisierten angeprangert. Deshalb gehörte es zu den großen Enttäuschungen der UN, dass das Thema »Selbstbestimmung« einmal mehr vertagt bzw. als Verlängerung der Sicherheitsfrage angegangen wurde. Dennoch war am Ende der Nationalstaat der Gewinner, so Sluga: In den Diskussionen in San Francisco war wiederholt die Frage der individuellen Petitionsrechte an die UN aufgekommen. Wo sich zugleich der Konsens durchsetzte, dass das Ideal globaler sozialer Gerechtigkeit am besten in Form kodifizierter Menschenrechte erreicht werden könne, *hätte* das bedeuten können, dass Individuen deren Einhaltung gegenüber ihren Heimatstaaten hätten einklagen können – was einem Schritt Richtung Weltbürgerschaft gleichgekommen wäre. Eben diese Konzeption setzte sich aber (zunächst) nicht durch.

Die Anstrengungen, das nationale Denken zu überwinden, verlagerten sich infolgedessen in die Sub- und Nebenorganisationen der Vereinten Nationen, vor allem die UNESCO. Teils begriffen wichtige Gründungsfiguren die internationale Kulturorganisation im Sinne H. G. Wells' als Schaltzentrale einer Art »Weltgehirn«. Julian Huxley, der erste Generaldirektor der Organisation, hing aber auch der Idee einer Weltgemeinschaft an, die Raum für kulturelle Vielfalt ließ.[24] Für den britischen Verhaltensforscher lag das umso näher, als er soziale Gebilde schon seit den frühen 1930er Jahren analog zu biologischen Ar-

24 Dazu und zum Folgenden Sluga, »UNESCO«.

ten konzipierte, für die eine Balance aus Spezialisierung und Anpassungsfähigkeit evolutionäre Vorteile bot. Überhaupt kristallisierten sich die Pariser Räumlichkeiten der UNESCO als Labor für Völkerverständigungsexperimente heraus. Man initiierte studentische Austauschprogramme, Lehrbuchrevisionen und sogar eine Weltgeschichte (die dreizehnbändige *History of Humanity* erschien erst zwischen 1966 und 1976). Aber es kam auch zu Spannungen, die sich aus dem Verhältnis von wissenschaftlichem Universalismus und kulturbezogenem Pluralismus ergaben, und zwar gerade im Kontext der wissenschaftlichen Erforschung von Methoden der kulturellen Annäherung. Wie gezeigt, zog die Organisation Anthropologen wie Mead und Lévi-Strauss, aber auch Soziologen und Psychologen zurate. Letztere befassten sich nun bevorzugt mit mentalen Prädispositionen, die einer solchen Annäherung im Weg standen, was indes eine übergeordnete wissenschaftliche Bewertbarkeit geistiger Entwicklungsstufen voraussetzte. Das ähnelte den Ambivalenzen, denen sich der UNESCO-Mitbegründer René Cassin gegenüberfand, als er während der Arbeit an einer Allgemeinen Erklärung der Menschenrechte aus einer Vielzahl von »Kulturmustern« weltweit annehmbare Menschenrechte herauszuschälen versuchte. Widersprüche erwuchsen aber auch aus dem Ziel, durch verbesserte Bildung außerhalb Europas zu einem höheren Lebensstandard beizutragen. Wo das darauf hinauslief, dass Ausbilder die Wirksamkeit »technischer Hilfe« (bald: Entwicklungshilfe) vor Ort vergrößerten sollten, lag dem implizit die Annahme zugrunde, die »Empfänger« wären rückständig. Letztlich blieb auch in der UNESCO ein Verhältnis von Ursache und Wirkung ungeklärt: War eine geringe kulturelle Verständnisbereitschaft nicht schlicht Ausdruck einer globalen sozioökonomischen Ungleichheit, die es zuerst anzugehen galt?

Das Ende vom globalen Neuanfang?

Als die Vereinten Nationen die Menschenrechtserklärung 1948 schließlich annahmen, hatten sich die Hoffnungen auf eine Zukunftsglobalität jenseits des Nationalstaats bereits zerschlagen. Die Aufbruchsstimmung der Kriegszeit, die sich in den nach der deutschen Kapitulation sogar noch steigenden Mitgliederzahlen von Organisationen wie der World Federalist Association bemerkbar machte, wich in den späten 1940er und 1950er Jahren der Ernüchterung. Es ist nur vordergründig paradox, dass dies mit der Dekolonisierungswelle und der Explosion internationaler Organisationsgründungen während der ersten beiden Nachkriegsjahrzehnte koinzidierte. Die Gründe für diesen kontraintuitiven Befund sind vielfältig. Obwohl manche Konstruktionsfehler des Völkerbunds vermieden wurden, enttäuschte die konkrete Ausgestaltung der Vereinten Nationen viele Globalisten. Erst mit einigem Abstand lässt sich erkennen, dass vom Kriegsglobalismus durchaus mehr blieb als nur eine Erinnerung an hoffnungsfrohe Zeiten: eine universelle Flüchtlingsdefinition, die in den Verfassungen einiger Nationalstaaten Aufnahme fand, ein geradezu utopisches Verständnis von Weltgesundheit[25] und eben neue Ideen zu Menschenrechten, die schwer aus der Welt zu bekommen waren, weil sich lokale Akteure auf sie beziehen konnten, wenn sie sich Gehör zu verschaffen versuchten.[26] Von den Vereinten Nationen enttäuscht waren daher auch Akteure wie der südafrikanische Politiker Jan Smuts, der schon an den Versailler Friedensverhandlungen mitgewirkt hatte, und für den sich mit der UN-Gründung die Hoffnung verbunden hatte, sie zur Sicherung der weißen Imperialen Herrschaft in Afrika nutzen

25 Zimmer, *Welt ohne Krankheit*.
26 Borgwardt, *A New Deal for the World*.

zu können.[27] Für andere aber transportierte die neue Organisation viel zu viel Ballast der Weltordnung der Zwischenkriegszeit. Allein der Umstand, dass die erste Generalversammlung in London tagte, wurde als symbolisch für Kontinuitäten gewertet, die biografisch auf der Funktionärsebene auch wirklich bestanden. Vom lang ersehnten Ende des Kolonialismus war in der UN-Charta ohnehin nicht mehr viel zu lesen gewesen. Selbst für ein Ende der *Trusteeships* gab es keine konkreten Zeitpläne und die diesbezüglichen Aufsichtsmöglichkeiten der Vereinten Nationen blieben limitiert. Zwar wuchs die Anzahl der Mitgliedsstaaten der UN-Generalversammlung mittelfristig stark an; Fortschritte der Verständigung zwischen »alten« und jüngst souverän gewordenen Staaten schienen sich 1961 überdies symbolisch in der Wahl eines Generalsekretärs aus dem dekolonisierten »globalen Süden«, dem Birmanen Sithu U Thant zu manifestieren. Insbesondere die sicherheitspolitischen Asymmetrien der internationalen Ordnung waren (und sind) aber ausgeprägt. Das zog bald die Kritik der Bewegung der blockfreien Staaten auf sich, deren Vertretern Wendell Willkies »Eine Welt« trotz ihres infrastrukturellen und ökonomischen Zusammenwachsens ferner denn je schien, wie Tanganjikas Präsident Julius Nyerere 1963 schrieb.[28]

Auch Slobodians Neoliberale waren enttäuscht, und zwar vor allem von den Übereinkünften über die ökonomische Ordnung der Nachkriegszeit, die die Alliierten im Juli 1944 im Küstenort Bretton Woods, also nur wenige Meilen entfernt von Meads Schreibstube, ausgehandelt hatten. Denn nach kontroversen Diskussionen, bei denen Vertreter der außereuropäischen Welt eine wichtigere Rolle spielten als lange wahrgenommen,[29] war zwar mit dem Prinzip am goldgedeckten Dol-

27 Mazower, *No Enchanted Palace*, S. 20 f.

28 Zitiert nach Deuerlein, »Inter-Dependenz«, S. 30.

29 Helleiner, *Forgotten Foundations of Bretton Woods*.

lar orientierter Wechselkurse ein Mechanismus gefunden worden, der währungspolitische Alleingänge verhinderte. Das Bretton-Woods-System wird aus diesem Grunde auch als zentrale Voraussetzung einer – freilich gemäßigten und den »Osten« ausschließenden – ökonomischen (Re-)Globalisierung nach 1945 gesehen. Der in neoliberaler Sicht wichtigste Eckpfeiler eines neuen Systems war aber nicht realisiert worden: Die International Trade Organisation, die als Rechtsgarant eines schrankenlosen Welthandels hätte dienen sollen.[30] Zwar übernahm seit Oktober 1947 mit dem Allgemeinen Zoll- und Handelsabkommens (GATT) ein multilaterales Abkommen manche der avisierten Funktionen. Indem die daran beteiligten Staaten sich auf die Stabilisierung bestimmter Rohstoffpreise einigten, lief dies den Absichten der Neoliberalen aber sogar zuwider. Erst in den 1990er Jahren wurde mit der World Trade Organization (WTO) eine entsprechend machtvolle Institution geschaffen.

Parallel ließ der sich rasant zuspitzende Ost-West-Gegensatz neue quasigeografische Unterkategorien wie den »Westen« entstehen oder reaktivierte ältere wie das »Abendland«. Wer auf internationaler Bühne von der »Einen Welt« sprach, sah sich bald Vereinnahmungsvorwürfen ausgesetzt. Schon der Einsatz der Atombombe hatte die moralischen Phrasen der Amerikaner hohl klingen lassen. In den darauffolgenden Jahren wurde immer klarer, dass der Kriegsglobalismus der US-Regierung viel damit zu tun hatte, dass diese ihre weltpolitische Rolle zu institutionalisieren versuchte. Deshalb war sie so engagiert gewesen, neue Institutionen und Organisationen aufzubauen und zu finanzieren. Mit Einsetzen des Kalten Kriegs fuhren die USA ihr Engagement in Projekten zurück, die nicht mehr zentral für die ideologische Auseinandersetzung waren.

30 Steil, *The Battle of Bretton Woods*.

Im sich rasant verhärtenden Systemkonflikt gerieten global denkende Visionäre umso schneller in den Verdacht, sich für den jeweiligen Gegner zum »nützlichen Idioten« zu machen.

Das war ein Grund dafür, warum Willkies Formel, die noch 1945 prominent in der Präambel der UNESCO-Charta aufgetaucht war, im Laufe weniger Jahre wieder aus deren Schriftgut verschwand. Dies hielt Vertreter der UdSSR indes nicht davon ab, gegen den »Kosmopolitismus« der Organisation zu polemisieren, die sie (wie auch jüdische Intellektuelle und Vertreterinnen der Esperanto-Bewegung) als verlängerten Arm Amerikas denunzierten. In den USA wiederum kritisierten Gruppierungen wie die 1958 gegründete John Birch Society den antinationalistischen, »kommunistischen« Impetus der Organisation.[31] Schon zuvor waren die *Textbook revisions* gestoppt worden. UNESCO-Vertreterinnen vermieden es bald ganz, von Weltbürgerschaft zu reden, zumal, nachdem US-Präsident Harry S. Truman 1953 eine ideologische Überprüfung der in internationalen Organisationen tätigen Amerikaner anordnete.[32] Auch die analytischen Begriffe verengten sich wieder: »Global« war im Englischen für rund zwei Jahrzehnte der Kalte Krieg. Dies erklärt, warum auch Historikerinnen Willkies »One World« aufgegriffen haben, um jene *soft power* auf den Begriff zu bringen, die die USA in der zweiten Hälfte des 20. Jahrhunderts ausübten. Insofern damit das »Market Empire« gemeint ist[33] – also die aktive Verbreitung einer spezifischen Vorstellung von Demokratie, die sich als Teilhabe an einem steigenden Konsum äußerte, der zugleich den Import amerikanischer Alltagsnormen implizierte – reduziert dies das Begriffsspektrum auf die Variante des Globalismus, für die in den 1940er Jahren Henry und Clare Boothe Luce standen.

31 Deuerlein, *Zeitalter der Interdependenz*, S. 78, 65 f.

32 Sluga, »UNESCO«, S. 417.

33 De Grazia, *Irresistible Empire*.

Charakterstudien und Strukturalismus

Vielleicht am wichtigsten für den Wandel aber ist: Viele Globalisten hatten lernen müssen, dass kein unmittelbarer Zusammenhang zwischen weltumspannender Technik und neuen politischen Ordnungen bestand, zumal das atomare Wettrüsten vielen von ihnen den Technikoptimismus austrieb. Erst Ende des Jahrtausends sollte der technologische Determinismus in Form einer Globalisierungstheorie zurückkehren, die eng an Konzepte wie die Informations- und Netzwerkgesellschaft geknüpft war.

Margaret Mead vernichtete bereits 1945 desillusioniert vom Abwurf der Atombomben auf Hiroshima und Nagasaki das Manuskript von *Learning to Live in One World*. Am Laboratory of all Nations, das 1947 an der Columbia University in New York gegründet wurde, sah sie sich zunehmend dem Druck ausgesetzt, ihre Übersetzungskonzepte auf Anwendungsorientierung zu trimmen, etwa durch Studien zum »russischen Charakter«. Vielversprechender schien ihr 1950 der Auftrag der UNESCO, eine Handreichung für die Experten der technischen Hilfsprogramme der Vereinen Nationen zu verfassen. Aber Mead musste feststellen, dass ihr Vorhaben einer Erziehung zum Respekt für die kulturellen Werte der »Anderen« auf wenig Gegenliebe stieß. Es passte nicht zu einer Entwicklungshilfe, die auf die Industrialisierung des »Südens« zielte.[34] Claude Lévi-Strauss fiel noch tiefer. Obwohl er 1950 als Experte am UNESCO-»Statement on Race« mitwirkte, verdüsterte sich seine Sicht auf die westliche Welt. 1948 nach Paris zurückgekehrt, musste er feststellen, dass der Nachkrieg eben keine Tabula Rasa darstellte. Reaktionäre Kräfte machten sich für ihn insbesondere im französischen Umgang mit den nordafri-

34 Mandler, »One World, Many Cultures«.

kanischen Kolonien bemerkbar. Aber auch die Tatsache, dass sich die von ihm begrüßte Befreiungsbewegung Algeriens als *Nation building* artikulierte, ließ Lévi-Strauss ganz auf das Lamento der Homogenisierung der Welt durch den Einfluss des Westens umschwenken. Immer häufiger betonte er die Unvereinbarkeit der Kulturen. Dem lag ein entropisches Denkmodell zugrunde, demzufolge der Austausch zwischen Kulturen eine für die jeweils schwächere Kultur fatale Nivellierung zur Folge hat, was zu Desorganisation und sozialen Konflikten führe. Es war aber auch der Holocaust, das nunmehr erkennbare Ausmaß des deutschen Verbrechens an den europäischen Juden, das Lévi-Strauss vom Glauben abfallen ließ, als polyglotter Übersetzer den Lauf der Geschichte beeinflussen zu können. Der historische Prozess wurde für ihn zum unaufhaltsamen Destruktionsvorgang, den er von der abstrakten Warte des Strukturalisten aus betrachtete.[35]

35 Debaene, »Vorwort«.

5 Globale Dörfer, Raumschiff Erde, dreierlei Welten

All You Need Is Love: Ein globaler Moment in den 1960er Jahren

Am 20. Juli 1967 entstand eine längst ikonische TV-Aufnahme der Popkultur. Im Studio 1 der Abbey Road Studios boten John Lennon, Paul McCartney, George Harrison und Ringo Starr vor den Kameras der BBC ihren Song »All You Need Is Love« im Vollplayback dar.[1] Die Sendung trug das *Swinging London* in die Wohnzimmer; die Fernsehzuschauerinnen wurden Zeugen einer heiteren, anarchischen Partystimmung mit Konfettiregen. Was auf den ersten Blick eine ziemlich britische Angelegenheit zu sein scheint, war ein Schlüsselmoment des Globalismus. Das beginnt mit Requisiten wie Plakaten und Bannern, die an die Protestkultur der 1960er Jahre und damit an eine globale Revolte anknüpften, wozu passt, dass ein Orchester am Anfang kurz die Marseillaise intonierte, also ironisch auf jene Revolution anspielte, die als historisches Fanal der Gleichheit aller Menschen gilt. Das allerdings konterkarierte der Refrain des dargebotenen Songs, der ja auch Politik als »unnötig« erscheinen ließ. Wobei für unseren Zusammenhang wichtiger ist, dass der Slogan »All You Need Is Love« in verschiedenen Sprachen auf den Postern zu lesen war. Die Liebesbotschaft der Beatles war offensichtlich universell und sie richtete sich an die Weltbevölkerung – tatsächlich waren einige der Ballons, die das Studio schmückten, mit der Erdoberfläche bedruckt. Über die Grenzen des Vereinigten Königreichs hinaus wiesen auch die Outfits der Band. Schlagzeuger Ringo Starr trug indische

1 https://www.youtube.com/watch?v=GZuCBFcJcgw [25.6.2023].

(Fantasie-)Kleidung, was zu den farbenfrohen britischen Kolonialuniformen des späten 19. Jahrhunderts passte, die auf dem Cover des wenige Monate zuvor erschienenen Beatles-Albums *Sergeant Pepper's Lonely Hearts Club Band* zu sehen gewesen waren. Man bediente sich aus der Mottenkiste des kolonialen Großbritanniens, aus einer älteren Globalisierungsphase also.

Letztlich war die Botschaft der Sendung aber, dass die Welt durch Handel friedlich zusammenwuchs.[2] 1967 waren die Beatles selbst eine globale Ware. In der Massenkonsumgesellschaft, die auch und gerade von Jugendlichen getragen wurde, verzehnfachten sich zwischen 1950 und 1960 die Schallplattenverkäufe; die »Fab Four« gehörten zu den ersten Supersellern eines sich durch Firmenkonsolidierungen ausweitenden, hoch lukrativen Schallplattenmarkts. Dass die Beatles auch in Japan und auf den Philippinen die Fans zum Kreischen brachten, verkompliziert zugleich manche zeitgenössische These vom amerikanischen »Kulturimperialismus«: Zwar hatte die Liverpooler Subkultur des »Skiffle«, aus der die Band Ende der 1950er Jahre hervorgegangen war, viel mit der Präsenz amerikanischer GIs und ihrer Radiosender in Europa zu tun. Es war aber das internationale Matrosen-Amüsierviertel St. Pauli, wo die vier Briten ihren pilzköpfigen Bohème-Stil à *la française* adaptierten. Und in den USA rührte ihr Erfolg daher, dass sie einen weniger bedrohlichen, weil von seinen afroamerikanischen Wurzeln befreiten Reimport des Rock 'n' Roll darstellten. Die Musiker selbst wurden derweil durch ihren Reichtum, der es ihnen erlaubte, zu reisen, wohin sie wollten, zu kosmopolitischen Akteuren, die unter anderem der »Weltmusik« den Weg bereiteten. Rund ein halbes Jahr nach der Produktion von »All You Need Is Love« traten sie eine Indienreise an, die keinen geringen Anteil daran hatte, dass einige Jahre lang auf so

2 Zum Folgenden Lebovic, »Cultural Globalization«.

ziemlich jeder WG-Party Sitar-Klänge aus den Lautsprechern schallten. Anders als popkulturell erinnert wird, bildete die Beatles-Performance von »All You Need Is Love« aber nur das Finale einer längeren TV-Produktion. Die ausklingenden Noten ertönten zu einem Trickfilm, der die Erde vor einem Sternenhintergrund zeigte. Dazu begann eine Stimme aus dem Off von der baldigen Mondlandung zu sprechen, um von dort zu einem ganz anderen Zukunftsthema zu springen: der großen Zahl von Neugeborenen des Jahres 1967.

Tatsächlich waren für *Our World*, so lautete der Titel der Gesamtproduktion, fünf Übertragungssatelliten eigens dafür eingesetzt worden, die zentralen Herausforderungen, vor denen die Menschheit stand, anhand von Szenen *aus* aller Welt *in* alle Welt zu übertragen. Passend zur Schlusssequenz der Sendung, die offenbar rund 400 Millionen Menschen am Bildschirm mitverfolgten, hatte es zuvor Live-Schalten aus Geburtsstationen in aller Welt gegeben, aber auch Studiogespräche mit Marshall McLuhan, der dafür der ideale Kandidat war: Der kanadische Medientheoretiker vertrat zu diesem Zeitpunkt die These, infolge der Echtzeitkommunikation mithilfe elektronischer Informationsvermittlung sei ein »globales Dorf« im Entstehen. Die Beteiligung McLuhans verdankte sich auch dem Umstand, dass *Our World* anlässlich der Weltausstellung Expo'67 ausgestrahlt wurde, die im kanadischen Montreal stattfand. Und zwar auf zwei Halbinseln im Sankt-Lorenz-Strom, die eine vollautomatische Einschienenbahn verband, mit der die Besucherinnen auch direkt ins Innere des vom erwähnen Buckminster Fuller entworfenen futuristischen amerikanischen Pavillons fahren konnten. Der erinnerte mit seiner Sphären-Form nicht ohne Grund an einen Globus, in dessen Innerem man eine Mondlandschaft inklusive eines Modells einer unbemannten Surveyor-Raumsonde bestaunen konnte, wie sie ein Jahr nach der Ausstellung tatsächlich den Erdtrabanten erreichte. Unter dem Motto »Man and his World« machte die Expo überhaupt die *Conditio humana* zum Thema. Eine weltbürgerliche Perspektive wurde den Besuchern bereits mit dem Eintrittsticket nahegelegt. Es kam in Form eines Reisepasses daher, dessen Seiten man an den Nationenpavillons stempeln lassen konnte. Jedoch sollte die Welt nicht nur als bloße Summe aus nationalen Selbstdarstellungen erscheinen. Sechs Themenpavillons widmeten sich übergreifenden Fragen wie der »elektronischen Gemeinschaft« der Zukunft oder der Agrarwirtschaft. Die Schau suggerierte hoch optimistisch, es sei technisch möglich, die Ressourcen der Erde für die gesamte Menschheit zugänglich zu machen. Mehr als alles andere durchzog aber der Gedanke der Echtzeitvernetzung die Expo. Sie bildete eine von Multimedialität durchpulste »gigantische kybernetische Kontrollmaschine«, die zwischen »technokratischen Allmachtsfantasien und humanistischer Sozialethik« schwankte.[3] Die Ausstellung inszenierte sich durch elektrische Anzeigen und ein gläsernes Kontrollzentrum als kommunikativ rückgekoppeltes Gesamtsystem. Und das suggerierte, man könne Städte wie Montreal, wenn nicht die ganze Erde, mit den neuen Informationstechniken effizient steuern. Was auf den ersten Blick unverbunden wirkte, bekam dadurch Plausibilität, dass die Sendung selbst (ansatzweise) global zu sehen war.

Globo-planetarisches Denken: Vertikalität, Temporalität, Materialität

Der Politikwissenschaftler Rens van Munster und der Historiker Casper Sylvest erklären die für die Zeit vom Ende des Zweiten Weltkriegs bis heute spezifischen »Wahrnehmung[en] von

3 Borck, »Kontrollmaschine«.

Globalität« aus drei Entwicklungen heraus.[4] Zunächst sei die »nukleare Revolution« zu nennen, womit die Forscher die Atombombenabwürfe in Japan 1945 und die geostrategische Pattsituation des Kalten Kriegs meinen. Dann führen sie das *Space Race* zwischen USA und UdSSR an, das in der ersten bemannten Mondlandung im Juli 1969 kulminierte. Und schließlich sei da das »globale Umweltbewusstsein«, das sich in den 1970er Jahren Bahn brach. Raffiniert an diesem Dreiklang ist, dass die Phänomene sich gegenseitig dynamisierten, weil sie alle an neue Technologien gekoppelt gewesen seien. Das zeige sich an drei zentralen Merkmalen des Globalitätsbewusstseins im fortgeschrittenen 20. Jahrhundert. Erstens sei dieses vom Phänomen der »Vertikalität« geprägt, einer räumlichen Ausweitung der Machtpolitik infolge der Sorge vor dem nuklearen Erstschlag mithilfe von Langstreckenraketen, die sich zu einer Überwachung der gesamten Erdatmosphäre auswuchs. Nur vordergründig paradox sei, dass es ebendiese militärischen Strukturen waren, die – zweitens – eine neuartige, »planetarische« ökologische Sensibilität entstehen ließen. Das Monitoring der Erde mithilfe von Satelliten führte der Menschheit nämlich ab den 1960er Jahren verstärkt die »Materialität« des Planeten vor Augen. Weil damit auch die Fragilität des Lebens deutlich wurde, warf dies – drittens – Fragen der »Temporalität« auf, die im letzten Drittel des 20. Jahrhunderts manche Fortschrittsgewissheit erschütterten. Das Bewusstsein der »deep time«, in der sich die Wirkungen umweltpolitischer Weichenstellungen entfalten würden, verdichtete sich mittelfristig zum Eindruck einer gewissermaßen globo-planetarischen Krise.

Nun handelt es sich bei diesen Globalitätstrends nicht um radikale Brüche. Das globale Zusammenwachsen infolge des

4 Van Munster/Sylvest, »Introduction«.

Luftkriegs war ja bereits in den USA der frühen 1940er Jahre ein gesellschaftliches Großthema gewesen. Und auch wenn der *Space-age*-Futurismus in den 1960er Jahren in Erwartung der Mondlandung zweifellos neuen Auftrieb bekam, bestanden hier gedankliche Kontinuitäten aus dem frühen 20. Jahrhundert. Zwar bevölkert die kühle Ästhetik von Stanley Kubricks *2001: A Space Odyssey* bis heute die visuellen Welten der Science-Fiction. Allerdings reaktivierte der 1968 uraufgeführte Film eher den schon beschriebenen Evolutionismus der Zwischenkriegszeit wie insbesondere seine Schlusssequenz verdeutlicht, deren Analogisierung von Erdkugel und Fötus (»Starchild«) die nächste Entwicklungsstufe des Menschen signalisiert. Tatsächlich stammte die Filmvorlage von Arthur C. Clarke, der in den 1930er Jahren der British Interplanetary Society angehörte. Vergleicht man heute kanonische Science-Fiction-Werke der Zeit, dann sind es nicht Kubricks Meisterwerk und auch nicht die 1966 lancierte Erfolgsserie *Star Trek*, die ihrer Zeit voraus scheinen, sondern Frank Herberts ab 1965 erschienener, kürzlich neu verfilmter Romanzyklus *Dune*. Herbert stellte darin Themen wie die ökologische Übernutzung von Habitaten und vor allem: die indigene Anpassung an selbige in den Vordergrund.

Dennoch überzeugt van Munsters und Sylvests Idee, unser heutiges Globalitätsempfinden gehe auf die späten 1960er Jahre zurück. Nämlich insofern, als das Bewusstsein der Tatsache, dass die Erde im materiellen Sinn begrenzt ist, nun erstmals eine feste Verbindung mit einer neuen Art technologischen Holismus einging. Genauer: In den Globalismus hielten die kybernetischen bzw. systemtheoretischen Erkenntnisse der Kriegs- und Nachkriegszeit zu geschlossenen Regelkreisen und sich selbst erhaltenden Systemen Einzug. Planet und menschliche Welt – im Sinne von geografisch weit reichender sozialer Aktivität – fielen in eins.

Das rief neue, schillernde Metaphern wie das »Raumschiff Erde« auf den Plan. Die hier in Rede stehende Phase des globalen Bewusstseins zeichnet überhaupt aus, dass die Globalitätsidee explizit Gegenstand intensiver Diskussionen wurde. Die Zeit von 1945 bis 1972 eignet sich deshalb gut, um zu zeigen, dass Globalismen selbst Globalisierungsfaktoren sein konnten, wenn auch nicht auf direktem Wege. Beispielsweise stimulierten Denker wie McLuhan durchaus praktische Arbeiten amerikanischer Technik-Subkulturen an der weltweiten elektronischen Vernetzung (die erst mit dem World Wide Web der 1990er Jahre die realen Interaktionsmöglichkeiten vieler Menschen veränderte). Zugleich offenbart sich hier das Selektive des Globalismus: Die Globalitätsdiagnostik der zweieinhalb Nachkriegsjahrzehnte war überraschend uninteressiert an der wirtschaftlichen Vernetzung, die Ende des Jahrtausends ebenso kritisch wie ratlos als »Globalisierung« thematisiert wurde. Der Grund dafür war der Primat des Politischen im Kalten Krieg, der auch an seinen unscharfen Rändern ausgefochten wurde. Unser heutiges Globalitätsbewusstsein entstand wohl doch etwas später, als Munster und Sylvest es nahelegen. Und zwar in dem Moment, als eine als Gesamtsystem verstandene globo-planetarische Welt zum Verteilungsproblem wurde: mit den Forderungen der »Dritten Welt« nach einer gerechteren Weltordnung.

Die Einheit der geteilten Welt

Bereits 1945 kühlten sich die Beziehungen zwischen der Sowjetunion und den USA ab. Der manichäische Eindruck einer Aufteilung der Welt in zwei um Einfluss ringende, sich infolge der nuklearen Dauerdrohung aber auch stabilisierende Sphären war bald nicht mehr von der Hand zu weisen. Dennoch gewann Globalität, verstanden als Wahrnehmungsphänomen, klar an Bedeutung unter den verschärften »Wettbewerbsbedingungen« des Kalten Kriegs. Denn dieser förderte das Beobachten und Vergleichen, wenn auch weniger dasjenige zwischen Staaten oder »Kulturen« als das zwischen zwei Gesellschaftssystemen mit universellem Anspruch. Sowohl die USA als auch die UdSSR waren Global Player. Tatsächlich meinte »globalism« im Englischen nun die außenpolitische Ausrichtung der USA oder auch ihr Engagement in der NATO, ein Zusammenhang, in dem in den 1950er Jahren auch erstmals der Begriff »globalization« fiel. In den US-Thinktanks förderte der Kalte Krieg ein Denken in Einflusssphären, das nun zunehmend in den Bann der mathematischen Kalküle des Behaviorismus und bald auch der Spieltheorie geriet, also neuen Formen der Quantifizierung und Formalisierung, die »Globalität« einmal mehr, wie schon um 1900, als Nullsummenspiel konzipierten. Parallel betrieb die Schule des politikwissenschaftlichen Realismus, die sich machtpolitisch umso gewiefter aufstellte, je mehr Aufmerksamkeit der Politik sie auf sich zog, eine *damnatio memoriae* der als idealistisch verunglimpften älteren Forschung.[5]

Auch für »normale« Zeitgenossinnen stand fest, dass der Kalte Krieg, der global betrachtet immer auch »heiß« war, die ganze Erde zum Aktionsfeld machte. Mit Sorge – und dank neuer Medientechnologien nahezu in Echtzeit – beobachteten europäische oder asiatische Zeitungsleserinnen und Radiohörer Entwicklungen auf der anderen Seite der Weltmeere wie die Kubakrise oder in umgekehrter Blickrichtung das Ringen in der Mauerstadt Berlin. Dass man sich über dieses Beobachtetwerden im Klaren war, hatte aber auch eine neue Form der Kriegsführung abseits der militärischen Schlachtfelder zur Folge. Den *Cultural Cold War* fochten die Mächte mit Softdrinks

5 Deuerlein, *Zeitalter der Interdependenz*, S. 66–69.

und Jeans aus. Es waren nicht zuletzt Produktausstellungen, auf denen sie ihre Kräfte maßen. Die wohl bekannteste der Kampfhandlungen des kulturellen Kalten Kriegs, zu denen auch Amerika-Häuser oder Fulbright-Fellowships gehörten, war die berühmte Küchendebatte, die der Parteichef der KPdSU, Nikita Chruschtschow, und der US-Vizepräsident Richard Nixon am 24. Juli 1959 vor laufender Fernsehkamera über den Nutzen einer Luxusküche führten, die die Sowjetbürger auf der American Exhibition im Moskauer Sokolniki-Park bestaunen konnten.

Die Systemkonkurrenz als Globalisierungsfaktor?

Aber war der Kalte Krieg nicht auch in realgeschichtlicher Hinsicht globalisierend? Immerhin trifft man in der Forschung auf die These, seine Kernzeit bis zur »Entspannungsphase« Ende der 1960er Jahre lasse sich auch als Phase einer »halbierten Globalisierung« begreifen.[6] Damit ist angezeigt, dass eine erneute Trennung globaler Verbindungen, die in (Ost-)Mitteleuropa besonders schroff ausfiel, einherging mit dem Anwachsen regionaler und bisweilen auch interkontinentaler Kooperationen *innerhalb* der Blöcke. Dabei ist umstritten, inwiefern von einer sozialistischen oder »roten Globalisierung«[7] die Rede sein kann angesichts von Phänomenen wie dem Rat für gegenseitige Wirtschaftshilfe (RGW), mit dessen Gründung im Januar 1949 die Sowjetzone nach ihrem Ausstieg aus den Bretton-Woods-Verhandlungen ein planwirtschaftliches Pendant zu diesen zu schaffen versuchte. Der Begriff neigt zum einen dazu, die politisch-militärische Dominanz der UdSSR im »Osten« zu übertünchen. Zum anderen ist fraglich, ob es in ihrem Einflussbereich zu einer ökonomischen Integration

6 Osterhammel/Petersson, *Geschichte der Globalisierung*, S. 86.
7 Sanchez-Sibony, *Red Globalization*.

gekommen ist, die über die punktuelle Arbeitsteilung zwischen den kommunistischen »Bruderstaaten« und die Rolle der UdSSR als Energielieferant hinausging.

Angesichts der Tatsache, dass in der jüngsten Globalisierungsdiskussion nostalgische Erinnerungen an die Zeit »vor der Globalisierung« keine ganz unwichtige Rolle spielen, muss kurz auf die ökonomische Entwicklung im »Westen« in den drei Jahrzehnten nach 1945 eingegangen werden, die manchem wie »trentes glorieuses« vorkamen. Tatsächlich bildeten das Bretton-Woods-System, die Marshallplanhilfe und das Engagement der Amerikaner bei der Stabilisierung Europas (aber auch Ostasiens) zentrale Faktoren dafür, dass in den Marktwirtschaften des Nordens ein starkes Wirtschaftswachstum begann mit rasanten Produktionszuwächsen, das mit einer vergleichsweise erfolgreichen gesellschaftlichen Integration und einer gewissen Egalisierung der Lebensstile einherging. Nun gehen auch die Einschätzungen, in welchem Maße es sich dabei um einen Globalisierungsboom, einen vom Wiederaufstieg des Weltmarkts getriebenen Aufschwung, handelte, auseinander.[8] Zu den Faktoren des Wirtschaftswachstums gehörte zweifellos das kontinuierliche Feilen an den internationalen Handelsbedingungen, etwa im Rahmen des GATT, das ab 1964 Neuverhandlungen der Wirtschaftsbeziehungen zwischen Europa und USA initiierte. In deren Folge sank ab Ende der 1960er Jahre das Zollniveau global auf 15 Prozent, wodurch sich die weltweiten Warenexporte bis Mitte der 1970er Jahre verfünffachten. Auch die nichttarifären Hemmnisse – Bürokratie, inkompatible Produktstandards, Einfuhrquoten etc. – wurden sukzessive abgebaut, wenn auch vor allem innerhalb Europas. Ausbildungsniveau, technologisches Know-how und eingespielte Formen der betrieblichen Rationalisierung, die in neue

8 Zum Folgenden vor allem Zeiler, »Türen«.

Praktiken der automatisierten Fertigung übergingen, verbanden sich dort mit einer großen Investitionsbereitschaft durch Unternehmen. Nicht zuletzt spielten nach 1945 umwälzende Veränderungen des Landwirtschaftssektors herein, der industrialisiert und zunehmend mineralölgetrieben war: Menschliche Arbeitskraft wurde durch Traktoren und Erntemaschinen freigesetzt.[9] Die Lohnsteigerungen blieben moderat, die Investitionsmittel hoch, während die Konsumbereitschaft der Bürger durch soziale Sicherungssysteme gesteigert wurde. Diese wurden ihrerseits stabilisiert durch korporatistische Strukturen und Verfahren wie die Sozialpartnerschaft zwischen Unternehmen und Gewerkschaften in der Bundesrepublik oder auch in Skandinavien.

Die Bereitschaft, soziale Sicherungssysteme zu etablieren, erklärt sich aus der Wettbewerbslogik des Kalten Kriegs. Eine kaum zu unterschätzende Wirkung des permanenten Selbstvergleichs mit dem »real existierenden Sozialismus« bestand darin, dass auch die Gesellschaften des Westens mäßigend auf den Kapitalismus einwirkten. Das erfolgte durch eine vergleichsweise hohe Besteuerung von Unternehmensgewinnen, auch in den USA. Es geschah aber auch im Rahmen einer eher nachfrageorientierten, politisch vergleichsweise stark gesteuerten Wirtschaft, wie im Fall der zunächst ordoliberal, dann zunehmend keynesianisch geprägten sozialen Marktwirtschaft der Bundesrepublik oder der französischen *planification*. Dass im Westen überdies keine klare Priorität für Freihandelspolitik bestand, zeigten nicht zuletzt die Boykottlisten gegenüber Waren aus Osteuropa. Die USA waren sogar bereit, ungünstige Wirtschaftspolitik zu dulden, wo es sicherheitspolitisch vorteilhaft schien. Das lässt sich anhand von Japan beobachten: US-Konsumprodukte wurden kopiert, die Produkte der

9 Moser, »Lithosphäre«.

eigenen Leichtindustrie fluteten infolge massiver Exportsubstitutionen bald die globalen Märkte. Dieses Anwachsen eines Konkurrenten wurde von den Amerikanern hingenommen, denn es fügte sich – Stichwort Koreakrieg – in die regionale Präventionsstrategie gegen den Kommunismus.

Technische *Spill-over*-Effekte

Das Primat der Sicherheits- vor der Handelspolitik trug nebenbei zum Zuwachs der multinationalen Unternehmen bei. Diese organisierten sich auf dezentrale Weise, um besseren Zugang zu nationalen Märkten zu erlangen, lange bevor sie als zentrale Globalisierungstreiber ausgemacht wurden. Aber auch die Technikentwicklung erleichterte es den MNU, international zu agieren. Der ISO-Container, den der Reeder Malcom P. McLean 1956 entwickelte, ist nicht nur hinsichtlich seiner Standardabmessungen von Bedeutung, sondern auch der normierten Containerecke wegen, die das Stapeln und Verladen und damit Automatisierungsvorgänge erleichterte, die in menschenleeren Überseehäfen kulminierten. Mitte der 1960er Jahre nahmen zudem die ersten Supertanker mit einer Tragfähigkeit von über 250.000 Tonnen den Dienst auf, die zugleich Voraussetzung und Erscheinungsform der Umstellung des Transportwesens auf das gegenüber der Kohle energetisch weit effizientere Mineralöl waren[10] – eine Umstellung, die ganze neue und, wie sich zeigen sollte, krisenförderliche Abhängigkeiten erzeugte. An dieser Stelle ist aber der rasante Sturz der Sitzplatzkilometerkosten auf Langstreckenflügen zwischen 1957 und 1974 interessanter, weil er, ebenso wie das Telex als neue Nachrichtenübermittlungstechnik, eine Voraussetzung der Arbeit der MNU und ihrer Manager war.[11]

10 Petersson, »Globalisierung und Arbeit«.

11 Zum Vorstehenden Zeiler, »Türen«, S. 263.

Wenn es Ende der 1960er Jahre erstmals wieder dazu kam, dass das Wachstum des Welthandels das der Weltproduktion überstieg, dann hatte das also mit bewussten institutionellen Rahmungen und neuen technologischen Entwicklungen zu tun. Aber Letztere müssen auch als *Spill-over*-Effekt der Wissenschaftsförderung im Kalten Krieg gesehen werden. Das militärische Wettrüsten resultierte in einer Vielzahl von Innovationen im Bereich der Kommunikations- und Transporttechnik, was an den logistischen Innovationen des Vietnamkriegs besonders deutlich wird. Es verband sich aber auch mit kulturellen Dynamiken, für die der viel zitierte Sputnik-Schock stehen kann, den die Amerikaner erlitten, als die Sowjetunion am 4. Oktober 1957 überraschend einen ersten Satelliten in die Erdumlaufbahn schoss. Das schien nicht nur die sowjetische Befähigung zur Produktion von Interkontinentalraketen zu belegen, sondern auch einen generellen Technologievorsprung. Darauf reagierten die USA mit der Gründung der National Aeronautics and Space Administration (NASA), aber auch mit massiven Investitionen in ihren Bildungssektor.[12] Auch wenn sich dies kaum quantifizieren lässt, dürfte die vermittelte Wirkung des Kalten Krieges beiderseits des Eisernen Vorhanges auf die »technologische Revolution in der Kommunikationstechnik, beim Bau von Computern und in der Werkstoffentwicklung« enorm gewesen sein, auch hinsichtlich auf den ersten Blick nebensächlicher Phänomene wie des wachsenden Prestiges der Ingenieursberufe. Es ist eine interessante kontrafaktische Frage, ob sich diese technologische Revolution auch ohne den Kalten Krieg eingestellt hätte, »nämlich im Gefolge der Globalisierung, des Bevölkerungswachstums, erweiterter Märkte und einer im Wesentlichen ›denationalisierten‹ Weltwirtschaft«.[13] Mit Blick auf das ähnlich innovationsaffine, aber

12 Bernet/Gugerli, »Sputniks Resonanzen«.
13 Siehe Greiner, »Wirtschaft im Kalten Krieg«, Zitate auf S. 9.

viel staatsfernere 19. Jahrhundert ist jedenfalls der Befund bedeutsam, dass der Aufstieg von Hochtechnologiestandorten wie Seattle oder das Silicon Valley kaum ohne die staatlich forcierte Verlagerung der Rüstungsindustrie in strukturschwache Gegenden erfolgt wäre.

Hemisphärisches Denken

Der Kalte Krieg begünstigte ein Denken in nach außen abgegrenzten, im Inneren homogenen politischen Räumen.[14] Wie angedeutet, war das einer der Gründe dafür gewesen, dass der Konnektivismus der frühen 1940er Jahre, der ja auf die befriedende Kraft der Völkerverständigungspädagogik gesetzt hatte, schnell desavouiert war. Im Zeitalter Douglas MacArthurs mit seinem Axiom, jeden Flecken der Erde vom Kommunismus befreien zu müssen, wurde eine Grenzen transzendierende Herangehensweise nur begrüßt, wenn sie die Strategien der Opponenten verstehen half, etwa in Form der Feindanalysen der *Area Studies* (was manche Anthropologinnenkarriere veränderte, wie am Beispiel Margaret Meads angedeutet). Die rasche bündnispolitische Rehabilitierung und der Wiederaufbau Deutschlands und Japans waren Ausdruck jener Domino-Theorie, die Dwight D. Eisenhower 1954 verkündete, und die vom entgegengesetzten Szenario ausging: Ihr zufolge wurde die Freiheit des so symbolischen Berlins auch in Indochina verteidigt, weil kommunistische Staaten ihre Nachbarn gewissermaßen zu infizieren in der Lage schienen. Umgekehrt kreiste auch der staatsdoktrinäre Antiimperialismus der DDR bekanntlich um den Topos des expansionshungrigen »kapitalistischen Weltsystems«.

14 Der folgende Abschnitt lehnt sich an Kuchenbuch, *Welt-Bildner*, Kap. 6.2 an.

Dieselbe globale, territorialisierende Logik führte aber auch zur Entwicklung neuer Erdbeobachtungstechnologien. Die geostrategischen Deutungsmuster der amerikanischen Kalten Krieger wurden dadurch plausibel, dass sie von technischen Bemühungen flankiert waren, die »freie Welt« gegen den sowjetischen Einflussbereich abzuschirmen. Solche »closed worlds«, wie sie der Technik- und Umwelthistoriker Paul N. Edwards nennt, materialisierten sich regelrecht in den Frühwarn- und Flugabwehrsystemen, die die USA und ihr militärisch-industriell-wissenschaftlicher Komplex in Erwartung eines sowjetischen Angriffs schufen.[15] Die North American Air Defense Command (NORAD) und ihr Semi-Automatic Ground Environment (SAGE) waren infolge des ersten Atombombentests der UdSSR 1949 in Windeseile aus dem Boden gestampft worden. Anfang der 1950er Jahre integrierte also ein telekommunikativ geknüpftes Netz aus Radaranlagen einen nicht unerheblichen Teil des Luftraums der nördlichen Hemisphäre.

Die Zukünfte der Menschheit

Trotz des allgegenwärtigen Bedrohungsgefühls waren die 1960er Jahre ein hoch optimistisches Zeitalter, wenn man auf den (Wieder-)Aufstieg des Planungsdenkens in den marktwirtschaftlich organisierten Staaten des Westens blickt. Nahezu alle Industriegesellschaften erfasste Mitte des Jahrzehnts ein Reformeifer, dessen Legitimität sich wesentlich sozialwissenschaftlicher Expertise verdankte. Das galt im besonderen Maß für das Feld der Futurologie, hier grob verstanden als Bündel jener Wissenschaftszweige, die in der Lage schienen, auf große Datenmengen gestützte, gesellschaftsbezogene Zukunftsberechnungen anzustellen.[16] Die damit verbundene Ge-

15 Zum Folgenden: Edwards, *Closed World*, bes. Kap. 3.
16 Grundlegend: Seefried, *Zukünfte*.

staltungszuversicht, die aus den groß angelegten Sozialprogrammen der *Great-Society*-Ära der USA ebenso wie aus den »Globalsteuerungs«-Konzepten der Großen Koalition in der Bundesrepublik sprach, speiste sich aus den unübersehbaren Fortschritten der elektronischen Informationsverarbeitung. Mithilfe von Computern – der Bordcomputer HAL in Kubricks *2001* stand für die beunruhigende Seite dieser Entwicklung – schienen Gesellschaften sich besser durchleuchten und steuern zu lassen.[17] Dies- und jenseits des Eisernen Vorhangs boomten die Modellierungen und Simulationen möglicher Zukünfte. Der Plural ist wichtig. Denn die Idee war, aufgrund wertbasierter Entscheidungen die Weichen für die jeweils beste Zukunftsentwicklung zu stellen.

Auch diese Absicht hatte Vorläufer im *Operations research* des Zweiten Weltkriegs und anderen Versuchen, Feindbewegungen vorauszuberechnen, die im Kontext der legendären interdisziplinäreren Macy-Konferenzen zwischen 1946 und 1953 auf einen Begriff gebracht worden waren: Kybernetik, das war die Wissenschaft von der Steuerung und Kontrolle sich selbsterhaltender Systeme. Die große Zeit der neuen Universalwissenschaft brach indes erst an, als der technische Fortschritt die angewachsenen Kontrollkompetenzen der Menschen nicht nur in zeitlicher, sondern auch in räumlicher Hinsicht spektakulär unter Beweis stellte. Was die leistungsstärksten Rechner der Zeit für die Zukunft aufschlossen, daran ließ der Sputnik-Schock ja keinen Zweifel, waren schließlich die Erdatmosphäre und sogar der Weltraum. Dabei war es keineswegs nur das intensiv medial begleitete Apollo-Mond-Programm (1961–1972), das den Zukunftshorizont derart erweiterte, dass man bald auch glaubte, die Geschicke der Weltgesellschaft vorausberechnen zu können. Wie die BBC-Verantwortlichen mit »Our

17 Seibel, *Cybernetic Government*.

World« demonstrierten, knüpften die ersten Kommunikationssatelliten Ende der 1950er Jahre auch ebenjene Netze, durch die das Medienereignis Mondlandung 1969 überhaupt weltweit simultan erlebbar wurde. Die Glaubwürdigkeit der wissenschaftsgestützten Prognostik untermauerten aber vor allem die Wettersatelliten, die in immer größerer Zahl um die Erde kreisten.

Dass Ende der 1960er Jahre nicht nur die nationale, sondern auch die »Zukunft der Menschheit« diskursiv omnipräsent war, hatte aber auch mit prominenten Intellektuellen wie dem Publizisten Robert Jungk oder dem norwegischen Systemtheoretiker und Friedensaktivisten Johan Galtung zu tun. Mit einer die Bürgerinnen mehrerer Länder einbeziehenden Umfrage zu Zukunftserwartungen unter dem Titel »Images of the World in the Year 2000« wollte dieser die Demoskopie zum Medium der politischen Bildung umfunktionieren, mit dem Ziel, die demokratische Partizipation zu steigern angesichts einer sich verselbstständigenden, potenziell »totalitären« technologischen Entwicklung.[18] Was an die Expo '67 erinnert, stand zugleich im Kontext einer vermehrten Bezugnahme auf die »Menschheit« in UN und UNESCO, in der der Historiker Samuel Moyn eine Art neutralistische »letzte Utopie« erkennt.[19] Allerdings stand Galtungs partizipatorischer und technologieskeptischer Gedanke in Spannung zu eher szientistischen Ansätzen der Trendexploration, Prognostik und Computermodellierung seiner Zeit. Diese wurden ebenfalls von der UNESCO gefördert, deren Funktionäre die Welt zunehmend als »single system« beschrieben, etwa wenn sie basierend auf eigenen Forecasting-Anstrengungen empfahlen, potenziell durch Abrüstung frei werdende Ressourcen für die Armutsbekämpfung in aller Welt einzusetzen. Die verschiede-

18 Andersson/Duhautois, »Futures«.

19 Moyn, *Utopia*.

nen Spielarten des globalen Zukunftsdenkens traten auch im Rahmen der von Galtung mitorganisierten »Mankind-2000«-Konferenz 1967 in Erscheinung, aus deren Teilnehmerkreis sich 1973 die World Future Studies Federation gründete, in der Vertreterinnen der technokratischen Spielart der Futurologie phasenweise den Ton angaben.[20] Dass auch diese sich veränderte, ist nachvollziehbar anhand der Biografie des türkisch-amerikanischen Systemtheoretikers Hasan Özbekhan. Er hatte, nach einer Tätigkeit als Wirtschaftsberater für Regierungen und MNU, zunächst eine Leitungsposition in der System Development Corporation innegehabt, einer Suborganisation der militärischen RAND Corporation, die das SAGE-System mitgestaltet hatte. 1970 gehörte Özbekhan dann aber zu den Autoren des Gründungsdokuments des Club of Rome: *The Predicament of Mankind*. Zwei Jahre später zog dieser mithilfe von Computersimulation Aufmerksamkeit auf sich, die nahelegten, dass bei ungebremster industrieller Entwicklung und anhaltendem globalen Bevölkerungswachstum der Kollaps der menschlichen Zivilisation bevorstand.[21]

Ökosystem, Biosphäre, Tragfähigkeit: Die Erde als Kreislauf

Die rasant wachsende Weltbevölkerung hier, die endlichen Ressourcen des Planeten da: Diese Gegenüberstellung empfanden die Zukunftsexperten Ende der 1960er Jahre immer mehr als zentrale »Zwickmühle« ihrer Zeit. Das setzte regelrechte Inventuren der Erde voraus. Bereits die Truman-Administration hatte den Auftrag erteilt, die »Resources for Freedom« zu inventarisieren, um davon ausgehend Langzeittrends zu er-

20 Andersson/Duhautois, »Futures«

21 Elichirigoity, *Planet*, S. 65 f., 76–82.

mitteln.[22] Aber die Dringlichkeit der Populationsdebatte der späten 1960er Jahre hatte mindestens ebenso viel mit dem Einfluss ökosystemischer Erkenntnisse zu den Rohstoffreproduktionszyklen des Planeten zu tun. Der Planet wurde »materialisiert« als geschlossener Stoffkreislauf, der sich zwar normalerweise selbst regenerierte, aber rasch in andere Systemzustände kippen konnte. Dieser Befund verschaffte auch kleinräumigeren Studien zu ökologischen Interdependenzen zusätzliche Aufmerksamkeit. Besonders galt das für einen der Schlüsseltexte der jüngeren Umweltbewegung: Rachel Carsons Bestseller *Silent Spring* (1962) über die komplexen Wirkungen des Insektizids DDT, mit dem man die Malaria ausrotten und die Agrarproduktion steigern konnte, der aber auch die Singvögel aussterben ließ. Das fügte sich nahtlos an die Wiederentdeckung der Biosphäre als jener belebten und überlebenswichtigen »Zone«, über die Wladimir Wernadski schon um die Jahrhundertwende nachgedacht hatte.[23] Ein neuer »Planetarismus« entstand, der den Charakter einer anthropologischen Kränkung hatte: Für die Exponenten der *Earth System Sciences* erwies sich die Menschheit als abhängiger Teil eines Systems von Rückkoppelungsschleifen, das sich nur unter bestimmten Bedingungen reproduzierte. Damit verbunden stellte sich die Umwelt als etwas fundamental Anderes dar als das schützenswerte, passive Gegenüber, um das es dem Naturschutz seit dem 19. Jahrhundert gegangen war. Vorübergehend schienen sich aber auch neue Spielräume für den Menschen als Systemadministrator zu öffnen, der sich im Angesicht der begrenzten planetarischen »Tragfähigkeit« zum Management der eigenen »Überlebensvoraussetzungen« aufschwingen konnte.

22 Westermann, »Inventuren«.
23 Dazu und zum Folgenden Höhler, *Spaceship*, hier S. 56.

Cowboys, Astronauten und Rettungsboote: Globale moralische Ökonomien

Bereits im Juni 1965 hatte Adlai Stevenson junior, amerikanischer Botschafter bei den UN, in einer Rede vor deren Wirtschafts- und Sozialrat in Genf gewarnt, das »Raumschiff Erde« drohe angesichts von Bevölkerungswachstum, Umweltverschmutzung und Übernutzung der Erdressourcen vom Kurs abzukommen. Ein Jahr später bekundete die britische Entwicklungsökonomin Barbara Ward in ihrem Buch *Spaceship Earth*, es gebe kein »rationaleres« Bild für die *Conditio humana:* Wer die Erde als Raumschiff imaginiere, der müsse sich im Grunde als Teil der Weltgemeinschaft fühlen. Letztlich reizten Ward und Stevenson das Assoziationspotenzial der Raumfahrttechnik aber nicht aus. Beide hätten den Planeten auch als Boot mit beschränktem Proviant beschreiben können. Anders verhielt es sich bei Buckminster Fuller, dem Architekten des US-Pavillons auf der Expo '67, der die Metapher erstmals 1960 verwendet hatte und 1969 in seinem Buch *Operating Manual for Spaceship Earth* noch einmal ausbaute.[24] Er zielte weniger auf eine modische Version der Bootsmetapher, sondern darauf, die Erde als hybrides, technisch-natürliches System zu zeichnen. Fuller bezog sich auf die »Cabin-Ecology«, also auf die Bordtechnik der Landefahrzeuge und Raumkapseln, die für das Überleben der Astronauten auf engstem Raum sorgte. Komprimierte Sauerstoffvorräte, Raumfahrtnahrung und die Wiederaufbereitung von Materialien bis hin zum bordeigenen Treibhaus: Das waren Themen, die im Rahmen der noch weitgehend ungebrochen zukunftsoptimistischen Antizipation bemannter Raumfahrten in ungezählten Jugendbüchern, Car-

24 Ausführlicher: Kuchenbuch, *Welt-Bildner*, Kap. 6.

toons und Science-Fiction-Serien der späten 1950er und 1960er Jahre auftauchten.

Besorgt um die Tragfähigkeit der Erde wandten insbesondre Agro- und Ökonomen die Metapher auf die Stoffkreisläufe der Biosphäre als zentralem Lebenserhaltungssystem der Menschen an. Um dessen fragil »eingeschwungenen Zustand« zu erhalten, bedurfte es einer neuen (Wirtschafts-)Ethik, wie es der britisch-amerikanische Ökonom Kenneth Boulding nahelegte, der der Raumschiffmetapher auch dadurch weitere Popularität verschaffte, dass er sie mit zwei amerikanischen Kernmythen assoziierte: *Frontier*-Geist und *Space-age*-Zuversicht. Erstmals 1966 forderte Boulding in einem Vortrag, die blind expansionistische »Cowboyökonomie« der US-Pionierphase hinter sich zu lassen. Stattdessen hieß es nun, zu einer vorausschauenden »Raumschiffökonomie« überzugehen, also angesichts der Übernutzung der Erdressourcen das Wirtschaften gewissermaßen biomimetisch zu einem System von Rückkoppelungen umzugestalten.[25] Allerdings war Boulding nicht der radikale Denker, als den ihn Teile der heutigen *Décroissance*-Bewegung feiern. Er schwamm insofern im technizistischen Mainstream seiner Zeit, als er die Entwicklung von Technologien anregte, mit denen sich die Stoffkreisläufe und Energieflüsse des Planeten dauerhaft für die Menschen nutzen ließen. Bouldings Wachstumskritik war auch alles andere als basisdemokratisch gedacht. Es mussten endlich die Experten die Kommandobrücke beziehen.

Das Bild vom Raumschiff Erde entwickelte überhaupt deshalb so große Attraktivität, weil es in der Lage war, entgegengesetzte Argumente über Globalität in sich aufzuheben, so die Wissenshistorikerin Sabine Höhler. Sowohl die lauter werdenden Verfechter einer selbstgenügsamen weltgesellschaftlichen

25 Siehe die Beiträge zu Höhler/Luks, *Beam us up*.

»Suffizienz« als auch Apologeten der Steigerung der Effizienz der globalen Ressourcennutzung führten die Metapher im Munde. Eine Zeitlang erlaubte sie es, Krise und Chancen der industriellen Zivilisation *zugleich* zu betonen, ökologische Probleme und technische Lösungen zusammenzubringen. So konnte das Nachdenken über die moralische Ökonomie an Bord des Raumschiffs Erde auch zu regelrecht menschenfeindlichen Schlüssen führen. Das war beim amerikanischen Mikrobiologen Garrett Hardin der Fall, der bis heute bekannt ist für seine erstmals 1968 in *Science* publizierte, seitdem ebenso oft zitierte wie widerlegte »Tragödie der Allmende«. Angesichts eines Weltbevölkerungswachstums, das auf individuell nutzenmaximierenden Verhaltensweisen beruhten, die sich auf globaler Ebene zu problematischen Übernutzungseffekten summierten, waren für Hardin Einschränkungen des Rechts auf Reproduktion unumgänglich.[26] Nicht das Raumschiff war bald die von ihm bevorzugte Metapher, sondern das »Lifeboat Earth«, das nicht mehr jeden Schiffbrüchigen aufnehmen konnte, wenn man weitermachte wie bisher. Die Schiffbrüchigen, das waren die Bewohnerinnen der »Dritten Welt«.

Wettkampf um den »Rest der Welt«: Kalter Krieg und Dekolonisierung

Spätestens seit Odd Arne Westads Buch *The Global Cold War* (2006) kann man die Geschichte des Kalten Krieges eigentlich nur noch globalgeschichtlich schreiben. Die Auseinandersetzung war weniger bipolar, als es auf den ersten Blick scheint. So spielte sie sich ganz wesentlich im Rahmen internationaler Organisationen wie den Vereinten Nationen ab, wobei im Zuge des Dekolonisierungsprozesses (den der Systemkonflikt

26 Höhler, *Spaceship*, S. 98 f.

selbst dynamisierte) permanent neue Player hinzutraten.[27] Allein in den ersten 25 Jahren nach Ende des Zweiten Weltkriegs erreichten 50 Kolonien die Unabhängigkeit. Dabei lassen sich grob zwei Wellen unterscheiden: eine erste unmittelbar nach 1945 in Asien, eine zweite um 1960, als 16 Territorien, vor allem in Afrika, ihre Unabhängigkeit erklärten bzw. erlangten. Neben der ideologischen Konfrontation und den Ressourcensicherungsstrategien *beider* Mächte spielte – enger auf die Globalitätswahrnehmung bezogen – also auch eine Rolle, dass der Kalte Krieg auch blockfreie Zonen kannte. Und es waren diese »Ränder« des Kalten Kriegs, an denen sich der Konflikt aus Sicht vieler Zeitgenossen entscheiden würde. Das erklärt die extreme Empfindlichkeit für kleinste Veränderungen der politischen Weltkarte, die für den frühen Kalten Krieg kennzeichnend war. Es ließ aber auch bemerkenswerte neue Kategorien entstehen. Der Globus war offenkundig nicht nur in NATO- und Warschauer-Pakt-Staaten unterteilt; er bestand nicht allein aus der kapitalistischen »Ersten« und der sozialistischen »Zweiten« Welt. Zur »dritten Welt«, wie es ab Mitte der 1950er Jahre immer häufiger hieß, gehörten weite Teile der europäischen Ex-Kolonien. Sie wurde jedoch auch über ihr wahrgenommenes Entwicklungsstadium definiert. Und nicht zuletzt das ließ die »Dritte Welt« zur zentralen Arena des Wettstreits zwischen den Gesellschaftssystemen werden.

Die Gründe dafür, dass der Dekolonisationsprozess so rasch an Fahrt aufnahm, sind ebenso vielfältig wie die lokalen Ausformungen der jeweiligen nationalen Befreiungsbewegungen. Natürlich wurzelten Letztere auch in den globalistischen Debatten der Zwischenkriegszeit über das Selbstbestimmungsrecht der Völker, das, wie skizziert, nach dem Zweiten Weltkrieg aus einer deutlich verbesserten Verhandlungsposition eingefor-

27 Einführend Muschik, »Introduction«.

dert wurde. Die kriegsbedingte Schwächung des britischen Empire, das wachsende Selbstbewusstsein der oft in Europa ausgebildeten Eliten der Kolonien, ihre Erfolge bei der Massenmobilisierung, all das waren weitere Faktoren. In Asien hatte der Weltkrieg ein Machtvakuum hinterlassen, das sich besonders im blutigen Befreiungskrieg in Indonesien zeigte, der in den Niederlanden lange verdrängt wurde.[28] Im Grunde überlagerten sich alte und neue imperiale Sphären, auch die Besatzungspolitik der USA zählt dazu. Hatten diese den indischen Unabhängigkeitsbestrebungen abwartend gegenübergestanden, war spätestens mit der Suezkrise 1956 klar, dass sie nicht in jedem Fall zugunsten der alten Kolonialmächte intervenieren würden: Die Bemühungen des UK und Frankreichs, die Verstaatlichung des für den Welthandel bis heute zentralen Suezkanals durch den Sturz des ägyptischen Präsidenten Gamal Abdel Nasser zu verhindern, resultierte in einer von USA *und* UdSSR gestützten UN-Verurteilung (und einem ersten Blauhelmeinsatz).[29]

Dass das Selbstbestimmungsrecht der Völker 1966, immerhin sechs Jahre nach dem »afrikanischen Jahr« der vielen Staatsgründungen, völkervertragsrechtlich anerkannt wurde, lag auch daran, dass sich John F. Kennedy dafür starkgemacht hatte, offenbar aus innenpolitischen Gründen. Es war aber auch eine Reaktion auf die Kritik daran, dass die miteinander ringenden Mächte des Kalten Krieges lange Zeit in erster Linie an der Sicherung von Rohstoffen und Truppenstützpunkten interessiert waren. Unverkennbar waren US-Regierungen bereit, dafür ihr Ansehen zu riskieren. Man unterstützte Putsche wie in Iran 1953, um Verstaatlichungstendenzen (hier der Ölindustrie) entgegenzuwirken, die die eigene Versorgung mit dem Rohstoff bedrohten, oder nahm teil an verdeckten Operationen wie in Guatemala, wo es demokratische, aber für US-

28 Van Reybrouck, *Revolusi*.
29 Zum Vorstehenden Zeiler, »Türen«.

Firmen heikle Landreformen zu verhindern galt.[30] Nun füllt das Thema der Militärinterventionen und Stellvertreterkriege von Korea bis Kambodscha Bände. Interessanter als diese Auseinandersetzung ist an dieser Stelle die Beharrlichkeit der Wahrnehmung, die Aufgaben, die die »neuen Staaten« bewältigen mussten, seien im Wesentlichen dieselben. Denn gerade dabei spielten die sozioökonomischen Maßstäbe des eigentlich ja politischen Wettstreits eine zentrale Rolle: UdSSR und USA verglichen einander neben ihren technologischen Leistungen anhand von Kategorien wie Wirtschaftswachstum, Volkseinkommen und industriellem Output, später dann vermehrt anhand von Kennziffern des Konsums. Erst recht war das auf dem Feld der Entwicklungshilfe der Fall.

Entwicklungsuniversalismus

Tatsächlich war es die Sowjetunion, die noch unter Stalin diesbezüglich in die Initiative ging. Sie steigerte das Volumen ihrer Hilfen für den »Süden« um 70 Prozent, vergab günstige Kredite, leistete Aufbauhilfe und leierte allerlei Kongresse an.[31] Erst mit Eisenhowers Mutual Security Act zogen die Vereinigten Staaten 1951 nach. Knapp zehn Jahre später riefen sie – parallel zu den Vereinten Nationen – eine »Entwicklungsdekade« aus. Vor allem durch Industrialisierung sollte ein BSP-Wachstum des »Südens« von fünf Prozent erreicht werden. Die Forschung hat deutlich gemacht, wie vielfältig die Motive solcherlei Entwicklungshilfe, Entwicklungspolitik und später – der Begriff weist schon auf einen gewissen Revisionismus hin – Entwicklungszusammenarbeit waren. Es steht außer Frage, dass die Entwicklungshilfe bzw. »solidarische Unterstützung«, wie es im sozialistischen Jargon hieß, auch ein machtpoliti-

30 Ebd., S. 232 f.
31 Ebd., S. 231.

sches Instrument war. Handelspolitische Interessen lassen sich kaum von Hoffnungen auf politische Landgewinne in der Systemkonkurrenz trennen und diese nicht von älteren, teils altruistischen, teils paternalistischen, auch religiösen Motiven. Zugleich ist die Konstruktion der »Entwicklungsmaschine« (James Ferguson) kaum denkbar ohne die ideellen und personellen Kontinuitäten der ehemaligen Kolonialverwaltungen; ehemalige Empire-Beamte stellten das bevorzugte Personal von UN-Suborganisationen wie dem 1961 geschaffenen Welternährungsprogramm der Vereinten Nationen (FAO).

Für die Frage nach Globalismen ist es fruchtbarer, Kontinuität und Wandel des Entwicklungs*denkens* zu analysieren. Einerseits gründete es in der im 19. Jahrhundert entstandenen zivilisationsmissionarischen Gewissheit, dass »europäische« Modernisierungsverfahren überlegen seien. Zugleich entzog das Entwicklungsdenken dieser von evolutionsbiologischen Annahmen geprägten Ungleichheitswahrnehmung den Boden. Und zwar überall dort, wo die »aufholende Entwicklung« im Zentrum der Strategien von Unterstützerländern, internationalen Hilfsorganisationen oder lokalen Politikern stand. Zweifellos blieb der Raum für rassistische Wahrnehmungen groß – ob beim Bau indischer Stahlwerke oder bei den Lehrgängen am Deutschen Institut für tropische und subtropische Landwirtschaft im hessischen Witzenhausen. Dennoch sollte nicht unterschätzt werden, dass für Entwicklungsexpertinnen Begriffe wie »Wirtschaft« oder »Haushalt« das Gleiche bedeuteten unabhängig davon, ob sie sich auf Kanada oder den Kongo bezogen. Es war ebendieser bereits erwähnte »Species Universalism«, der ein politisches »Handlungsprogramm im Weltmaßstab« wie die Abschaffung der globalen Ungleichheit überhaupt auf die Agenda von Organisationen wie der UN brachte.[32]

32 Speich-Chassé, *Erfindung*, S. 21.

Globale Zahlen

Insbesondere sozial- und wirtschaftswissenschaftliche Entwicklungstheorien unterfütterten bis Mitte der 1970er Jahre Erzählungen vom besten Weg in die (industriegesellschaftliche) Zukunft. Diese Erzählungen, die sich in Begriffen wie »nachholende« oder »Unterentwicklung« verdichteten, objektivierten die Differenzen zwischen Nationalstaaten anhand zahlenmäßiger Indikatoren. Der globale Siegeszug des Nationalstaatsmodells in der zweiten Hälfte des 20. Jahrhunderts erklärt sich nicht allein aus dem *politischen* Nationalismus der Befreiungsbewegungen Afrikas oder Südostasiens. Dieser stand auch in Wechselwirkung mit einem sozialwissenschaftlichen *methodischen* Nationalismus, der bei der Orientierung darüber half, wer im Entwicklungswettbewerb der Staaten aufholte, wem Starthilfe gegeben werden musste und wessen Angleichungsprogramme erfolgreicher waren. Nicht ohne Grund sprach der Politologe Earl Latham bereits 1946 von der »One Statistical World«.[33] Zu deren Entstehung trug besonders das Bruttosozialprodukt bei. Wie angedeutet, fasste diese Kennziffer in den 1950er und 1960er Jahren umso fester Fuß, je mehr »neue Nationen« auf dem internationalen Parkett auftauchten. Eine Eigendynamik kam in Gang: Je klarer die international vergleichende »volkswirtschaftliche Gesamtrechnung« Aufholbedarfe kenntlich machte, umso stärker begriffen sich Institutionen wie das 1965 institutionalisierte Entwicklungsprogramm der Vereinten Nationen (UNDEP) oder die entwicklungsökonomischen Arbeitsgruppen der Organisation für wirtschaftliche Zusammenarbeit und Entwicklung (OECD) als Agenten eines weltweiten Fortschritts.

33 Zitiert nach ebd., S. 144.

Wie fest die quantitativen Vergleiche der Entwicklungsexperten (die sich auch an Kategorien wie »Kalorie« oder »human needs« beobachten lassen[34]) in den Rahmen globaler Vereinheitlichungsnarrative eingespannt waren, verdeutlicht auch die Modernisierungstheorie, die meist mit Walt Whitman Rostow assoziiert wird.[35] Der amerikanische Ökonom und Berater des US-Präsidenten Lyndon B. Johnson ging davon aus, dass es objektiv unterscheidbare Stufen oder Stadien gesellschaftlicher Entwicklung gäbe. Das jeweilige Stadium hing von sich wechselseitig dynamisierenden Faktoren ab. Dazu zählten wirtschaftliches Wachstum, politische Stabilität, Versorgungssicherheit und nicht zuletzt »modernisierte« Sozialstrukturen. Das bekam dadurch zusätzliche Plausibilität, dass in den 1960er Jahren auch die sozialwissenschaftliche Konvergenztheorie darauf hinauslief, dass die hoch industrialisierten Gesellschaften dies- und jenseits des Eisernen Vorhangs einander immer ähnlicher wurden. Praktisch machte sich der Universalismus der Modernisierungstheorie aber vor allem in der Arbeit am sogenannten demografischen Übergang bemerkbar. Das in den Industrieländern empirisch beobachtete Verhältnis von Geburten- und Sterberate bildete nun immer öfter den Maßstab der Bewertung des Entwicklungsstands auch anderer Gesellschaften. In der Wahrnehmung etwa der Statistiker der FAO konnte man über den Hebel einer wissenschaftlich konzipierten Bevölkerungs- und Familienpolitik auch die Industrialisierung ankurbeln. Wie das Beispiel der Sterilisierungen im Indien Indira Gandhis zeigt, konnte diese Isolierung eines Modernitätsfaktors Interventionen von großer Brutalität nach sich ziehen.

34 Vgl. Glasman, »Quantification« sowie das Forschungsprojekt von Nina Mackert: https://www.ego.soziologie.uni-muenchen.de/teilprojekte/teilprojekt1/index.html [25.6.2023].

35 Klassisch: Gilman/Brick, *Mandarins*.

Es ist letztlich nur auf den ersten Blick paradox, dass sich die Globalität der Jahre zwischen 1945 und 1970 also als Begleiteffekt der Verabsolutierung des Nationalstaats erweist. Die Wettbewerbslogik des Kalten Kriegs setzte einen globalen Denkraum voraus. Und wo es im Zuge der Dekolonisierung unter Beweis zu stellen galt, dass das eigene Gesellschaftssystem den Bewohnern der »Peripherien« am meisten zu bieten hatte, verwandelten sich die Staatsterritorien der Erde in kommensurable Größen einer vergleichenden Entwicklungs- und Fortschrittsarithmetik. Es war eigentlich nur noch eine Frage der Zeit, bis auch die Summe dieser Berechnungen selbst – die Welt – um 1970 als *ein* Interventionsraum erschien. Nur wenige Jahre später erwies sich die »Eine Welt«, von der nun gerne die Rede war, aber als janusköpfig. Denn die Ressourcenkreisläufe, die die Spezies Mensch am Leben hielten, waren geschlossen, aber eben auch einmalig. Weil aber zur selben Zeit klar wurde, dass die am europäischen industriellen Vorbild orientierten globalen Entwicklungsstrategien sich nicht lückenlos verpflanzen ließen, stellten sich ganz neue, moralische Fragen, Fragen nach Verteilungerechtigkeit. Das aber lässt sich nicht erklären, solange die »zu entwickelnden« Länder nicht auch in ihrer Akteursrolle ernst genommen werden.

Von der blockfreien Bewegung zur »Dritten Welt«

Die Art, in der globale Entwicklungsunterschiede diagnostiziert wurden, war und blieb lange asymmetrisch. Dabei kann kaum überschätzt werden, wie sehr sich die internationalen Beziehungen bis Anfang der 1960er durch die Verdopplung der Mitgliederstaaten der UNO veränderten. Dies verschob in der Generalversammlung die Mehrheitsverhältnisse zugunsten des »globalen Südens«.[36] Das sollte aber nicht darüber hinwegtäuschen, dass der mächtige Sicherheitsrat von wenigen Staaten dominiert war, und dass Beschlüsse der Vollversammlung nie Rechtsverbindlichkeit annahmen. Dennoch setzte schon die Erwartung, die »neuen Staaten« könnten sich zusammenschließen, eine realpolitische Kraft frei. Das begann mit der ersten afroasiatischen Konferenz im indonesischen Bandung im April 1955. Hier konsolidierte sich das Länderbündel, das 1961 auf Initiative des indischen Premierministers Jawaharlal Nehru und des jugoslawischen Präsidenten Josip Broz Tito die Bewegung der blockfreien Staaten gründete. Zwar blieben deren Netzwerke lose und ihr Einfluss ging über den Rahmen von Konsultativplattform wie der 1964 gebildeten Gruppe der 77 (G 77) nicht wirklich hinaus.[37] Und doch schien der Zusammenschluss den Zeitgenossen so bemerkenswert, dass sie eine neue Weltunterteilungssemantik dafür prägten, an der wir bis heute festhalten, obwohl sie ganz offensichtlich dem Kalten Krieg entsprang. Allerdings: Der Erfolg der »Dritten Welt« hat damit zu tun, dass sie dessen binäre politische Geografie aufsprengte, und dies auf mehrdeutige Weise. Als Alfred Sauvy den Begriff 1952 in einem Aufsatz mit dem Titel »Trois mondes, une planète« einführte, meinte er damit zwar durchaus jene Länder, die sich (noch) nicht zwischen der kapitalistischen »Ersten« und der kommunistischen »Zweiten Welt« entschieden hatten. Aber die Formulierung des Historikers und Demografen erinnerte im Französischen auch an den Dritten Stand der Französischen Revolution. Das versetzte die entsprechenden Länder in die Rolle des revolutionären Subjekts, was auch die Karriere der »Dritten Welt« innerhalb linker Solidaritätsbewegungen erklärt.[38] Um 1970 begann dann aber die als

36 Muschik, *Building States*.

37 Dinkel, *Bewegung*.

38 Kalter, *Entdeckung*.

»Nord-Süd-Konflikt« bezeichnete Unterteilung der Welt die klare Trennung zwischen »Ost« und »West« zu überlagern.[39] Nicht mehr nur ein Nebeneinander quasigeografischer Weltbereiche geriet so in den Blick, sondern ein komplexes Geflecht von Beziehungen zwischen Regionen, Staaten und zunehmend auch nichtstaatlichen Akteuren, das stark vermachtet und vor allem: historischer Natur war. Auch deshalb kamen bald Zweifel auf, ob die »unterentwickelte« überhaupt zur »entwickelten Welt« aufschließen konnte, die sich immer mehr zu einer fundamentalen Vertrauenskrise ins westliche Fortschrittsmodell aufsummierten.

In or out?

Nur fünf Jahre lagen zwischen der utopischen Partystimmung in den Abbey Road Studios und dem Jahr des sogenannten Ölpreisschocks 1972, der den Beginn einer Phase markiert, in der von der Zuversicht auf eine »bessere Welt« kaum mehr etwas übrig war. Die Fallhöhe des Planungsdenkens machte den Absturz umso schmerzhafter. Dies erklärt zum Teil, warum Anfang der 1980er Jahre überall in der westlichen Welt die Bereitschaft so groß war, stattdessen die »unsichtbare Hand« des wiederentdeckten Weltmarkts walten zu lassen, die für die neueste Globalisierungsgeschichte so zentral ist. Das in »Our world« besungene heroische Zeitalter der Mondreisen – *das* Signum der Machbarkeitsgewissheit dieser Phase – war jedenfalls schon am 19. Dezember 1972 mit dem Ende der der Apollo-17-Mission wieder vorbei. Zwar hatten die Astronauten zuvor eine Plakette auf dem Erdtrabanten installiert, die vom Weg abgekommenen Außerirdischen versicherte, es sei lediglich eine erste Serie von Monderkundungen zum Ende gekom-

39 Kunkel, »Nord-Süd-Konflikt«.

men. Faktisch ist diese Mondreise aber bis heute ohne Wiederholung geblieben. Die Expo '67 hatte man nur infolge einer erheblichen Verdrängungsleistung als eine Art Menschheitsforum inszenieren können. Zu präsent blieb die Konkurrenz der Blöcke auf dem Ausstellungsgelände. Als Menetekel einer viel disruptiveren Globalitätswahrnehmung kann man auch deuten, dass es auf der Weltausstellung zu Störungen durch Vietnamkriegsgegner gekommen war. Für John Lennon konnte die Losung bald ohnehin nicht mehr »All You Need Is Love« lauten. Auch wenn der Beatle mit der neuen Linken fremdelte, war er sich nicht sicher, ob er nicht doch Teil jener globalen Revolution sein wollte, die sich gegen den amerikanischen Imperialismus richtete. Seine Meinung zur »Revolution« fiel zumindest in einer der beiden Versionen des 1968 veröffentlichten gleichnamigen Songs ambivalent aus: »If you talk about destruction, don't you know that you can count me out – in« sang Lennon in Reaktion auf die Unruhen in Paris. Sein Bandkollege George Harrison blieb den Ideen von 1967 länger verpflichtet: 1971 initiierte er zusammen mit Ravi Shankar in New York das Konzert für Bangladesch. Das Ziel war, Hilfsmittel für Menschen einzuwerben, die vor dem Krieg zwischen Ost- und Westpakistan flohen, eine direkte Folge der Dekolonisierung. Solche Versuche von Musikmillionären, humanitäre Missstände in einer globalisierten Welt unter Umgehung der Politik zu bekämpfen, zogen bald Paternalismusvorwürfe auf sich. Heute sehen wir sie als Ausdruck eines »weißen Helfersyndroms« voller innerer Widersprüche.

6 Only One Earth: Die langen 1970er Jahre

Eine neue Welt

Im Mai 1973 wurde ein neues Weltbild enthüllt. Nur einen Steinwurf vom Bonner Regierungsviertel entfernt, im Hotel am Tulpenfeld, stellte der deutsche Publizist und Historiker Arno Peters der Öffentlichkeit eine Weltkarte vor (siehe die Abbildung in der hinteren Buchklappe). Die versammelten internationalen Pressevertreter erblickten eine herausfordernde Erddarstellung. Europa und Nordamerika, aber auch die Sowjetunion waren an den oberen Rand der Karte gedrängt, die Polarregionen verflacht und gestaucht, Südamerika und Afrika hingegen in die Länge gestreckt und deshalb dominanter als gewohnt. Die Karte überwinde, so Peters, den historischen *Bias* der bisherigen Weltkarten, die allesamt Varianten der Karte des in der Einleitung erwähnten Gerardus Mercator seien. Diese im 16. Jahrhundert entstandene Navigationskarte präge der Öffentlichkeit noch immer ein »falsches Bild von der Erde ein«. Und zwar aufgrund ihres Kartenprojektionstyps, der die Form der Kontinente korrekt wiedergebe, aber die Größenverhältnisse zwischen ihnen völlig verzerre. Das, so wiederholten es in den nächsten Tagen zahlreiche Zeitungsartikel und die *Tagesschau*, entsprach einem überholten, vom Weltbild des Kolonialismus geprägten Überlegenheitsgefühl des »Abendlandes«. Und hier schuf die neue Karte Abhilfe, weil sie flächentreu war: Jeder Quadratmeter auf dem Globus entspreche im Flächenverhältnis jedem Quadratmeter auf seiner Karte, so Peters. So könne diese »unser geographisches Weltbild« richtigstellen, gar nach über 400 Jahren das Ende der »Epoche der Europäisierung der Erde« einläuten. Zwar wiesen professionelle Kartografen rasch darauf hin, dass die Sache doch etwas komplizierter war. Schon das ausgehende 19. Jahrhundert hatte eine Vielzahl von Mercator-Alternativen hervorgebracht. Peters aber gab sich konsequent als Begründer einer »neuen Kartografie«, die sich lossage von ihrer Komplizenschaft mit den europäischen Welteroberern. Es sei nicht mehr hinzunehmen, dass afrikanische oder südamerikanische Politiker, wie im Großen Sitzungsaal des Auswärtigen Amts der Fall, Verträge vor dem Hintergrund von Weltkarten unterzeichneten, die »Ausdruck [...] der Epoche der kolonialen Ausbeutung der Erde durch eine Minderheit gutbewaffneter, technisch überlegener, rücksichtsloser weißer Herrenvölker« waren.[1]

So kurios Peters' Karte anmutet: Seine Agenda scheint ebenso klar wie sympathisch. Es ging ihm darum, Aufmerksamkeit auf die »Dritte Welt« zu lenken, insbesondere auf das äquatoriale Afrika, das geradezu im Zentrum seiner Karte stand. Denn auf diesem Wege konnte man der Forderung dieser Weltgegenden nach Teilhabe auf der politischen Weltbühne Nachdruck verleihen. Die visuelle Korrektur der Größenverhältnisse zwischen privilegierten und marginalisierten Erdteilen, sie war Teil des Ringens Letzterer um mehr Rechte, korrespondierte aber auch mit der gewachsenen Bedeutung von Institutionen, die sich die Verbesserung der globalen Verhältnisse auf die Fahnen geschrieben hatten. Nicht nur die Teilnehmer der Bonner Pressekonferenz übernahmen weitgehend kritiklos die Argumente Peters'; seine Karte wurde auch von den PR-Abteilungen humanitärer, oft christlicher, teils internationaler NGOs adaptiert und tauchte überdies in den Pressematerialien des UN-Entwicklungsprogramms (UNDP) und des erwähnten Allgemeinen Zoll- und Handelsabkom-

1 Peters, Überwindung, S. 5 f., 9.

mens GATT auf. Auch die Ministerinnen für Wirtschaftliche Zusammenarbeit Egon Bahr, Marie Schlei und Rainer Offergeld ließen sich vor der Peters-Karte ablichten, bevorzugt im Beisein nichteuropäischer Politiker. Bis Mitte der 1990er Jahre verkaufte sich die Karte weltweit mehrere Millionen Mal.[2] Peters hatte einen Nerv getroffen. Die Peters-Projektion, wie sie auch genannt wurde, erschien mit perfektem Timing, um ein neues globalistisches Ethos zu bebildern. Sie hätte sich aber kaum so weit verbreitet ohne die in den linksgerichteten politischen Milieus des »Nordens« immer stärker widerhallenden Rufe des »Südens« nach faireren Verhältnissen in einer enger zusammenwachsenden, aber auch in materieller Hinsicht begrenzten »Einen Welt«. Umso bezeichnender ist, dass Arno Peters letztlich welt*historisch* argumentierte, sich mithilfe seiner Karte also auf die Sünden einer globalen Vergangenheit hinweisen ließ. Das nämlich ist der zentrale Aspekt des Globalismus der 1970er und 1980er Jahre: Globale Missstände und Verhältnisse ökonomischer und vermehrt auch ökologischer Art wurden nicht nur als komplex verschränkt wahrgenommen, sie wurden verstärkt in ihrem Gewordensein thematisiert und skandalisiert. Das war neu.

Das Ende eines Goldenen Zeitalters?

Die 1970er Jahre waren für die Industriegesellschaften Europas und Nordamerikas eine Umbruchzeit. Vom »Beginn der Gegenwart« ist bisweilen die Rede. Wichtiger als die Frage, ob nun 1977 oder 1979 die »Welt von heute begann«,[3] ist das diesem Umbruch entspringende Globalitätsbewusstsein, das aus Sicht mancher Historiker einem »Shock of the Global« gleich-

2 Zum Vorstehenden Kuchenbuch, *Welt-Bildner*, bes. Kap. 7.3.
3 Siehe nur Bösch, *Zeitenwende*; Sarasin, *1977*.

kam.[4] Tatsächlich gehört die Beschäftigung mit globaler »Interdependenz« zu den Faktoren, die just jene Regionen, die schon die treibenden Kräfte der ersten Globalisierung des 19. Jahrhunderts gewesen waren, Maßnahmen ergreifen ließen, die das herbeiführten, was wir bis heute als zweite Globalisierung erfahren. Der jüngste Globalisierungsschub begann also nicht erst mit dem Untergang des Staatssozialismus 1989/90, sondern hatte seinen Ausgangspunkt in Krisen, die rund ein Jahrzehnt früher unübersehbar geworden waren. Der Rückgang des Wirtschaftswachstums, der das Goldene Zeitalter der Wirtschaftswunderjahre in eigentlich allen westlichen Ländern ab 1970 beendete, musste umso gravierender erscheinen, als zuvor die Wachstumsziele Jahr für Jahr übertroffen worden waren. Konjunktureinbrüche, Nullwachstum und nachgelagerte Phänomene wie Haushaltsdefizite und hohe Arbeitslosigkeit wurden aber auch deshalb als umstürzend erlebt, weil sie im Zusammenhang mit den rasanten kulturell-gesellschaftlichen Umwälzungen der jüngeren Vergangenheit gesehen wurden: Individualisierungsprozessen, sich verändernden Geschlechterverhältnissen, der sozialen Entfremdung in den hoch technisierten Gesellschaften und auch der scheinbar abnehmenden Leistungsbereitschaft der Jugend. Diese Phänomene – die die auf dem Gipfel ihres Einflusses stehenden Soziologen in der Bundesrepublik als »Wertewandel«, in den USA als »stille Revolution« bezeichneten[5] – wirkten so beunruhigend, weil sie die Interpretation nährten, dass die glorreichen Jahrzehnte nicht nur vorbei, sondern dass sie auch nicht wiederholbar waren. Der Nachkriegsboom hatte in einer Art Ironie des Schicksals die aktuellen Probleme selbst verursacht. Das galt für die Liberalisierung der Lebensstile ebenso wie für die dringlicher werdende Umweltthematik. Jenseits der Wahr-

4 Fergusson u. a. (Hg.), *Shock of the Global.*

5 Graf/Priemel, »Sozialwissenschaften«.

nehmungsebene hatte der Erwartungsüberschuss der so optimistischen 1960er Jahre aber auch zu handfesten Problemen mit den Staatsfinanzen geführt: Die jüngst expandierten Wohlfahrtsstaaten standen vor umso größeren Belastungen, als das Steueraufkommen infolge des Konjunktureinbruchs zurückging.

Zum diesem Einbruch gehörte ein Phänomen, das im keynesianischen *rulebook* dieser Zeit nicht vorkam: Stagflation. Die Wirtschaftsberater wussten keine Antwort auf das doppelte Problem rasanter Geldentwertung bei sinkendem Wachstum. Das wog umso schwerer, als es sich für die Bevölkerung in steigenden Lebensmittelpreisen und der Rückkehr der Arbeitslosigkeit bemerkbar machte. Im Westen Deutschlands zog das mit dem Anwerbestopp ausländischer »Gastarbeiter« 1973 zum ersten Mal seit dem Zweiten Weltkrieg eine aktive Deglobalisierungsanstrengung nach sich. Auch anderswo verschafften sich immigrationsfeindliche Stimmungsmacher Gehör, so im besonders krisengeschüttelten Vereinigten Königreich. Enoch Powells »Ströme-von-Blut«-Rede hallt dort bis heute nach. Strukturell mündete die Wirtschaftskrise in Verbindung mit dem Umbau zur Dienstleistungsgesellschaft in einer Deindustrialisierung von Regionen wie den Midlands oder dem Ruhrgebiet, in denen der euphemistisch bezeichnete »Strukturwandel« noch immer nicht abgeschlossen ist.

Die Stagflation war aber nicht nur länderübergreifend spürbar, sondern wurde auch auf die globale vernetzte Wirtschaft zurückgeführt. Nun hat Lutz Raphael gezeigt, dass der Rückgang der industriellen Arbeitsplätze in Europa zwischen 1975 und der Jahrtausendwende regional und branchenspezifisch ziemlich unterschiedlich ausfiel.[6] Das änderte aber nichts daran, dass der »Abschied vom Malocher« als einer So-

6 Raphael, *Kohle und Stahl*.

zialfigur, die den politischen Diskurs lange dominiert hatte, überall in Europa das viel zitierte Ende der Volksparteien mitprägte. Und das ist ein Faktor des Aufstiegs populistischer Parteien, die die »arbeitende Bevölkerung« heute gegen »heimatlose Globalisten« stellen. Zweifellos war der Prozess der Deindustrialisierung *auch* Folge des sich verschärfenden globalen Wettbewerbsfaktors, wie Raphael das zurückhaltend nennt. Aber das sollte nicht dazu verleiten, den (neo)liberalen Wind, der am Ende der Umbruchphase sozialpolitisch zu wehen begann, als natürliche Reaktion auf eine verschärfte Lohnkonkurrenz zu deuten. Es verhielt sich teils umgekehrt – und hier ist an die theoretische Prämisse zu erinnern, dass es sich bei Globalisierung oft um aktive Reaktionen auf historische Globalitätserfahrungen handelt, die freilich nicht intendierte Folgen haben können.

Zwei »Globalitätsschocks«: Die Implosion von Bretton Woods …

Unter den krisenhaften Entwicklungen der Weltwirtschaft, die mit der Rezession in Verbindung standen, ist zuvörderst die Implosion des Bretton-Woods-Systems zu nennen. Die Nachkriegstrias aus Weltbank, Internationalem Währungsfonds (IWF) und einem modifizierten Dollar-Goldstandard hatte – kombiniert mit dem ordnungspolitischen Rahmen, den die USA setzten – lange für ökonomische Stabilität gesorgt.[7] Nun aber ließen ein ausgeprägtes Außenhandelsdefizit angesichts der Produktivitätszuwächse in Europa und Japan, aber auch die Kosten des Vietnamkriegs die USA ökonomisch straucheln, derweil die Investorendollars abflossen, weil sie auf dem europäischen »Eurodollar«-Markt nicht denselben Mindestreserve-

7 Zum Folgenden Plumpe, *Das kalte Herz*, bes. S. 467–484; Zeiler, »Türen«, S. 266–271.

standards unterlagen, die Banken hier also anlegerfreundlichere Zinsen anboten. Als die US-Notenbank am Ende einer kaum anders denn als Durchwurschteln zu beschreibenden Phase wirtschaftspolitischer Experimente mit der Ausweitung der Geldmenge begann, also inflationären Druck erzeugte, brach das Weltwährungssystem zusammen. Ab 1971 wurde die Gold-Konvertierbarkeit aufgegeben, immer mehr Zentralbanken gingen zum *floating* ihrer Währungen über, 1973 war die Entwicklung in Richtung der freien, also schwankenden Wechselkurse, wie wir sie heute kennen, abgeschlossen.

Tatsächlich verbesserte der sogenannte Nixon-Schock in den USA die konjunkturelle Lage. Zugleich ordnete er die globale Wirtschaft neu, und dies nicht allein dadurch, dass neue Anreize für die Währungsspekulation entstanden. Das Ende des Bretton-Woods-Systems trug zur Globalisierung im engeren Wortverständnis auch insofern bei, als vom *floating* ebenjene multinationalen Unternehmen profitierten, die, wie schon angedeutet, bereits transnational aufgestellt waren und sich nun zu den Konzernen der Gegenwart entwickelten, die ganze Produktionsnetze organisieren und rasch verlagern können. Mittelfristig veränderten sich aber auch Selbstverständnis und Arbeitsweise von Institutionen wie dem IWF. Die Währungskontrolle verlor an Bedeutung, und man kompensierte das durch einen handelspolitischen Interventionismus. Ähnliches galt für die Weltbank, die sich von ihrer in den 1960er Jahren angenommenen Rolle als Entwicklungsagentur abkehrte und dem Rückbau von Staatsfunktionen in den unterstützten Ländern zuwandte.

… und die Ölpreiskrisen

Schärfte schon die Kettenreaktion im globalen Währungssystem die Sensibilität für globale systemische Zusammenhänge, so galt das erst recht für die Ölpreiskrisen der 1970er Jahre.[8] Eine der zentralen Voraussetzungen für die Erholung des Weltgüterhandels nach 1945 war die Umstellung von Kohle auf Mineralöl gewesen. Öl trieb die Konsumgesellschaften des Nordens an: als Basis neuer Kunststoffe, aber auch im wörtlichen Sinn als Antriebsmittel für Containerschiffe, Frachtflugzeuge und Lkws. Damit ging – zumal in den USA, die bereits 1948 zum Nettoeinfuhrland von Rohöl geworden waren – zwangsläufig eine Sorge um die Sicherung des strategisch zentralen Rohstoffes einher, die sich bald als begründet erwies. 1960 hatte sich die Organisation erdölexportierender Länder gegründet, ein Erzeugerkartell, das die beteiligten Staaten nach einer (Teil-)Verstaatlichung ihrer Ölproduktion dem langjährigen, kolonial geprägten Oligopol amerikanisch und britisch dominierter Ölkonzerne entgegensetzten. Ein gutes Jahrzehnt später kam die Mineralölabhängigkeit des kapitalistischen Nordens erstmals als politische Waffe zum Einsatz. Eine Reihe arabischer Staaten reagierte auf den Jom-Kippur-Krieg 1973 zwischen dem westlich gestützten Israel und seinen Nachbarn, indem sie ihre Fördermengen drosselte und damit die Preise pro Barrel Rohöl massiv erhöhte. Das schlug sich unmittelbar in den Verbraucherpreisen in Westeuropa und Nordamerika nieder. Der medial intensiv diskutierte Ölpreisschock war zwar für Energieexperten und -politiker keiner.[9] Das änderte aber nichts daran, dass die Krise zur weiterten Dämpfung des globalen Wirtschaftsklimas beitrug und den Rezessionstrend in der »Ersten Welt« verstärkte, mehr als im von russischem Öl abhängigen Ostblock.

Die Lage im Nahen Osten hatte also unverkennbar schmerzhafte Vermögenstransfers aus dem Norden zur Folge. Sie führte zu Fabrikschließungen im Mittleren Westen der USA,

8 Siehe ebd., S. 274–280.

9 Graf, *Öl und Souveränität.*

machte sich in den viel fotografierten endlosen Schlangen vor Tankstellen oder in den Nordseefangflotten bemerkbar, die in den Häfen dümpelten. Für Bundesbürgerinnen oder Britinnen konnte wenig Zweifel daran bestehen, dass ihr Alltag in globale Liefernetze verstrickt war. Der Politik verschaffte dies Mandate, Maßnahmen zur Reduktion des Primärenergieverbrauchs zu beschließen, darunter die berühmten autofreien Sonntage des Winters 1973 und die Wiedereinführung der Sommerzeit in Europa ab 1975. Vier Jahre später wiederholte sich das Ganze infolge der iranischen Revolution; 1982 kam es in Teilen Europas sogar zum »Negativwachstum«. Die Öl-Allianz brach zwar bald zusammen, wozu die Rentabilität der Offshore-Förderung und der Umstieg vieler Industrieländer auf die Kernenergie beitrugen. Entscheidend ist aber, dass die Ölpreiskrise nicht nur im besonders betroffenen Westen, sondern weltweit eine Zeitlang den Eindruck hinterließ, der »Süden« – der nun überhaupt erst als geopolitischer Akteur in Erscheinung trat – könne die Verknappung von Ressourcen als Druckmittel einsetzen. Das befeuerte das Interesse an Welt-Zusammenhängen, was zur Folge hatte, dass sich die Ende der 1960er Jahre entstandene »globo-planetarische« Perspektive auf den Themenkomplex Energie/Umwelt/Weltbevölkerung auch gesamtgesellschaftlich etablierte. Unter den Politikerinnen der »Dritten Welt« kamen derweil Hoffnungen auf, Forderungen nach einer gerechteren Weltwirtschaft durchsetzen zu können.

Das Scheitern des »Developmentalism«

Anfang der 1970er Jahre war nicht mehr zu übersehen, dass die auf Industrialisierung im nationalen Rahmen konzentrierte Entwicklungspolitik nicht verfing. Anders als zu Beginn der UN-Entwicklungsdekade angenommen und in den skizzierten Modernisierungstheorien der sozialwissenschaftlichen Experten vorgesehen, hatte sich die Lage in vielen »jungen Staaten« nicht verbessert, was auch die UN im 1969 publizierten Pearson-Bericht nicht verhehlten. Im Gegenteil litten viele Entwicklungsländer an gewaltsamen politischen Konflikten und akuten Hungerkrisen. Auch die Versuche, das Wachstum ihrer Bevölkerungen einzuschränken, weil es etwaige Produktivitätssteigerungen infolge einer rationalisierten Agrarwirtschaft konterkarieren konnte, brachten nicht die erwünschen Erfolge. Die Prämisse des Entwicklungsdenkens, dass es eines zwar von außen angestoßenen, aber letztlich innergesellschaftlichen Modernisierungsprogramms bedurfte, um ein selbst tragendes Wachstum anzuregen, büßte an Überzeugungskraft ein. Der offenkundige Zynismus des »imperialistischen« Gebarens der USA in Lateinamerika und in Vietnam, das nicht nur die Sowjetpropaganda konstatierte, tat das Seine, ebenso wie die Beobachtung, dass es sich bei finanziellen Transfers zwischen den »Welten« nicht selten um *tied aid* handelte, die an politische Konformität geknüpft war.

Innerhalb internationaler Organisationen, aber auch in der entwicklungsökonomischen Fachdiskussion verlagerte sich die Aufmerksamkeit auf die Analyse von exogenen, außerhalb der »unterentwickelten« Gesellschaften liegenden Faktoren.[10] Das sensibilisierte erstens für den negativen Einfluss nichtstaatlicher ökonomischer Akteure wie Konzerne, die von der Extraktion von Rohmaterialen aus dem »Süden« profitierten, ohne dass dies dort mit Wachstumsstimuli verbunden war. Zweitens machte es empfänglich für den strukturellen Charakter und, damit verbunden: für die langfristigen Ursachen globaler Asymmetrien. Immer mehr Menschen schienen die globalen Unwuchten nicht mehr als zwar bedauerliches, aber

10 Zum Folgenden wiederum Zeiler, »Türen«, S. 242–249, 282–290.

unvermeidliches Resultat einer Durchgangsphase, in der etwa letzte Reste feudaler Verhältnisse getilgt wurden. Vielmehr erkannten sie in ihnen das Resultat von weit in die Geschichte zurückreichenden Abhängigkeiten. Damit fiel der Blick auf jene globale »Arbeitsteilung« zwischen rohstoffexportierenden und -verarbeitenden Weltregionen, die sich schon im 19. Jahrhundert herausgebildet hatte.

Dependencia-Theorien

Um 1970 wurde also immer deutlicher, dass die Misere der »Dritten Welt« auf ökonomische Strukturen zurückzuführen war, die wenig Ähnlichkeit mit dem Ideal eines freien oder gar fairen Handels aufwiesen. Tatsächlich waren die *terms of trade* der Weltwirtschaft bereits in den späten 1950er Jahren kritisiert worden. Die lateinamerikanischen Länder hatten sogar schon 1947 im Rahmen der (gescheiterten) Verhandlungen über eine Internationale Wirtschaftsorganisation (ITO) Spielräume für Protektionismus gefordert.[11] Und auf der Bandung-Konferenz, *der* Urszene der Süd-Süd-Kooperation, war 1955 nicht nur der rassistische »Colour Curtain« in der internationalen Politik angeprangert, sondern auch ein stärkeres Engagement von UN und Weltbank für die wirtschaftliche Stabilisierung des »Südens« angemahnt worden.[12] Schwung kam aber erst ein Jahrzehnt später rein. Dabei spielten die Dependenz- oder »Dependencia«-Theorien (wie sie auch deutsche Zeitgenossinnen nannten, um auf ihre lateinamerikanische Herkunft hinzuweisen) eine zentrale Rolle. Bereits 1949 hatte der aus Nazideutschland ausgewanderte UN-Ökonom Hans Wolfgang Singer die Hypothese aufgestellt, die Unterteilung der Weltwirtschaft in zwei sehr unterschiedliche Wirtschafts-

11 Ebd., S. 196.
12 Ebd., S. 239.

räume werde sich verfestigen, weil sich die internationalen Handelsbedingungen für die rohstoffproduzierenden Länder des »Südens« weiter verschlechtern. Denn die dort wachsende Nachfrage nach hoch spezialisierten industriellen Sekundärgütern benachteilige die Produzenten von Primärgütern. Das sah Singers argentinischer Kollege Raúl Prebisch genauso, der die These in seiner Rolle als Generalsekretär der Konferenz der Vereinten Nationen für Handel und Entwicklung (UNCTAD) ab 1964 aber mit weit größerer Resonanz vertrat.

Die Handlungsempfehlungen, die aus dieser Beobachtung des systemischen Charakters der globalen Asymmetrien folgten, waren vielfältig. Half für einige Dependenztheoretiker nur die Weltrevolution, setzten andere auf eine gezielte nationale Auskopplung aus den globalen Handelsstrukturen und erneuerten zugleich Forderungen nach einem gezielteren Technologietransfer aus dem »Norden«. Wieder andere setzten auf regionale Integration innerhalb des »Südens«. Weitgehend einig war man sich, dass man dem rücksichtslosen Agieren multinationaler Konzerne Einhalt gebieten, das heißt die Zugriffsrechte von Regierungen auf die »eigenen« Rohstoffe stärken musste. Das konnte nur durch supranationale Regulierung gelingen, was auch für die von Prebisch ins Spiel gebrachten Präferenzsysteme galt, also global koordinierte Zollsenkungen bzw. Preisfixierungen für Produkte aus den »Tropen«. Zugleich machten die Südländer auf die Inkonsequenz der angeblich liberalen Handelspolitik des Westens aufmerksam, etwa auf EWG-Zölle auf Warenimporte aus afrikanischen Staaten. Letztlich lassen sich die Forderungen der Länder »des Südens« nach dem Motto »Trade not aid« also auch als Kritik an der seitens des Nordens *unterlassenen* Globalisierung interpretieren.

Neue Weltwirtschaftsordnung und Gipfelpolitik

Das, was immer häufiger als Nord-Süd-Konflikt apostrophiert wurde, kulminierte 1974 in der UN-Erklärung über die Errichtung einer neuen internationalen Wirtschaftsordnung (NIEO).[13] Die ein Jahr später anberaumte Pariser Nord-Süd-Konferenz und ihre Nachfolgerin in Nairobi 1976 führten indes nicht weit. So wurde das »integrierte Rohstoffprogramm« der NIEO, mit dem für 18 Exportprodukte angemessenere Erzeugerpreise erreicht werden sollten, nie ratifiziert. Zwar versprach das 1975 abgeschlossene Lomé-Abkommen zwischen den EG-Staaten und 77 Entwicklungsländern gewisse Zugangserleichterungen zu europäischen Märkten. In der Praxis wurden Absprachen – auch solche über den Rückbau westlicher Agrarsubventionen – aber kaum eingehalten. Auch die USA nahmen sich vom ökonomischen Wettbewerb immer wieder selbst aus, indem sie zum Beispiel ihre Textilindustrie gegen den Weltmarkt abschotteten.[14]

Von einem Nord-Süd-Gespräch auf Augenhöhe konnte also nicht die Rede sein, geschweige denn von einem Konflikt zwischen klar definierten Opponenten.[15] »Der Süden« war heterogener als wahrgenommen, wie sich spätestens zeigte, als die »Schwellenländer« und vor allem die »Tigerstaaten« Ostasiens ökonomisch reüssierten, also Südkorea, Taiwan und das als Finanzmarktplatz erfolgreiche Singapur in den 1980er Jahren in die Liga der Global Player aufstiegen. Es handelte sich ironischerweise um Länder, die zuvor mit Erfolg Importsubstitution betrieben, also die eigenen »jungen« Industrien durch Protektionismus vor dem Weltmarkt geschützt hatten.

13 Ebd., S. 286–288, und die Beiträge in Dinkel/Fiebrig/Reichherzer (Hg.), *Nord/Süd*.

14 Zeiler, »Türen«, S. 289.

15 Graf, »Konflikt«.

Nun trieben sie die Umsetzung von Freihandelsprinzipien voran. Manche Länder der »Dritten Welt« strauchelten zu diesem Zeitpunkt gerade infolge der Ölpreisverteuerung. Energiekosten ruinierten die Haushalte Guatemalas und El Salvadors und zwangen sie, Kredite aufzunehmen. Eine Schuldenspirale entstand, aus der viele Staaten jahrzehntelang nicht mehr hinausfanden.

Dennoch wurde das Erpressungspotenzial des »Südens« zur Folie, vor der in der westlichen Spitzenpolitik intensiv über die Weltordnung nachgedacht wurde. Letztlich erwies die NIEO vielen Entwicklungsländern einen Bärendienst. Denn sie bot Vertreterinnen der Industriestaaten die Gelegenheit, den Vereinten Nationen ihre Legitimität abzusprechen. Laut Glenda Sluga hatte das Auftreten neuer UN-Repräsentanten aus der »Dritten Welt« in den 1960er Jahren bei den arrivierten westlichen Botschaftern zu einem Kulturschock geführt, in dessen Folge sie die »Third World UN« als bloße Bühne für Angriffe des Südens, als »theatre of the absurd« abgetan hätten, wie es der US-Botschafter Moynihan formulierte.[16] Dabei spielte herein, dass der sich »entspannende« Ost-West-Konflikt, allen voran der KSZE-Prozess, neue Kanäle des internationalen Austauschs etablierte. Es brach die große Zeit der Gipfeltreffen mächtiger Politiker und ihrer Sherpas an. Die westlichen Staaten begannen ihre Reaktionen auf die Ölkrise und die Tumulte des Geldsystems untereinander zu koordinieren; die Weichen der Weltwirtschaft wurden verstärkt im Rahmen der Treffen der G5, ab 1975 dann G7 genannten Staaten gestellt. Dabei wurde ein doppeltes Defizit in Kauf genommen: eines der Repräsentativität, bildeten diese Gipfel doch nur einen kleinen Teil der Weltbevölkerung ab, und eines der Legitimität, denn sie waren nicht demokratisch abgesichert. Umso auffälliger

16 Sluga, »Transformation«, S. 225.

ist, dass es sich bei den beteiligten Staaten größtenteils um jene Länder handelte, die auch schon um 1900 vom Welthandel profitiert hatten. Wie sich bald zeigte, waren ihre Entscheiderinnen erneut zu der Überzeugung gelangt, es sei besser, dem Weltmarkt das Feld zu überlassen.

Die Rückkehr der Geschichte

Nun war diese globalisierte Zukunft Anfang der 1970er Jahre so noch nicht erkennbar. Dafür handelt es sich um eine Zeit, in der die Globalität der *Vergangenheit* mehr Aufmerksamkeit bekam als jemals zuvor. Was den Ton der Vertreter des »Südens« so konfrontativ klingen ließ, war ihr Beharren auf der kolonialen Verantwortung, wenn nicht gar Schuld der »Ersten Welt«. Nicht ohne Grund wurde das Agieren der westlichen Unternehmen als »Neokolonialismus« bezeichnet.[17] Die Erlangung politischer Souveränität erwies sich aus Süd-Sicht bestenfalls als der erste Schritt auf dem Weg zu einer wirklichen nationalen Selbstbestimmung, für die die Strukturen des Welthandels erhebliche Hürden bildeten. Der ökonomische Schatten des Kolonialismus wurde aber auch insofern zum Thema, als die Wurzeln der gegenwärtigen »Unterentwicklung« in der Art der Auslandsinvestitionen der ersten Globalisierung ausgemacht wurden. Wie gezeigt, waren diese Investitionen wirklich bevorzugt in periphere Infrastrukturen – in Hafenanlagen, Eisenbahnen, Raffinerien – geflossen, die »extraktiven« Zwecken dienten, also wenig geeignet schienen, eine heimische Industrialisierung zu befördern oder Binnenmärkte entstehen zu lassen. Allerdings, so Friedrich Lenger, hatten die Erklärungsversuche der Dependenztheoretiker wenig über die geschichtliche Rolle der Sozialstrukturen vor Ort zu sagen, etwa über den Einfluss

17 Zu diesem Begriff Hirschhausen/Kreienbaum, »›Neocolonialism‹«.

der Großgrundbesitzer oder die verfügbare Arbeitskraft im Lateinamerika des 19. Jahrhunderts.[18] Das verhinderte nicht, dass Kritik aus dem »Süden« in die politische Publizistik der westlichen Welt hineinschwappte. Es war dieser Kontext, in dem etwa 1972 die deutsche Übersetzung von Eduardo Galeanos Sachbuch *Die offenen Adern Lateinamerikas* erschien, mit dem der uruguayische Journalist einem Massenpublikum nahelegte, der Reichtum der USA und Europas gehe direkt auf die historische Ausbeutung Südamerikas zurück, ganz ähnlich, wie es der guyanische Historiker Walter Rodney in seinem im selben Jahr erschienenen Buch *How Europe Underdeveloped Africa* tat. Im selben Zuge wurde selbst die bereits 1967 erschienene, alles andere als lesefreundliche Studie *Capitalism and Underdevelopment in Latin America* des deutsch-amerikanischen Ökonomen André Gunder Frank zum Verkaufsschlager in linksgerichteten akademischen Kreisen Westeuropas.

Das »globale 68« in Europa

Mitte der 1970er Jahre setzen sich immer mehr Bürger der westlichen Länder mit globalen Asymmetrien und Abhängigkeiten auseinander. Hier spielten umfassende Demokratisierungsprozesse und die ausgeprägte Debattenkultur der Zeit hinein. Dass Galeanos Buch überhaupt in deutscher Übersetzung vorlag oder dass die Romane des in den 1920er Jahren nach Mexiko ausgewanderten kapitalismuskritischen Autors B. Traven wieder aufgelegt wurden, ist Ausdruck eines steigenden Informationsbedürfnisses. In Zeiten, in denen interkontinentale Reisen weiterhin Spitzenmanagern oder technischen Expertinnen vorbehalten waren, bedienten Verlage damit durchaus einen gewissen Exotismus. Vor allem aber re-

18 Lenger, *Preis der Welt*, S. 273–277.

agierten sie auf den Aufstieg der undogmatischen Linken Westeuropas.

Nicht ohne Grund behandeln Historikerinnen die Protestbewegungen der späten 1960er Jahre zuletzt unter dem Rubrum »Global Sixties«. Schon am Anfang des Jahrzehnts war es zu einer Annäherung von Angehörigen des sich vom autoritären Marxismus-Leninismus abgrenzenden linken Spektrums Westeuropas und der USA an die »Dritte Welt« gekommen. Die Medienberichterstattung über den Vietnamkrieg oder die kubanische Revolution begann zivilgesellschaftliche Proteste in der »Ersten Welt« zu überformen. Nun wäre es überzogen zu behaupten, die europäischen Protestbewegungen seit 1967 hätten sich zuvörderst aus der Skandalisierung globaler Unterdrückung gespeist. Aber diese gab sehr unterschiedlichen antibürgerlichen Oppositionsbewegungen (die sich in den USA mit der deutlich stärker transnational vernetzten afroamerikanischen Emanzipationsbewegung verknüpften) neue Legitimität.[19] Zur Geschichte des »globalen 68« gehört neben der Vernetzung von französischen, deutschen und amerikanischen Protestierenden also auch die Tatsache, dass diesen eine Vielzahl lokaler Unruhen zunehmend als Ausdruck einer weltumspannenden revolutionären Dynamik schien. Dies schlug sich in der historisch bemerkenswerten Tatsache nieder, dass Revolutionäre wie Ernesto »Che« Guevara zu Jugendidolen wurden. Wo sich Gymnasiasten in westdeutschen Kleinstädten mit lateinamerikanischen Guerilleros identifizierten, wo man – auch infolge des alarmistischen Tons der »Springer-Presse« – glaubte, durch Proteste an den Universitäten West-Berlins am Tausende Kilometer entfernten Befreiungskämpfen in Südostasien gegen den amerikanischen Imperialismus zu partizipieren, da »kehrt sich eine über Jahrhunderte stabile

19 Siehe Mausbach, »Solidaritätsbewegungen«; Weitbrecht, *Aufbruch*.

Richtung des Exports politischer Ideen« um.[20] Allerdings waren die »Überreichweiten« (Martin Mulsow) ausgeprägt; Fehlwahrnehmungen struktureller Ähnlichkeiten in der Welt führten zu Fehleinschätzungen der eigenen Erfolgsaussichten.

Tatsächlich waren es Akademikerinnen aus dem »Süden«, etwa aus Algerien, gewesen, die im Rahmen von Studienaustauschprogrammen – neben den recht selektiv gelesenen Imperialismustheorien des frühen 20. Jahrhunderts – politische Taktiken nach Westeuropa (re)importierten,[21] deren Einfluss auf die »Köpfe« der westdeutschen APO dem der Lektüre des Kolonialismuskritikers Frantz Fanon oder eben Guevaras kaum nachstand. Dennoch blieb eine eingehende Beschäftigung mit globalen ökonomischen Strukturen lange die Ausnahme. Daran ändert auch nichts, dass ein Rudi Dutschke beim Internationalen Vietnamkongress im Februar 1968 dem »Terrorismus des von den ›giant corporations‹ bestimmten Weltmarktmechanismus« die »Globalisierung der revolutionären Kräfte« entgegenstellte.[22] In der 68er-Bewegung bestand eine Spannung zwischen der abstrakt eschatologischen Wahrnehmung der »Dritten Welt« als revolutionärem Subjekt und tatsächlichen Dialogen mit Aktivistinnen aus dem Süden – zumal auch deren »Worldedness« mit wachsender Repression abnahm, wie das Beispiel der kongolesischen Studentenbewegung zeigt.[23]

Selbstkritik, Solidarität und Hilfe

Zu einer vertieften Beschäftigung linksgerichteter Gruppierungen Westeuropas mit dem »Süden« kam es tatsächlich erst, als sich die Hoffnungen auf einen politischen Umsturz zer-

20 Osterhammel/Petersson, *Geschichte der Globalisierung*, S. 103.

21 Slobodian, *Foreign Front*.

22 Zitiert nach Bach, *Erfindung*, S. 72.

23 Monaville, *Students*.

schlugen. Nun wurde auch die Fortschrittserzählung hinterfragt, in deren Licht man die »Anderen« lange betrachtet hatte. Das war weniger bei den maoistischen, aber letztlich paranoid-selbstbezüglichen K-Gruppen der Fall als im undogmatischen Solidaritätsmilieu der 1970er Jahre. Wenn sich etwa in der Bundesrepublik eine neue Gesprächsbasis zwischen »entwicklungspolitischen Basisgruppen« und Akteuren im Entwicklungshilfeministerium ergab, das unter dem SPD-Minister Erhard Eppler ab 1968 stark expandierte, dann stand dahinter eine geteilte Desillusionierungserfahrung. Was den einen das Abrutschen der radikalen Linken in die Nabelschau (wenn nicht den RAF-Terrorismus) war, war für die anderen die Frustration in den Niederungen der Entwicklungspraxis.[24] Es kann kaum überschätzt werden, wie sehr die individuelle Erfahrung des Scheiterns technischer Hilfe vor Ort überall im »Westen« an der Selbstverständlichkeit von Konzepten wie »Fortschritt«, »Modernisierung« und »Entwicklung« rüttelte. Wenn heutige Historiker von der Prämisse ausgehen, Entwicklungshilfe müsse nahezu zwangsläufig an der Komplexität der Verhältnisse anderswo und am Eigensinn der »Counterparts« vor Ort scheitern – Missverständnisse, Widerstände oder gar Gewalt seien also vorprogrammiert[25] –, dann stehen sie in einer kritischen Tradition, die in die 1970er Jahre zurückreicht.

Keine Skizze der internationalistischen Solidaritätsmilieus nach 1968 wäre komplett, wenn sie nicht die christlichen Gemeinden und die gerade in den protestantischen Ländern Nordwesteuropas ausgeprägte Figur der »Liebe zum fernsten Nächsten« erwähnte. Auch die Amtskirchen Europas und Nordamerikas sahen sich ab Mitte der 1960er Jahre mit Anwürfen der »Südkirchen« konfrontiert, das Missionswesen reproduziere die letztlich rassistische Wahrnehmung eines Gefälles

24 Dazu brillant Burton, *Tansania*, bes. Kap. 5.
25 Vgl. Büschel/Speich (Hg.), *Entwicklungswelten*.

zwischen den Gläubigen der »Ersten« und der »Dritten Welt«.[26] Für einzelne Gemeindemitglieder bildete das Eintreten für Letztere zugleich einen Ansatz für einen authentischeren, gelebten Glauben, was sich mit Demutsgesten verband, die in Deutschland durchaus auch als Form der Sühne für die NS-Verbrechen verstanden wurde. Ihr internationales Engagement eröffnete gerade weiblichen Gläubigen aber auch Handlungsspielräume innerhalb ihrer Gemeinden,[27] etwa im Rahmen von Spendenaktionen oder bei der Kontaktpflege mit Partnergemeinden und der globalen ökumenischen Bewegung. Theoretisch inspiriert war das teils durch die lateinamerikanische Befreiungstheologie. Insbesondre Paulo Freires in 18 Sprachen übersetzte *Pädagogik der Unterdrückten* (deutsch 1971) fand in Europa nicht zuletzt deshalb großen Anklang, weil sich der Ansatz des brasilianischen Theologen und Pädagogen, »Bewusstseinsbildung« mit dem Ziel einer Emanzipation von »unten« zu betreiben, auch mit den Überzeugungen der boomenden Erziehungswissenschaft deckte.

Nun war die Praxis der Solidaritätsgruppen vielfältig. Das Spektrum reichte vom Mitaufbau sozialistischer Gesellschaften im Rahmen von internationalen Arbeitsbrigaden, die ihren Höhepunkt im sandinistischen Nicaragua der frühen 1980er Jahre erlebten, über den Einsatz für Dissidenten in Chile nach dem Putsch gegen die Allende-Regierung bis hin zu den Aufklärungskampagnen über die Verstrickung westdeutscher Konzerne in Menschenrechtsverletzungen.[28] Letztere erzeugten mit den gegen die südafrikanische Regierung gerichteten, transnationalen Anti-Apartheid-Boykotten große Resonanz. Als Knotenpunkte fungierten die in vielen westdeutschen oder auch niederländischen Städten aus dem Boden schießenden Dritte-

26 Kunter/Schilling (Hg.), *Globalisierung der Kirchen*.

27 Tripp, *Fromm*.

28 Siehe Bösch, »Solidarität«.

Welt-Häuser. Diese waren als Begegnungsorte, aber auch als Clearingstellen konzipiert, an denen Informationen zu Entwicklungen in einzelnen Südländern oder -regionen zusammengetragen und in Form von Rundschreiben oder *digests* verbreitet wurden. Die Informationsarbeit ist überhaupt bezeichnend für den moralisch motivierten Globalismus dieser Zeit. Sie resultierte aus der Erfahrung vieler Aktivistinnen, dass ans Mitleid appellierende Spendenaufrufe nur kurzzeitig verfingen und an den grundlegenden Ungerechtigkeiten in der Welt auch deshalb wenig änderten, weil sie Klischees wie das der besonders hilfsbedürftigen Afrikaner reproduzierten.[29] Der Fokus aufs Aufklären war zugleich Ausdruck eines gewissen politischen Pragmatismus, der sich auch in der Fokussierung auf den gemeinsamen Nenner der Menschenrechte äußerte.

Dieser verband das internationalistische Milieu Europas mit den humanitären INGO. Auch sie mussten nicht nur prekäre Allianzen mit Geldgebern und Regierungen unterhalten, wollten sie vor Ort tätig sein, sie agierten auch in einem ideologischen Spannungsfeld zwischen Interventionismen auf Basis universeller Bedürfnisdefinitionen und der zunehmenden Infragestellung der paternalistischen Hilfepraxis. Auch deshalb war der »NGO-Moment« zwischen 1974 und 1984 zugleich eine Boomphase »humanitärer Kommunikation« in den Geberländern.[30] Der Erfolg der Peters-Karte etwa erklärt sich erst, wenn man den Kontext der Hilfskampagnen zum Biafrakrieg ab 1967 einbezieht.[31] Anfang der 1970er Jahre begann ein intensives Nachdenken über aktivierende PR-Strategien, das bald in medienethische Debatten über den Voyeurismus des Leidensspektakels überging. Dabei spielte die 1978 von der UNESCO adaptierte Forderung nach einer »Neuen Weltinfor-

29 Kalt, *Tiersmondismus*.
30 O'Sullivan, *NGO Moment*, Kuhnert, *Kommunikation*.
31 Hannig, *Biafra*.

mations- und Kommunikationsordnung« eine wichtige Rolle. Sie reagierte schon auf den Befund, dass nicht zuletzt das Nachrichtenmonopol des »Nordens« einer Mobilisierung der Weltöffentlichkeit für den Abbau der globalen ökonomischen Disparitäten im Weg stand.[32]

Weltsystemisches Denken

In der akademischen Welt Westeuropas war die Resonanz der »Süd«-Kritik an den historischen globalen Asymmetrien beträchtlich. Das legen neuere Forschungen zu Stuart Hall, dem jamaikanisch-britischen Mitbegründer der *Cultural Studies*, nahe und auch Texte seiner Kollegen Eric Hobsbawm und E. P. Thompson.[33] Gerade historisch orientierte Sozialwissenschaftler betonten, wie lange schon die europäischen Wohlstandsgesellschaften ins Elend der »Anderen« verstrickt waren. Das gilt besonders für die Weltsystemanalyse des amerikanischen Soziologen Immanuel Wallerstein, der ab 1974 mit langem Atem und einiger Resonanz darlegte, dass das kapitalistische »moderne Weltsystem« mindestens seit dem 16. Jahrhundert ein historisches Kontinuum bildete und damit verbunden auch der Abfluss des Reichtums aus dem Süden in den Norden.[34] Nun war diese These nicht neu. Der trinidadisch-britische Publizist und Panafrikanist C. L. R. James und mehr noch der Historiker und spätere Premierminister von Trinidad und Tobago, Eric E. Williams, hatten bereits in den 1940er Jahren argumentiert, dass der Aufstieg des modernen Britanniens sich direkt dem Sklavenhandel und der brutalen westindischen Plantagenökonomie verdankte. Aber Wallerstein schwamm mit seinem ausgeprägten Funktionalismus wie ein

32 Homberg, »Nord-Süd-Dialog«.
33 Karayiannides, »Development«.
34 Stellvertretend: Wallerstein, *Historical Capitalism*.

Fisch im Wasser des systemischen Denkens seiner Zeit, das sich auch sprachlich manifestierte.

So gewann neben der »Dritten Welt« und dem »Nord-Süd-Konflikt« die »Transnationalität« als Gegenbegriff zur »Internationalität« an Bedeutung.[35] Vor allem aber die Begriffe »Weltgesellschaft«, »Weltsystem« und »globale Interdependenz« wurden inflationär verwendet. Globalität wurde als Ergebnis wechselseitiger Abhängigkeiten, permanenter Ausbalancierungen, *flows* oder Rückkoppelungsschleifen wahrgenommen. Das Denken in Kreisläufen oder begrenzten, sich selbst erhaltenden Systemen kennzeichnete mittlerweile also nicht nur die Kybernetik und die Biosystemtheorie, sondern auch die Gesellschaftsanalytik. Und das ließ das Globalismuspendel wieder stärker in Richtung Konnektivität oder vielleicht besser: Zirkulation ausschlagen. Von Marshall McLuhans »globalem Dorf« war schon die Rede; es wurde auch deshalb zum geflügelten Wort, weil manche alte Technikprophetie deutlich plausibler schien im Zeitalter der (1969 entwickelten, 1976 in Dienst gestellten) Concorde oder der ersten Computernetzwerke, die in der amerikanischen *counterculture* einen ganz neuen Technikoptimismus nährten. Auch der Bielefelder Systemtheoretiker Niklas Luhmann betrachtete die »Weltgesellschaft« 1972 bereits als Faktum, das aus einem »weltweiten Kommunikationsnetz« nebst wissenschaftlicher Standardisierung und wirtschaftlichen Verflechtungen resultiere.[36] Repräsentativer ist das im selben Jahr erschienene Buch *World Society* aus der Feder des australischen Konfliktforschers John Burton. Denn es untermauerte dieselbe Hypothese mit einer Vielzahl von Visualisierungen globaler Warenzirkulation und infrastruktureller Verbindungen. Schaubilder, Diagramme und Schaltskizzen weltumspannender Systeme erlebten in den 1970er Jahren

35 Deuerlein, *Zeitalter der Interdependenz*, S. 140.

36 Luhmann, »Weltgesellschaft«.

überhaupt eine Renaissance im Kontext einer auf selbstbestimmtes Lernen setzenden Didaktik.

Allerdings rief der Interdependenzbegriff auch selbst Effekte hervor. Auf dem der Politikberatung nahestehenden Feld der Theorien der internationalen Beziehungen kam man an ihm kaum noch vorbei. Der von den mathematischen Kalkülen des Behaviorismus geprägte Globalismus des Kalten Kriegs und der »Realismus« als sein wissenschaftliches Pendant waren um 1970 in Erklärungsnöte gekommen angesichts von Ölkrise, Dekolonisierung und des unbestreitbaren Einflusses nichtstaatlicher Akteure. Die in die Lücke drängende sozialwissenschaftliche Interdependenzanalytik, für die in den USA Forscher wie Joseph Nye, Robert Keohane oder auch Charles P. Kindleberger standen, machte sich auch institutionell bemerkbar, beispielsweise im »1980s Project« des US-Council on Foreign Affairs, das Empfehlungen zur Steuerung einer komplexer gewordenen Welt entwickelte. Globalitätsdiagnosen, die in der Bundesrepublik Rufe nach einer »Weltinnenpolitik« laut werden ließen (so nannte es der Friedensforscher Carl Friedrich von Weizsäcker bereits 1963), schlugen sich in der Außenpolitik Jimmy Carters nieder. Schon zuvor hatte aber auch ein Henry Kissinger die Sachzwänge einer »interdependenten Welt« als Deckmantel zu nutzen versucht, um multilaterale Bündnisse voranzutreiben und so insbesondere die Länder des »Südens« zu spalten. Selbst in der Sowjetunion mehrten sich die Analysen globaler Verflechtungen, die aber nicht offen betrieben werden konnten, weil sie Veränderungen nicht aus Klassenkonflikten und Produktionsverhältnissen heraus erklärten. Neue Denkfabriken – der 1968 gegründete Club of Rome oder die Trilaterale Kommission (1973) etwa, die Führungspersönlichkeiten aus Politik und Wirtschaft der USA, Westeuropas und Japans zusammenbrachte – verkörperten den Bedeutungsverlust der Nationalstaaten, auf den sie zugleich mit Empfehlungen zum »Management« der Interdependenz reagierten. Dabei nahmen sie spätere Globalisierungstheorien insofern vorweg, als sie sich von der »hochmodernen« Vorstellung der Welt als Summe der Interaktionen von Nationalstaaten lösten.[37] Einen Unterschied zur Globalisierungsdiskussion der 1990er und 2000er Jahre bildete jedoch die Zuversicht, mit der um 1970 davon ausgegangen wurde, man werde schon Antworten auf die die komplex ineinandergreifenden wirtschafts-, sicherheits- und umweltpolitischen Zeitfragen finden. Dann aber trugen gerade Letztere zur »Erschöpfung des politischen Lösungsdenkens« bei.[38]

Planetarische Wachstumsgrenzen als moralisches Problem

Gut verdeutlichen lässt sich das an der Rezeption des 1972 lancierten, millionenfach in aller Welt verkauften Club-of-Rome-Berichts *Die Grenzen des Wachstums*. Seine Autorinnen spitzten die bereits skizzierte globo-planetarische Perspektive zu. Für sie drohte der globale Systemkollaps angesichts einer »Weltproblematik«, die sich aus einer Vielzahl einander dynamisierender Prozesse zusammensetze: Sowohl die Wirtschaft als auch die Weltbevölkerung wuchsen rasant, während die Ressourcenausnutzung nicht deutlich effektiver wurde und die Umweltverschmutzung zunahm.[39] Dabei stand für die Autorinnengruppe um die Wissenschaftler Dennis und Donella Meadows außer Frage, dass die globalen Institutionen in der Gegenwart erdbezogen agieren konnten, was hieß: das Wirtschaftswachstum begrenzen. Diese Empfehlung war in den

37 Zum Vorstehenden Deuerlein, *Zeitalter der Interdependenz*, S. 214, 248 sowie allgemein Kap. 1.1.

38 Leendertz, *Staat*, S. 248.

39 Elichirigoity, *Planet*.

frühen 1970er Jahren keineswegs so marginal, wie man denken könnte; tatsächlich verfochten selbst Ökonomen in der OECD, die heute als eine *der* Lobbyorganisationen der Wachstumsideologie wahrgenommen wird, temporär wachstumskritische Positionen.[40] Der Begriff »Lebensqualität« war zu dieser Zeit keineswegs nur in den »postmaterialistischen« Aussteigermilieus europäischer Groß- und Studentenstädte verbreitet.

Allerdings waren es vor allem die Forderungen der an Mitgliederstärke gewinnenden ökologischen Bewegung, für die der Report wie ein Verstärker wirkte. Im Unterschied zu den älteren Umwelt- und Landschaftsschutzvereinen, die bis ins späte 19. Jahrhundert zurückwiesen, ließen zivilgesellschaftliche Mobilisierungspraktiken wie der »Earth Day«, der erstmals 1970 in den USA stattfand, kaum Zweifel daran, dass das Umweltdenken auch außerhalb naturwissenschaftlicher Spezialdisziplinen planetarisch geworden war. Der neue Umweltaktivismus drehte sich nicht mehr nur um den Abfall am Wegesrand oder die Luftverschmutzung in der Nähe von Fabriken, sondern um Ressourcenschätzungen, die Biosphäre und das Weltklima. Nun war die Umweltthematik zu Beginn der 1970er (noch) parteiübergreifend anschlussfähig; in den USA etwa entstanden erste gesamtstaatliche Umweltbehörden und -gesetze in der Amtszeit Richard Nixons. Und doch waren es gerade Umweltschützer, die nun zunehmend Kritik nicht nur an der Industriegesellschaft, sondern auch an ihrer Fortschrittsidee und ihren büro- und expertokratischen Lösungsansätzen übten. In diesem Kontext nun stellte der Club-of-Rome-Bericht die »Weltproblematik« zumindest indirekt als Verteilungsproblem dar. Und wo die globale Umweltproblematik in den Zusammenhang der Diskussionen über Nord-

40 Schmelzer, *Hegemony*, bes. S. 245–266.

Süd-Asymmetrien gestellt wurde, führte das zwangsläufig zu ethischen und historischen Fragen.

Das zeigte sich, als Anfang Juni 1972 in Stockholm die Konferenz der UN über die Umwelt des Menschen begann, eine der ersten umweltpolitischen Großkonferenzen. Obwohl man im Vorfeld von der Entwicklungsökonomin Barbara Ward und dem Bakteriologen und Wissenschaftsfunktionär René Dubos eine Diskussionsgrundlage hatten erarbeiten lassen, die für einen Bericht zur Lage des Planeten bemerkenswert weltgeschichtlich argumentierte (die globalen Umweltprobleme führten die Autorinnen auf eine von Europa und der dortigen industriellen Revolution ausgehende Dynamik zurück, die nun im Begriff war, die eigenen Grundlagen zu zerstören), wurde auf der Konferenz die Rhetorik des »gemeinsamen Interesses« der Menschheit an einem Ende des Raubbaus an der Umwelt als ideologische Position des »Nordens« enttarnt.[41] Prominente Politikerinnen wie Indira Gandhi betonten, dass die ökologischen Versäumnisse der »Ersten Welt« nicht dem Wohlstand der »Dritten« im Weg stehen dürften – ein Argument, das uns in der Forderung nach »Klimagerechtigkeit« bis heute begleitet. Die Industrienationen mochten sich eine gewisse ökologische »Selbstbegrenzung« leisten können (wie es der Gesellschaftskritiker Ivan Illich 1975 nannte). Alle anderen drohten aber um ihr »Recht auf Entwicklung« gebracht zu werden. Zwar konnten sich die Ergebnisse des intensiv medial begleiteten Kongresses trotz des Fernbleibens der Ostblockstaaten sehen lassen, denn es kam etwa zur Gründung des United Nations Environment Programmes. Und doch war nun klar: Das vergangene Wachstum einer Region in der »Einen Welt« begrenzter Ressourcen musste in Rechnung gestellt werden, wenn die Aufholmöglichkeiten der anderen Regionen verhan-

41 Hünemörder, »Umweltkonferenzen«.

delt wurden. Eine international koordinierte Umweltpolitik wurde so nicht wahrscheinlicher.

Ein perfekter Sturm

Ab 1970 wich der Nachkriegsoptimismus in Westeuropa und Nordamerika einem Gefühl der Ernüchterung. Die innergesellschaftliche Polarisierung der Meinungen über den richtigen Weg in die Zukunft nahm zu, und das Scheitern der »westlichen« Entwicklungsbemühungen anderswo verstärkte die Selbstzweifel. Der »Globalitätsschock« der 1970er Jahre – der ebenso sehr ein »Planetaritätsschock« war – förderte zugleich in der undogmatischen Linken die Wahrnehmung, dass Staaten mit ihren Bürokratien nicht nur tendenziell autoritär, sondern auch ungeeignet zur effizienten und gerechten Allokation von Gütern waren. Wie die Historikerin Ariane Leendertz argumentiert, bedurfte es nur noch eines kleinen Schritts, damit sich die allerorts diagnostizierte »Komplexität« globaler gesellschaftlicher Verhältnisse zu Vorstellungen einer »Unregierbarkeit« der Welt steigerten.[42] Wenn aber die Planer und Experten in staatlichen Behörden versagten und noch dazu wenig demokratisch agierten, schuf dies Raum für die Idee, dass womöglich der Weltmarkt die Ressourcen der Erde effizienter verteilen konnte. Es handelt sich um einen bedeutenden ideengeschichtlichen Faktor der Deregulierungs-, Privatisierungs- und Liberalisierungswelle, die ab 1980 allmählich, nach 1989 dann mit großer Wucht die Welt erfasste.

Zugleich setzte der Eindruck einer Handlungskrise der Nationalstaaten im Angesicht globaler Missstände bei vielen Bürgerinnen Europas und der USA eine Suche nach alternativen Möglichkeiten in Gang, der moralischen Forderung nach

42 Leendertz, *Staat.*

einer gerechteren Welt zu entsprechen. Das auf das eigene Stadtquartier bezogene Engagement der Sub- und Gegenkulturen Westeuropas und ihr Fokus auf »warme Gemeinschaften« wird zu Recht auf Enttäuschungen der revolutionären Massenpolitik zurückgeführt.[43] Wenn ihr Tun den Protagonisten und Sympathisanten des alternativen Milieus aber nicht als »richtiges Leben im Falschen« erschien, dann deshalb, weil in der Veränderung des eigenen Lebensstils ein Mittel gesehen wurde, den ökonomischen und ökologischen Missständen in der Welt entgegenzuwirken.

Eine Art globalitäre Moral bildete sich heraus,[44] mit der auch eine neue Art des weltweiten Vergleichens einherging, bei dem die europäische »Modernität« den Kürzeren zog: Nicht wenige Menschen erkannten im indigenen Wissen und in den frugaleren Lebensweisen nichteuropäischer Gesellschaften Alternativen zur ressourcenintensiven und entfremdeten europäischen Existenz, die erkennbar in die Sackgasse führte. Der Entwicklungsökonom E. F. Schumacher etwa pries 1973 in seinem Buch *Small is Beautiful* die buddhistische Wirtschaftsweise, während die ökonomischen Experimente Tansanias unter Julius Nyerere trotz mancher Menschenrechtsverletzung nachgerade romantisiert wurden. Das hatte durchaus Vorläufer in den Kolonialadministrationen der Zwischenkriegszeit, die bisweilen nicht umhinkonnten, ihre Hochachtung gegenüber den Kompetenzen der ortsansässigen Bauern zu äußern, die die moderne europäische Agrar- und Forstwirtschaft alt (und ökologisch anfällig) aussehen ließen.[45] Aber erst in den 1970er Jahren kam es zu einem veritablen Ethno-Boom, der von ernsthafter Forschung zum pazifischen Gabentausch bis hin zu Aufklebern mit »indianischen« Sinnsprüchen reichte.

43 Reichardt, *Authentizität*.
44 Siegfried, *Alternative*.
45 Ross, *Ecology and Power*, S. 334.

Wie am Beispiel der Beatles angedeutet, konnte dies auch im Import ostasiatischer Philosophen und Praktiken wie Meditation und Yoga münden, wobei der Übergang zu neuen, individualisierten Konsumformen fließend war.[46] Das war insofern nicht ohne Spannung, als bald in der Reduktion des persönlichen Ressourcenverbrauchs ein Ansatz gesehen wurde, zumindest ein wenig an den Stellschrauben des Weltsystems zu drehen.

Manchmal überrascht, wie sehr wir noch heute Debatten der 1970er Jahre führen. Allerdings: Die damalige Globalitätsdiskussion war sozial weit weniger umfassend als die heutige. Und ironischerweise kam es im Zeitalter der »Grenzen des Wachstums« im »Westen« zur Ausweitung des alltäglichen Verbrauches globaler Ressourcen.[47] Das exportstarke Deutschland hatte von Beginn an zu den Gewinnern des Welthandels gehört. Das galt erst recht für die Bundesbürgerinnen, die »Globalität« mehr denn je im Modus des Konsums erlebten. Exemplarisch dafür stehen die erschwinglichen japanischen Kameras, mit denen man die ersten Urlaubsreisen in Länder wie Griechenland oder Spanien dokumentierte, wo sich entsprechende touristische Infrastrukturen und wirtschaftliche Abhängigkeiten herausbildeten. Wie widersprüchlich es sein konnte, Globalität zu konsumieren, zeigt sich auch an der westdeutschen Begeisterung für die Gastronomie der sogenannten Gastarbeiter. Am Ende der Hochkonjunkturphase ließ man ihre Landsleute nicht mehr ins Land – während die zurückkehrenden Arbeitsmigranten in ihren Herkunftsländern Wohlstandshoffnungen vergrößerten und damit den Druck zur ökologisch problematischen globalen Angleichung verstärkten.[48] Die Dritte-Welt-Solidarität Europas wuchs derweil kaum aus

46 Eitler, »Weg«; Richter, »Psychonauts«.

47 Zum Folgenden Bösch, »Boom«.

48 Osterhammel/Petersson, *Geschichte der Globalisierung*, S. 101.

Nischenmilieus hinaus. Versuche, über koloniale Verbrechen zu informieren, stießen – wie Ralph Giordanos Fernsehdokumentation *Heia Safari* schon 1966 – auf extreme Ablehnung. In anderen Ländern kam es im Kontext der »Decline«-Diskurse der 1980er Jahre sogar zur Verklärung der eigenen imperialen Vergangenheit.

Many ways to see the world

Arno Peters, dessen Weltkarte so entschieden gegen die Selbstwahrnehmung Europas als Nabel der Welt gerichtet gewesen war, sah sich unterdessen mit einer Haltung konfrontiert, die ihm regelrecht defätistisch zu sein schien.[49] Wenn sich Peters als Repräsentant seiner Zeit – einer Übergangszeit – eignet, dann nicht allein, weil er ein Medium erfand, das den weltbezogenen Moralismus der 1970er Jahre bebilderte. Mindestens ebenso wichtig ist, dass er nur wenig später irritiert auf das kulturrelativistische Hinterfragen des westlichen Fortschrittsgedankens blickte. Peters, der sich zeitlebens einem sozialistischen Internationalismus verpflichtet fühlte und die Verwendung seiner Karte in Bolivien oder auf den Philippinen als Zeichen der nahenden Weltrevolution begrüßte, hatte sich schon keinen Reim darauf machen können, dass sein Werk durch europäische Missionsgesellschaften nachgefragt wurde, die damit in den Gemeinden die globale »Betroffenheit« zu vergrößern hofften. Sein amerikanischer Verleger indes bewarb die Karte als eine von »many ways to see the world«, als ein Instrument, das dabei half, die eigenen eurozentrischen Scheuklappen abzustreifen. Das von Peters angegriffene kartografische Establishment erwies sich als flexibler. Ende der 1980er Jahren erschien eine Vielzahl von Texten, die die Ver-

49 Vgl. Kuchenbuch, *Welt-Bildner*, Kap. 7.6.

strickungen des *mappings* in die Kolonialgeschichte aufarbeiteten. Als Peters 2003 starb, würdigte eine ganze Reihe Profis seinen Beitrag zu einer reflexiven, ja postmodernen Kartografie, die ihm kaum fremder gewesen sein könnte.

7 Globalisierung: 1989 bis 2008

Milton Friedman auf Bootstour

Im Jahr 1978 ging Milton Friedman auf Rundfahrt durch den Hongkonger Hafen. In die Sonne blinzelnd erklärte der Chicagoer Wirtschaftsnobelpreisträger vor der Hochhauskulisse der Handelsmetropole deren ökonomischen Erfolg. Friedman schwärmte vom Unternehmergeist der Bewohner der Hafenstadt am südchinesischen Meer, die damals noch britische Kronkolonie war. Vor allem aber betonte er, dass der Wohlstand des winzigen und an Rohstoffen armen Orts von seiner geringen Steuer- und Zollbelastung herrührte, die »Schiffe aller Nationen zum Handel« anzog.[1] So locker Friedmanns Analyse daherkam, spontan war sie nicht. Die Hafenrundfahrt wurde von einem Kamerateam begleitet, das eine Schlüsselszene der ersten Folge der Fernsehserie *Free to Choose* festhielt, die der Bildungssender PBS 1980 ausstrahlte. Wie der Historiker Sören Brandes zeigt, brachte die Produktion ganz normalen Amerikanerinnen die Vorzüge einer von ihren Fesseln »befreiten« Marktwirtschaft nahe.[2] Mehr noch ging es um die Nachteile, die aus der bürokratischen Einschränkung unternehmerischer Aktivitäten erwuchsen – die Friedman mit »Freiheit« gleichsetzte, um sie mit besonders absurden Beispielen einer überbordenden Staatlichkeit zu kontrastieren.

Free to Choose macht aufmerksam auf einen oft übersehenen Aspekt der jüngsten Globalisierungsphase, die meist auf die vielgestaltigen Ökonomisierungsprozesse der letzten zwei-

1 https://www.youtube.com/watch?v=72d6LiSpS88 [25.6.2023].

2 Brandes, »Popularisierung«.

einhalb Jahrzehnte des 20. Jahrhunderts zurückgeführt wird. Der Einfluss marktradikaler Konzepte, der sich an der Jahrtausendwende zur Hegemonie auswuchs, stellt unzweifelhaft eine Folge der globalen Krisen der 1970er und 1980er Jahre dar – Friedman hatte die USA bei der Verabschiedung von den festen Wechselkursen beraten. Aber das hemdsärmelige Auftreten des Ökonomen passte auch gut zum Stil der »Reagan Revolution«, die bisweilen als maskulinistischer Befreiungsschlag gegen die »Crisis of Confidence« gesehen wird, die Reagans Amtsvorgänger Jimmy Carter 1979 beschworen hatte. So war die Umsetzung der Rezepte Friedmans und seiner Partner im Geiste auch Ergebnis eines Kampfs um Deutungsmacht, den eben die Verfechter der Ökonomisierung gewannen. Zumindest trifft das zu, wenn man unter Ökonomisierung[3] eine Vielzahl von Entwicklungen zusammenfasst: die wachsende Macht institutioneller Anleger (Banken, Versicherungen, Hedgefonds und andere Investmentgesellschaften) und den zunehmenden Einfluss der Kapitalmärkte auf die »Realwirtschaft«; den Trend zu Privatisierungen; den Aufstieg des Monetarismus in den Wirtschaftswissenschaften; eine Kultur der »Vermarktlichung«[4] bis hin zur Entstehung »unternehmerischer Selbste« (Ulrich Bröckling).

In diesem Kampf spielten auch Globalitätswahrnehmungen und -erwartungen eine Rolle. Dass sich in den 1990er und 2000er Jahren infolge wirtschaftspolitischer Weichenstellungen eine in ihren Verteilungseffekten asymmetrische globale Vernetzung ergab – dass »Globalisierung« also nicht als Kooperation zwischen Staaten in »Nord« und »Süd« in Erscheinung trat –, lässt sich beispielsweise ohne die Geschichte des globalen Vergleichens nicht erklären. Die Wirksamkeit von Friedmans Rezepten – Zollsenkungen, Aufhebung von Preiskontrollen und

3 Vgl. Graf, »Einleitung«.

4 Ahrens/Böick/vom Lehn, »Vermarktlichung«.

Mindestlöhnen oder Privatisierungen im Gesundheits- und Rentensystem – schien sich für den Ökonomen ja nicht nur in Hongkong, sondern vor allem in Chile zu bestätigen.[5] Nach dem von der CIA gestützten Militärputsch gegen den gewählten sozialistischen Präsidenten Salvador Allende 1973 hatte Friedman persönlich Gehör beim Diktator Augusto Pinochet gefunden. Zugleich bezog dort eine Reihe von Friedman und Friedrich August von Hayek ausgebildeter Ökonomen Regierungsposten. Die »Chicago Boys« führten ungestört von demokratischen Strukturen einen neoliberalen Umbau durch. Dabei wurden Menschenrechtsverletzungen ebenso in Kauf genommen wie eine hohe Sockelarbeitslosigkeit. Tatsächlich stellte sich eine ökonomische Erholung ein, die als Wunder gefeiert wurde. Denn Chile hatte die Gegenrichtung des dependenztheoretisch geprägten Wegs seiner Nachbarstaaten eingeschlagen.

Dass das Land bereits 1983 eine Rezession erlitt, nach der viele Maßnahmen wieder kassiert wurden, spielte in der Auseinandersetzung keine Rolle. Die liberalen Reformkonzepte waren in der Welt. Die Chicago Boys bezogen Positionen als Berater anderer lateinamerikanischer Regierungen oder in der Weltbank. Hier propagierten sie Strategien für den »Süden«, die der Washington Consensus 1989 auf einen (zynischen) Begriff brachte. Unschwer lässt sich in Chile aber auch eine Blaupause für Reformen erkennen, die im späten 20. Jahrhundert in der »Ersten Welt« angegangen wurden. Den Anfang machte die ebenso investorenfreundliche wie gewerkschaftsfeindliche konservative Regierung Margaret Thatchers im Vereinigten Königreich, der nach der »Wende« aber auch und gerade sozialdemokratische Regierungen des »Nordens« folgten. Eine »Kotransformation«[6] war im Gange, die das zerrüttete post-

5 Zum Folgenden Fischer, »Influence«.

6 Ther, *Ordnung*.

sozialistische Ost- und das triumphierende Westeuropa gleichermaßen veränderte.

Ein globaler Kapitalismus

Allein zeitlich spricht vieles dafür, die Kotransformationsphase zugleich als Phase der »zweiten Globalisierung« zu betrachten. Wie der Historiker Andreas Wirsching argumentiert, waren die wichtigsten Merkmale der globalen Wirtschaftsentwicklung dieser Zeit wie die »Intensivierung internationaler Arbeitsteilung, Expansion des Welthandels und der Auslandsproduktion, Ausdehnung von Kapitalinvestitionen und der Finanzmärkte, Grenzöffnungen und Migrationsbewegungen – nicht *per se* neu. Aber sie konvergierten im letzten Drittel des 20. Jahrhunderts in einer zuvor ungekannten Dynamik.«[7] Mit dem Zusammenbruch des Ostblocks kam es, so auch Peter Fäßler, zu besonders vielen »relativ zeitgleichen« Erosionen von »Interaktionsbarrieren«.[8] Nun hatten sich die in den ersten Nachkriegsjahrzehnten gewachsenen Unternehmenskonglomerate, wie gezeigt, bereits *vor* den Liberalisierungswellen der letzten zwei Jahrzehnte des 20. Jahrhunderts (die sie durch ihre Lobbyarbeit mit vorantrieben), dezentral organisiert, um besser auf lokalen Märkten agieren zu können. Diese Tendenz verstärkte sich aber angesichts der durch die Wirtschaftskrise der 1970er Jahre ausgelösten Suche nach neuen Anlagemöglichkeiten – die Politikwissenschaftler Richard Barnet und Ronald Müller übten schon 1974 Kritik am »Global Reach« dieser »Krisenmacher«, die Umwelt- und soziale Probleme weltweit verschärften.[9] Die dergestalt »vertikal desintegrierten« multinationalen Konzerne, die bald ein gutes Drittel der Welt-

7 Wirsching, *Demokratie*, S. 74

8 Fäßler, *Globalisierung*, S. 155.

9 Bach, *Erfindung*, S. 145.

produktion verantworteten, profitierten im besonderen Maße von bereits beschriebenen Entwicklungen wie den neuen Supertankern und Massengutfrachtern und nicht zuletzt von der informatischen Durchleuchtbarkeit von Unternehmen, die aus Managersicht allerlei Einsparungspotenziale erkennbar machte.[10] Auch deshalb wuchs die Neigung, einzelne Produktionsglieder aus- bzw. zu verlagern. Und damit nahm die Wahrscheinlichkeit von Erpressungsgesten gegenüber den territorial begrenzten Regierungen zu, während die Renditeerwartungen der Aktionäre immer wichtiger wurden.

An die Stelle des für die Nachkriegsjahrzehnte typischen Managerkapitalismus rückte der Shareholder-Value-Kapitalismus mit seinen riskanten Anlagestrategien, der heute die Weltwirtschaft kennzeichnet.[11] Ein Kapitalismus der »strukturierten Verantwortungslosigkeit«, der bekanntlich auch von der Deregulierung der Kapitalmärkte geprägt ist und von der Entstehung neuer »Finanzprodukte« (also komplexen Formen der Kapitalisierung von Risiken). Auch hierbei spielte Technologie eine zentrale Rolle. Erst die intensivierte Vernetzung der internationalen Börsen und die rechnergestützte Automatisierung von Transaktionen ermöglichten »Arbitragegewinne per Mausklick« (Peter Fäßler) an den Aktien- und Devisenmärkten rund um die Welt und rund um die Uhr. Die kumulative globale »Entfesselung« der Spekulation auf den Kapitalmärkten seit den 1980er Jahren und das *High speed trading* werden für die meisten der seitdem eingetretenen Krisen, insbesondere die Immobilien-, Banken- und Eurokrise der Jahre 2007 f. mitverantwortlich gemacht. Aber auch schon in den 1980er Jahren wurden sie als Krisenherde erkannt, etwa im Gefolge des *Flash*

10 Raphael, *Kohle und Stahl*, S. 356 f.

11 Kocka, *Kapitalismus*, S. 91, 92–99.

Crash des 19. Oktober 1987, der ausgerechnet von der Hongkonger Börse ausging.[12]

Auch angesichts dieser Warnrufe wird es im Folgenden darum gehen, wie die »Ökonomisierung« – erstens – flankiert wurde von einer nie dagewesenen Globalitätsdiagnostik. In keiner Phase des in diesem Essay dargestellten Zeitraums wurde so viel über »Welt« geschrieben wie ab 1990. Das war nicht nur ein Versuch, die neue Realität weltwirtschaftlicher und technologischer Verflechtung zu verstehen. Im Gegenteil war die dergestalt kommunizierte Erwartung kommender Globalität treibender Faktor einer Entwicklung,[13] die zum Ergebnis hat, dass selbst ehemalige Staatsunternehmen heute eigentlich keine nationale Bindung mehr aufweisen, weder hinsichtlich ihrer Fertigungsstätten noch hinsichtlich der Nationalitäten ihrer Spitzenmanager und Anteilseigner. Dass die Märkte der Welt unaufhaltsam zusammenwuchsen, war die wichtigste »imaginierte Zukunft« dieser Zeit, wie der Soziologe Jens Beckert kollektive Vorstellungen nennt, die unternehmerisches, aber auch wirtschaftspolitisches Handeln auslösen.[14]

Umso drängender stellt sich die Frage, warum die Vernetzungsdiagnostik so unwiderstehlich war, dass »die« Globalisierung selbst ihren Gegnerinnen im ausgehenden 20. Jahrhundert als bestenfalls in ihrer Richtung beeinflussbare »unvollendete Tatsache« vorkam.[15] Dabei spielt – zweitens – eine Rolle, dass das, was viele Zeitgenossen als präzedenzlos wahrnahmen, auf älteren Modi der Globalitätsdiagnostik aufbaute. Das zeigt zunächst ein Blick auf die gern in medizinischem Jargon als schmerzhafte, aber überlebensnotwendige »Radikalkuren« oder »Schocktherapien« bezeichneten sozial- und wirt-

12 Bach, *Erfindung*, S. 156.
13 So schon Wirsching, »Kaiser«, S. 684.
14 Beckert, *Zukunft*.
15 Bach, *Erfindung*, S. 189.

schaftspolitischen Maßnahmen der 1980er bis 2000er Jahre: Diese politischen Weichen in Richtung innergesellschaftlicher Vermarktlichung und zwischenstaatlicher ökonomischer Deregulierung wurden von einander vergleichenden Regierungen gestellt, das zeigt Friedmans Lob für Hongkong. Man darf sich die zweite Globalisierung nicht als eine unaufhaltsame ökonomische Kettenreaktion vorstellen, als die sie zeitgenössisch oft porträtiert wurde. Sie entstand »aus einem multilateralen Verhandlungsprozess der Nationalstaaten, die ihre eigenen Probleme und Interessen im Auge hatten«.[16] So gehört es zu den Paradoxien des Globalisierungsdiskurses der 1990er Jahre, dass er postulierte, der Bedeutungsverlust des Nationalstaats sei unvermeidlich infolge einer wirtschaftlichen Entwicklung, deren vermeintliche Sachzwänge indes überwiegend im nationalen Rahmen wahrgenommen (eigentlich aber auch: ausagiert) wurden. Diese politische Globalisierungspraxis lässt sich letzten Endes als Effekt einer Synthese der im späten 19. Jahrhundert entstandenen Modi der geistigen Globalitätsverarbeitung verstehen, die dieses Buch durchziehen: Konnektivität und globale Komparatistik.

Vom Volcker-Schock zum Washington Consensus

Zweifellos: Es war die Polykrise der 1970er Jahre, die in den westlichen Industriegesellschaften ein Experimentieren mit Leitzinsen oder mit der Senkung von Einfuhrquoten eingeleitet hatte. Der Rahmen der westlichen »Gipfelpolitik« begünstigte diese Experimente.[17] Lutz Raphael spricht deshalb vom Koordinationscharakter der Globalisierung, ohne damit eine Zielgerichtetheit zu unterstellen.[18] Eher schon wurde, wie ange-

16 Wirsching, »Kaiser«, S. 670.
17 Ebd., S. 665.
18 Raphael, *Kohle und Stahl*, S. 41–43.

deutet, ein konzeptionelles Vakuum gefüllt, das der Legitimitätsverlust makroökonomischer Planung hinterlassen hatte. In diesen Raum stieß die Überzeugung, die Preissignale des Weltmarkts könnten als dezentrale Informationsquelle die natürlichen Ressourcen der Erde am effizientesten verteilen helfen. Immer weiter verbreitete sich im »Westen« die Überzeugung, der Staat solle sich auf die Rahmenbedingungen konzentrieren und besser die Finger von der direkten Steuerung der Wirtschaft lassen.

Sucht man nach dem Anfang dieser Entwicklung, so ist der »Volcker-Schock« ein guter Kandidat. Unter dem Eindruck monetaristischer Ideen leitete der Chef der US-Zentralbank Paul Volcker 1979 eine Leitzinserhöhung ein. Damit wollte er eine Drosselung der Nachfrage zur »Gesundschrumpfung« von Unternehmen erreichen, die nicht wettbewerbsfähig waren. Die Verknappung der Geldmenge führte denn auch zu Fabrikschließungen in den USA und ließ die Arbeitslosigkeit stark steigen. Das lief auf eine Demoralisierung der Gewerkschaften und zurückhaltendere Lohnforderungen hinaus, wie sie auch Friedman und anderen makroökonomisch sinnvoll schienen, weil es Ökonomien »flexibel« hielt. Globalisierungshistorisch wichtiger ist, dass der Volcker-Schock zwar in eine kurze globale Rezession führte, aber in Verbindung mit dem Abbau von Kapitalverkehrskontrollen und -gebühren zur Folge hatte, dass Devisen zurück in die USA flossen und sich so der Finanzialisierungstrend verstärkte. Während die USA ökonomisch reüssierten, waren die 1980er Jahre in der Perspektive vieler Südstaaten eine »verlorene Dekade«. Die Zinsen für Dollarschulden stiegen massiv an, die Exporterlöse gingen zurück. Mexiko war 1982 zahlungsunfähig.[19]

19 Das Vorstehende nach Barker, »Blut«.

Nicht zuletzt aufgrund des Vorbilds Chile war nun die Bereitschaft sowohl der Nehmerländer als auch der Geberinstitutionen ausgeprägt, »Marktrezepte« zu erproben.[20] Hatten IWF und Weltbank noch 1985 in Seoul mit dem »Baker-Plan« eine Kombination aus Schuldenschnitten und der Senkung der Staatsausgaben der Schuldnerländer propagiert, drängte man Letztere nun zum Rückbau von Importsubstitutionen und zur Stärkung des Investitionsschutzes mit dem Ziel, ihre Attraktivität für Fremdanleger zu steigern. Viele Staaten Lateinamerikas erhielten Finanzspritzen der Weltbank nur noch bei Umsetzung solcher Strukturanpassungsprogramme. Zur berüchtigten Zehn-Punkte-Liste des Washington Consensus von 1989 gehörten zudem größere Haushaltsdisziplin (also die Kürzung von Sozialausgaben), die Privatisierung von Staatsbetrieben, die Veräußerung von Rohstoffabbaurechten, die Aufgabe staatlich fixierter Preise (etwa für Grundnahrungsmittel oder die Energieversorgung) und die Deregulierung des Devisenverkehrs. Waren schon diese »Poverty-Reduction-and-Growth-Facility«-Maßnahmen unter direktem Einfluss von US-Denkfabriken und Bankiers zustande gekommen, reichte die konkrete »Beratung« durch Weltbank und IWF bis hin zur Entsendung von Experten in Ministerien der betroffenen Staaten. Das kam einer demokratisch kaum legitimierten partiellen Abgabe von Souveränität gleich. Und es ließ den durchaus berechtigten Vorwurf aufkommen, den internationalen Institutionen sei mehr an einer Reduktion der Außenschulden dieser Länder als an deren ökonomischer Erholung gelegen. Denn oftmals war man bei Privatbanken verschuldet.[21]

Der Abbau von Handelsbarrieren in der Welt im Zuge der Uruguay-Runde des GATT, der 1995 in der Etablierung der

20 Zum Folgenden Zeiler, »Türen«, S. 290–294; Lenger, *Preis der Welt*, S. 436–440.

21 Rischbieter, »Risiken und Nebenwirkungen«.

World Trade Organisation kulminierte, sollte aber nicht als Oktroi eines hegemonialen Amerikas verstanden werden, auch wenn die WTO sich dem insbesondere für US-Unternehmen vorteilhaften Schutz von Patenten und geistigem Eigentum verschrieb. Denn diese Prozesse wurden bis zur Asienkrise 1997 auch von den erwähnten »Tigerstaaten« Ostasiens mitgetragen.[22] Das hatte eine Entsprechung im sich unter Deng Xiaoping entwickelnden autoritären Kapitalismus Chinas mit seinen Sonderwirtschaftszonen, die – ganz im Stil Hongkongs – mit niedrigen Steuern und starkem Investorenschutz lockten. Selten erwähnt wurde bei der zeitgenössischen Diskussion über das Land, wie stark es von politischen Sonderbedingungen »profitierte«. Die diktatorische Repression im Angesicht der verheerenden sozialen Folgen der Stadt-Land-Wanderung etwa fand in der allgemeinen Liberalisierungstheorie wenig Erwähnung.[23] Und hier werden blinde Flecken der Überzeugung erkennbar, bei den investitionsförderlichen Reformprogrammen handle es sich um global wirksame »Therapien«.

1989: (Ko-)Transformationstheorie und -praxis

Tatsächlich ist das auch eine zentrale Kritik, die heute an der sozialwissenschaftlichen Transformationsforschung zum Umbau der ehemaligen kommunistischen Staaten Ostmittel-, Südost- und Osteuropas geübt wird. Bei der Etablierung der »neuen Ordnungen auf dem alten Kontinent«[24] waren die »Schocktherapien« in Lateinamerika von besonderer Bedeutung, und zwar dahingehend, dass die von außen ins Land ge-

22 Zeiler, »Türen«, S. 290, 333 f., mit Zahlen zu den in den frühen 1990er Jahren erfolgten Deregulierungsmaßnahmen Fäßler, *Globalisierung*, S. 170.
23 Zeiler, »Türen, S. 311–313; Lenger, *Preis der Welt*, S. 447–453.
24 Ther, *Ordnung*.

rufenen Transformationsberater glaubten, von den jeweiligen lokalen Bedingungen absehen zu können. Ähnlich wie der eigentliche Globalisierungsdiskurs, der den Bordunton der Umgestaltung der gelenkten Ökonomien des europäischen Ostens zu Marktwirtschaften bildete, beerbte die Transformationstheorie in dieser Hinsicht die Modernisierungs- und Konvergenztheorien der 1970er Jahre.

Faktisch war die Lage gerade in Osteuropa aber heterogen. Wie der Historiker Philipp Ther und seine Mitstreiter des interdisziplinären Werftkollektivs zeigen, gingen etwa die stolzen Schiffbauindustrien Polens und Kroatiens samt ihrer Arbeiterkultur in sehr unterschiedlichem Tempo an verschiedenartigen Kontexten zugrunde, sogar erst mit dem Subventionsabbau nach der EU-Osterweiterung 2004.[25] Andere Unterschiede weisen eher in die Vergangenheit zurück. So lag die Übertragung der in Lateinamerika »bewährten« Prinzipien auf Polen besonders nahe, weil der damals sozialistische Staat ebenfalls in den 1980er Jahren von der Verschuldungskrise erfasst wurde. Das ist nicht gleichbedeutend mit der Behauptung, der Zusammenbruch des Ostblocks sei eine direkte Folge der Globalisierung gewesen. Eher schon lässt sich die je spezifische heutige Wirtschaftsstruktur Ostmitteleuropas bzw. Russlands und der Ukraine ausgehend von einer »Protoglobalisierung« erklären, die vor 1989 begonnen hatte.[26] So machte der vom Systemwettbewerb ausgelöste Druck zur Produktivitätssteigerung die UdSSR vom Weltmarkt und von Krediten aus dem Westen abhängig. Das führte zu einer Spirale sinkender Exporterträge und wachsender Verschuldung und schuf Abhängigkeiten, die den Zerfall der Sowjetunion 1991 beschleunigten. Aber schon zuvor hatten Ungarn und Polen unilateral Marktprinzipien eingeführt, Beziehungen mit westlichen Unterneh-

25 Ther u. a., *Transformation*.
26 Pula, *Globalization*.

men aufgebaut und Managementpraktiken aus dem Westen adaptiert. Das verschaffte bestimmten Akteuren während und nach der »Wende« einen entscheidenden Wissensvorsprung, wie das Beispiel des polnischen Finanzministers Leszek Balcerowicz zeigt, der in den 1980er Jahren in den USA zum Volkswirt ausgebildet worden war. Der – stark vom US-Ökonomen und IWF-Sonderberater Jeffrey Sachs beeinflusste – »Balcerowicz-Plan« gilt als Inbegriff der Schocktherapie, insofern er eine schlagartige Freigabe von Preisen und die sofortige Konvertibilität des Złoty vorsah. Das hatte hohe Wachstumsraten bei einer hohen Arbeitslosigkeit zur Folge, über deren politische Konsequenzen bis heute diskutiert wird.[27] Die Geschichte der deutschen »Treuhand« zeigt demgegenüber,[28] dass deren Agieren im Osten des wiedervereinigten Deutschlands fast zwangsläufig als westdeutsches Oktroi erlebt werden musste, zumal nach einer Phase intensiv erlebter geweiteter politischer Möglichkeitsräume rund um die »Wende«.

Wenn rückblickend von Kotransformationen im Plural die Rede ist, dann wird damit auch die Annahme kritisiert, Demokratie und Marktwirtschaft seien nach dem Ende des Kalten Krieges überall gleichartig durchgesetzt worden. Doch es gab keinen Normalfall. Und vor allem: Die Gesellschaften des »Westens« veränderten sich mit. Der Spielraum von Regierungen im Rahmen des doppelten Prozesses der Deregulierung und der ihr zumeist folgenden Deindustrialisierung war dabei auch in Westeuropa regional unterschiedlich groß. Tatsächlich ähnelten sich weniger die makroökonomischen Auslöser dieser Prozesse als ihre sozialen Folgen. Im Laufe der »Stürme der Transformation« (Ther u. a.) wurde den klassischen Arbeitermilieus in Ost *und* West die Anerkennung verweigert. Wenn die ehemaligen Werftarbeiter im kroatischen Pula oder in

27 Wirsching, *Demokratie*, S. 50 f.
28 Böick, *Treuhand*.

Gdynia an der polnischen Ostseeküste der Identität stiftenden alten Arbeitswelt nachtrauern,[29] dann ähnelt das der Lage im Ruhrgebiet oder in der französischen Industriestadt Arles. Im besten Fall sind neue Einkommensquellen für die Fremdenführerin entstanden, die an der kulturellen »Inwertsetzung« und Authentifizierung der Industriegeschichte beteiligt ist, was zugleich Ressentiments gegenüber den »kosmopolitischen« Liberalisierungsgewinnern im eigenen Land schürt.

Standortpolitik und europäische Wissensgesellschaft

Die Nationalstaaten blieben zentrale Akteure. Einerseits stießen sie die globalen Vermarktlichungsprozesse mit an, andererseits bildeten sie den Rahmen, innerhalb dessen auf je spezifische Weise auf das Drohpotenzial der Produktionsverlagerung reagiert wurde. Was neu war, war das Ausmaß, in dem der Staat in einem geradezu betriebswirtschaftlichen Sinn interpretiert wurde. Wie weit »Ökonomisierung« über Liberalisierung im engeren Sinne hinausging, lässt sich anhand der Begriffskarriere der sogenannten Deutschland AG im Moment ihres vermeintlichen Untergangs nachvollziehen,[30] aber auch an der in den 1990er Jahren so präsenten Rhetorik der »Standortkonkurrenz« um die Ansiedelung bzw. den Verbleib von Unternehmen.[31] Nun ist diese Rhetorik kaum vom Interesse daran zu trennen, die Macht der Gewerkschaften zu brechen und Lohnzurückhaltung durchzusetzen. Aber hier geht es darum, dass dies mit Formen des globalen Vergleichens korrespondierte, die tief in die Gesellschaften des »Westens« hineinwirkten. Das lässt sich am in der europäischen Staaten-

29 Ther u. a., *Transformation*.
30 Berghoff, »Epochenschwelle«.
31 Meteling, »Standortsemantiken«.

gemeinschaft der 1990er Jahre allgegenwärtigen Konzept der »Wissensgesellschaft« verdeutlichen.

Der BSP-Anteil der EU am wachsenden Weltprodukt sank in diesem Jahrzehnt erkennbar und das zog Bemühungen nach sich, ihre »Wettbewerbsfähigkeit« zu erhöhen.[32] Nun wird die EU oft als wichtiger *Player* der Globalisierung gesehen, obwohl ihre Vorgängerorganisationen miteinander konkurrierten, weshalb es sich empfiehlt, die Deutung der europäischen wirtschaftlichen Verflechtung als Friedenswerk mit Vorsicht zu genießen. Zumal die europäischen Institutionen eher für die Verhinderung globalen Handels stehen, wenn man an den Agrarsektor denkt.[33] Dennoch war neben der Deregulierung die »Innovationsfähigkeit« Ende des Jahrtausends das beherrschende Thema von Rat und Kommission, was in der 2000 beschlossenen »Lissabon-Strategie« kulminierte. Und dabei war die Bildungspolitik der größte gemeinsame Nenner. Man war sich in Europa sicher, im globalen ökonomischen Wettbewerb erhebliche Vorteile zu haben aufgrund der Bildung der Bürgerinnen, die dabei analog zu einer Ressource bzw. als »Humankapital« rekonzipiert wurde. Die Konsequenzen sind weiterhin spürbar in den infolge des Bologna-Prozesses inneuropäisch angeglichenen Studiengängen: Die ehedem emanzipatorische Idee des »lebenslangen Lernens« wurde zu einer »employability« umgedeutet, die den Bedürfnissen der Wirtschaft entspricht.[34] Wenig überraschend begannen in den 1990er Jahren auch die Stakeholder der Wissenschaften die hohe Kosten der Grundlagenforschung mit der Globalisierung zu legitimieren: Die Wissenschaft habe dafür zu sorgen, dass die Bundesrepublik nicht ihre aller Wertschöpfung vorausgehende Innovationskraft verliere. Auch an den Universitäten

32 Wirsching, *Demokratie*, S. 76 f.
33 Patel, *Europa*, bes. Kap. VIII.
34 Wirsching, »Knowledge«, ders., *Demokratie*, S. 82–88.

im Banne des *New Public Management* wuchs der Druck, sich an Metriken wie Publikations- oder Patentzahlen zu orientieren.[35] Es handelt sich um ein Paradebeispiel dafür, wie die EU-Länder ausgehend vom Argument der globalen Standortkonkurrenz in ihrem Inneren künstliche Konkurrenzen erzeugten.[36]

Globalisierung: Vom Managementbegriff zur politischen Rhetorik

An dieser Stelle muss die steile Karriere des Begriffs »Globalisierung« selbst unter die Lupe genommen werden. Eine Zeitlang fehlte er in kaum einer Rede von Politikerinnen oder Universitätspräsidenten. Spätestens um 2000 – und das ist ohne Vorbild unter den in diesem Essay darstellten Globalismen – gab es sogar einen Metadiskurs über den Begriff selbst. Schon 1996 nominierte die Gesellschaft für deutsche Sprache »Globalisierung« als Wort des Jahres (am Ende setzte sich das »Sparpaket« durch). Bald war Einführungsliteratur nötig, um sich Schneisen durchs Dickicht der Definitionen zu schlagen. Allein zwischen 2004 und 2007 erschienen in Deutschland drei Monografien mit dem Titel *Was ist Globalisierung?* Anthologien orientierten über die »Theoretiker der Globalisierung«. 2013 schließlich legte der Historiker Olaf Bach ein erstes Buch zur Begriffsgeschichte der »Globalisierung« vor.[37] Tatsächlich ist der Globalisierungs*begriff* dieser Zeit mittlerweile fast besser historisch erforscht als das, was die Zeitgenossen mit ihm bezeichneten. Dabei spricht viel dafür, dass Diskurs und Realpolitik der Globalisierung einander dynamisierten.

35 Leendertz, »Macht«.
36 Nolte, »Neoliberalism«.
37 Bach, *Erfindung*, zum Folgenden bes. Kap. 5.2.

Das beginnt damit, dass die jüngere Wortgeschichte der Globalisierung nicht in der politischen oder sozialwissenschaftlichen Deutung ökonomischer Vernetzungsprozesse wurzelt, sondern im Wirtschaftsjournalismus und in der anwendungsbezogenen Managementliteratur. Bach spricht von der »Geburt des Globalisierungsbegriffs aus dem Geist der (Wirtschafts-)Praxis«.[38] Zwar war das englische Wort »globalization« schon in den 1940er Jahren vereinzelt gefallen. Aber erst knapp drei Jahrzehnte später begannen Managementexperten Globalisierung als exogenes ökonomisches Phänomen zu betrachten, als Effekt sich eigendynamisch über Staatsgrenzen hinaus ausweitender Kundenkreise. Das verstärkte sich infolge der Adaption der Globalisierungsrede durch Unternehmensberatungen der 1980er Jahre, die ein Geschäftsinteresse daran hatten, Globalisierung als kontinuierliche Herausforderung zu zeichnen. Und so begann der Begriff in der Wirtschaft »tatsächlich hervorzurufen, was er zunächst nur beschreiben sollte«.[39] In einem viel zitierten Artikel mit dem Titel »Globalization of Markets« stellte der Harvard-Ökonom Theodore Levitt die internationale Managerklasse 1983 als Getriebene eines Realprozesses dar. Fünf Jahre später war diese Deutung im deutschen Businessjargon angekommen, als ein Daimler-Spitzenmanager die Globalisierung als mitreißende Flut beschrieb.[40]

Kurz darauf wanderte der Begriff aus dem Wirtschaftsdiskurs aus und die Wortverwendungshäufigkeit stieg explosionsartig an. In der zweiten Hälfte der 1990er Jahre wurden mit dem Begriff alle erdenklichen Formen der globalen sozialen Interaktion in der Populärkultur, der Telekommunikation oder auf dem Arbeitsmarkt bezeichnet. Die Wechselwirkungen zwischen diesen Prozessen wurden mehr insinuiert als

38 Ebd., S. 153.

39 Bach, »Temporalität«, S. 153.

40 Zitiert nach Bach, *Erfindung*, S. 131.

analysiert. Es lief nach dem Prinzip: »Alles ist mit Allem verbunden«.[41] Infolge der inflationären Wortverwendung setzten Selbstverstärkungseffekte ein. Als der *Spiegel* 1998 vom »Megatrend« Globalisierung sprach,[42] umfasste das auch schon Themen wie den Treibhauseffekt, die AIDS-Epidemie und die Ausbreitung von SARS (einer Variante des Coronavirus). Spätestens nach dem Terroranschlag in Manhattan am 11. September 2001 wurde auch der islamistische Terrorismus als Globalisierungsphänomen und -reaktion zugleich gedeutet. Nicht alle Interpreten sahen das wie der viel zitierte neokonservative Politikwissenschaftler Samuel Huntington als Beginn einer neuen Aufteilung der Welt. Sehr wohl aber zeigen zeitgenössische Meinungsumfragen zum Thema »Globalisierung«, dass der Begriff umso negativer konnotiert war, je weiter er aus dem Wirtschaftskontext auswanderte. Zugleich tauchte er vermehrt zusammen mit zeitdiagnostischen Begriffen auf. Dann war von der »Ära« oder dem »Zeitalter der Globalisierung« die Rede, wobei diese häufig personifiziert wurde: als ein Akteur, der »forderte« oder gar »bedrohte«.[43]

Das schloss taktische Wortverwendungen nicht aus. Auf dem politischen Feld konnte man unter Bezug auf die Globalisierung zugleich Kritik am Primat der Wirtschaft üben und Reformbedarf markieren, mit Blick auf allerlei Sachzwänge, die sich nahtlos in den skizzierten Diskurs der »Verschlankung« des Sozialstaats und einer »aktivierenden« Arbeitsmarktpolitik fügten. Die Sozialdemokraten Europas, die sich – bei intensiver gegenseitiger Beobachtung nach dem Erfolg von *New Labour* – neu erfanden als »postideologische«, wirtschaftsfreundliche Parteien der »Mitte«, argumentierten, Globalisierung bilde eine große Chance auf Wohlstands- und Freiheits-

41 Vgl. Eckel, »Historisierung«.
42 Zitiert nach ebd., S. 49.
43 Storjohann, »Globalisierungsdiskurs«.

zuwächse. Die könne aber eben nur ergriffen werden, wenn man die Gesellschaft ein Stück weit an den Flexibilitätserfordernissen der globalisierten Wirtschaft ausrichte.[44] Unter Bezug auf den externen Globalisierungsdruck ließ sich also Handlungsmacht demonstrieren. Bezeichnend dafür sind die Bundestagsdebatten über die Einsetzung einer Enquetekommission zum Thema »Globalisierung der Weltwirtschaft – Herausforderungen und Antworten« 2001. Während FDP und CDU der seit 1998 regierenden rot-grünen Koalition vorwarfen, mit dem Rekurs auf die Zwänge der Globalisierung ihr wirtschaftspolitisches »Versagen« zu externalisieren, betonten die linken Flügel der Regierungsparteien und die PDS, dass sie ein Effekt politischer Entscheidungen sei.[45] Tatenlosigkeit im Angesicht dieser nun einmal angestoßenen Dynamik war aber auch für sie keine Option.

Gegenwartsdiagnose »Globalität«

Die Attraktivität der Globalisierungsdiagnose erklärt sich aus einer zirkulären Wortverwendungsdynamik in Politik, Medien und sozialwissenschaftlicher Zeitdiagnostik. Auch wenn sie den Globalisierungsbegriff nicht geprägt hatten, gaben die Sozialwissenschaften wichtige Impulse für seine Verallgemeinerung. Das galt allen voran für den britischen Soziologen Anthony Giddens, der schon 1990 eine allumfassende Intensivierung globaler Relationen diagnostizierte.[46] Das brachte ihm zwar den Vorwurf ein, die teleologische Modernisierungstheorie in neuem Gewand wieder einzuführen. Es änderte aber nichts daran, dass er in der Politik, etwa im Umfeld Tony Blairs, reüssierte. Viele von Giddens' Kollegen allerdings arbeiteten sich

44 Dazu Rossow, *Globalismus.*

45 Bach, *Erfindung*, S. 208 f.

46 Ebd., S. 166 f.

mehr oder weniger bewusst am Widerspruch ab, dass im Globalisierungsdiskurs des ausgehendenden 20. Jahrhunderts die Paradigmen der Konnektivität (der Diffusion, der Vernetzung) und der Nationalstaatskomparatistik ineinandergreifen.

Nun war, so der Historiker Jan Eckel, ein nicht unwesentlicher Teil der Globalisierungsevidenz überraschend anekdotisch. Er kam in Form der »lebensprallen« Schilderungen des Bundestagsabgeordneten Ernst Ulrich von Weizsäcker daher, der in seinen Reden wenig systematisch von der »Software aus Indien« zu den »Krediten aus London« sprang.[47] Gerne wurden in diesem Kontext ältere Tropen wie der schrumpfende Planet und das globale Dorf reaktiviert. Die 1990er Jahre standen der Wende zum 20. Jahrhundert auch mit Blick auf die Allgegenwart grafischer Erddarstellungen in nichts nach. Mehr als ein *Spiegel*-Cover zeigte einen von rasenden Gütertransporten überzogenen Erdball. Handlungsdruck erzeugte solche Vernetzungsrhetorik aber erst in Kombination mit zahlengestützten Nationsvergleichen. Das Zentralmedium der Globalisierung der Jahrtausendwende waren nicht die Flow-Diagramme und Kreislaufskizzen, die man aus der Interdependenzdebatte der 1970er Jahre kannte, sondern wirtschaftsstatistische Ranglisten. Dazu gehörten zwar vermehrt die quantitativen Vergleiche zwischen Freihandelsregionen, »Global Cities« oder Eliteuniversitäten der Welt. Aber weiterhin wurde in erster Linie zwischen Staaten oder, altmodisch gesagt: Nationalökonomien verglichen. Das zeigt sich besonders klar im »Competitive Signalling«, also in den Wirtschaftsdaten, mit denen man die anlegerfreundliche Politik eines Staats nach außen kommunizierte (und zugleich nach innen Forderungen legitimierte, sich beispielsweise mit Einschränkungen des Kündigungsschutzes abzufinden). Ironischerweise handelt es sich dabei um eine

47 Eckel, »Historisierung«, S. 50.

Vergleichskommunikation, die auf die Verschuldung des »Südens« zurückging, der neue Formen des tabellarischen *Risk Rankings* zur Orientierung der Kreditgeber hervorbrachte[48] – und als ihr Gegenstück Formate wie den *Emerging-Markets-*Index. Vor allem die ausländischen Direktinvestitionen in jeweilige (nationale) Wirtschaftsräume stiegen zur zentralen Vergleichsgröße auf, und dies auch im Rahmen der ersten diachronen Vergleiche zwischen Globalisierungsphasen, mit denen Wirtschaftshistoriker ab 2000 indirekt nahelegten, dass Globalisierung keineswegs irreversibel war. Das kam freilich zu spät, um die Debatte nachhaltig zu beeinflussen.

Weit folgenreicher war, dass die qualitativ arbeitenden Gesellschaftswissenschaften im erweiterten Kontext der Globalisierungsdiskussion begannen, den »methodischen Nationalismus« ihrer Disziplinen auf den Prüfstand zu stellen, weil ihre diagnostischen Kategorien nicht mehr mit der Realität der Vernetzung in der, wie es nun hieß: trans- oder sogar postnationalen, »zweiten Moderne« (Ulrich Beck) übereinstimmten. Das korrespondierte mit einer an Fahrt gewinnenden konstruktivistischen Neuausrichtung der Humanwissenschaften, die bald auch die Vereinheitlichungswirkung der Globalisierung infrage stellten. Dabei wurde aber meist gar nicht angezweifelt, dass es zu einer gewissen globalen kulturellen Vereinheitlichung kam: etwa zum »Sprachensterben« oder zur »McDonaldisierung« der Ernährungsgewohnheiten in der Welt, die in der Eröffnung der ersten Moskauer Filiale des Fastfood-Franchise am 31. Januar 1990 ein symbolisches Datum hatte. Das ergänzte man aber durch die Anregung, »lokal« und »global« als relationale Kategorien neu zu denken und durch das Interesse an den »hybriden« Identitäten, die durch Vernet-

48 Slobodian, »Maps«.

zung entstanden. Vereinheitlichungs- und Differenzierungsdiagnosen standen sich bisweilen näher, als man selbst merkte.

So trugen auch wissenschaftliche Mitnahmeeffekte dazu bei, dass sich »Globalisierung« allmählich von einer Beschreibungs- zu einer Erklärungskategorie wandelte. Sie lieferte eine neue Meisternarration für die Gegenwartsdiagnostik. Eckel deutet das als Reaktion auf den »endism«, der seinerseits Ausdruck der Selbstvergewisserungsbedürfnisse nach den welthistorischen Ereignissen der »Wende« war.[49] Dass die in den frühen 1990er Jahren im wissenschaftsnahen Feuilleton so populären Konzepte von »Postmoderne« oder »Posthistorie« mittelfristig wenig überzeugten, liegt auf der Hand. Die Multiplikatorinnen in Wissenschaft, Politik und Presse ersetzten diese nur zu gerne mit einem anderen Begriff, der dazu einlud, die Gegenwart als extrem beschleunigt und hoch komplex zu beschreiben – womit man, wie Eckel anmerkt, die »allerälteste[n] Selbstbeschreibung[en]« der Moderne wieder aufgriff.[50] Letzten Endes handelte es sich bei der im engeren Sinne soziologischen Globalisierungsdiagnostik jedoch um eine Scheinblüte. Der Relevanzverlust des entsprechenden Expertenwissens zugunsten der zur Leitwissenschaft aufgestiegenen Volkswirtschaftslehre war nicht aufzuhalten. Die Soziologie befand sich seit den 1980er Jahren gemeinsam mit dem Wohlfahrtsstaat in der Krise. Die Veränderung der westlichen Industriegesellschaften, die mit dem Realprozess der Verlagerung der Industrieproduktion in Niedriglohnländer zusammenhing, korrelierte auch wissenschaftsgeschichtlich mit dem skizzierten »Abschied vom Malocher«, etwa von den Klassen- und Schichtungsmodellen der Gesellschaftsanalyse.[51] Wo Hochschulleitungen lebenslanges Lernen, Flexibilität und Eigenini-

49 Eckel, »Historisierung«, S. 52.

50 Ebd., S. 55.

51 Raphael, *Kohle und Stahl*, S. 117.

tiative als nationale Standortvorteile priesen, passte dies nur zu gut zum methodischen Individualismus der soziologischen Differenz-, Subjektivierungs- und Identitätstheorien. Zugespitzt ausgedrückt, stieß man unfreiwillig ins selbe Horn wie Margaret Thatcher, wenn sie behauptete: »There is no such thing as society«.

In der Beschreibung einig

Die »Iron Lady« ist heute auch bekannt für den auf ihre Reformpolitik bezogenen Ausspruch »There is no alternative«. Auf die ebenso marktradikale Ausformung der zweiten Globalisierung gemünzt, sahen das immerhin nicht alle Diskursteilnehmer so. Ende der 1990er Jahre entstand eine Protestbewegung gegen die Globalisierung. In Frankreich, wo sich besonders früh Kritik an der »Mondialisation« regte,[52] formierte sich diese im Dezember 1995 in Form von Streiks gegen Kürzungen im Bereich der Sozialversicherungen, die Alain Juppé mit seiner Regierung plante. Verglichen mit den Gelbwestenprotesten 2018 und den jüngsten Demonstrationen gegen Emmanuel Macrons Rentenreform überrascht die Hellsichtigkeit, mit der die Demonstrantinnen auf den Zusammenhang zwischen den Sparmaßnahmen, dem Liberalisierungsdruck der Europäischen Kommission und der Lobbyarbeit von Wirtschaftsakteuren hinwiesen. Die Problemdiagosen und das Mobilisierungspotenzial der Proteste flossen in die drei Jahre später formierte Aktienbesteuerungsbewegung Attac *(Association pour une taxation des transactions financières pour l'aide aux citoyens)* ein, die weit über die französischen Landesgrenzen ausstrahlte.

Weit mehr Aufmerksamkeit zogen jedoch die Proteste von nun erstmals dezidiert als »Globalisierungsgegner« bezeich-

52 Wirsching, »Kaiser«, S. 677.

neten Demonstrantinnen gegen die Konferenz der Wirtschafts- und Handelsminister der WTO in Seattle im Dezember 1999 auf sich. Ähnliches galt für die Ausschreitungen im Zuge des G-8-Gipfels in Genua zwei Jahre später, bei denen der Demonstrant Carlo Giuliani von einem Polizisten erschossen wurde. Die Berichterstattung über die Gewaltsamkeit dieser Proteste – in Seattle hatte CNN live berichtet – überschattete die vielen weniger militanten globalisierungskritischen Aktionen, allen voran die Gründung des Weltsozialforums, das erstmals 2001 im brasilianischen Porto Allegre ausgerichtet wurde – und zwar als Gegenveranstaltung zum Weltwirtschaftsforum in Davos. Nun verzeichnete die globalisierungskritische Bewegung durchaus politische Erfolge. Bereits 1998 trugen ihre Proteste dazu bei, dass das von der OECD erarbeitete multilaterale Abkommen über Investitionen auf Eis gelegt wurde, das unter anderem ein Klagerecht von Konzernen gegen Staaten vorgesehen hatte. Dem folgte aber ab 2000 eine Reihe kaum weniger investorenfreundlicher regionaler Freihandelsabkommen.[53] Und letztlich verpuffte die Dynamik des radikaleren Teils der globalisierungskritischen Bewegung im Voluntarismus. Die Bewegung entwickelte politisch überhaupt weniger Einfluss, als es nahelag angesichts von Themen wie dem sozialstandardmäßigen *Race to the Bottom*, der Ausbeutung der Arbeiterinnen in den *Sweatshops* Ostasiens und der ökologischen Folgeschäden am Anfang der Produktionsketten der MNU, allgemeiner gesagt: ihrer Kritik am Primat der Aktionärsprofite, das die Weltpolitik beherrschte, folgte man *No Logo*, dem 2000 erschienenen Bestseller der kanadischen Journalistin Naomi Klein.

Der gewaltsame Straßenaktivismus lässt sich als Ausdruck einer Ohnmachtserfahrung deuten, die mit der Selbst- und Glo-

53 Zeiler, »Türen«, S. 328.

balitätswahrnehmung der Beteiligten zusammenhing. Nicht wenige Globalisierungsgegner artikulierten ein Unbehagen an dieser (Fremd-)Bezeichnung. Sie sahen sich eher als Angehörige einer »Alterglobalisierungs«-Bewegung, als Befürworterinnen einer *anderen* Globalisierung. Tatsächlich war die Bewegung selbst ein Globalisierungsphänomen. Ihre Aktivisten dachten global, sie analysierten globale Prozesse, versuchten aber auch, sich transnational zu organisieren.[54] Das Weltsozialforum etwa verstand sich als kosmopolitische Plattform, die ein solidarischeres »globales Wir« ins Leben rufen und so zeigen würde,[55] dass »eine andere Welt möglich« war. Diese Welt würde weder von der Wirtschaft dominiert noch vom Antagonismus zwischen Nationalstaaten geprägt sein, sondern von den spontanen Zusammenschlüssen von Individuen aus ganz verschiedenen Kulturen. Vielen Aktivistinnen standen basisdemokratische Strukturen ohne Zentrum vor Augen, wie sie der italienische Philosoph Antonio Negri und der amerikanische Publizist Michael Hardt 2002 in ihrem viel gelesenen Buch *Empire. Die neue Weltordnung* (engl. 2000) imaginierten. Die Analyse lief darauf hinaus, dass an die Stelle des Imperialismus der Nationalstaaten ein Imperium des Kapitals getreten sei, das nur durch Selbstbewusstwerdung der *multitudes* überwunden werden könne.

Diese Theorie der »Vielheiten« spiegelte die soziale Zusammensetzung der globalisierungskritischen Gruppen wider.[56] Sie speisten sich aus heterogenen aktivistischen Strömungen, die durchaus auch klassische Gewerkschafter und die Reste des sozialistischen internationalistischen Milieus umfassten. Aber gerade in Westeuropa mobilisierte das Thema »Globalisierung« den eher unorganisierten, wenn nicht anarchistischen

54 Fäßler, *Globalisierung*, S. 136.
55 Deuerlein, *Zeitalter der Interdependenz*, S. 380.
56 Zum Folgenden Roth/Rucht, »Globalisierungskritische Netzwerke«.

Teil des Spektrums der neuen sozialen Bewegungen. So gingen die ersten Anti-IWF-Proteste in der Bundesrepublik 1988 aus dem autonomen Milieu West-Berlins hervor.[57] Das war zwar rhetorisch noch der Klassenperspektive verhaftet, wenn es sich als Vertretung des »Weltproletariats« sah. Es wurde aber letztlich vor allem von seinem Antietatismus und Antiinstitutionalismus zusammengehalten, der generell eine schwere Hypothek aus den 1970er und frühen 1980er Jahren war: Die damalige Diskussion über Globalität hatte sich fest mit der Kritik an Staat, Experten und großen Organisationen verknüpft. Dies entfremdete die Aktivistinnen von der Idee der Solidarität zwischen nationalen Arbeitervertretungen. Sehr pointiert formuliert wirkt der dezidierte »Postnationalismus« der Antiglobalisierungsbewegung bisweilen sogar wie ein Zerrbild ebenjenes staatsfeindlichen, neoliberalen Globalismus, den sie bekämpfte. So teilte man die Diagnose vom Ende nationaler Territorien als Container politischen Handelns. Das war insofern tragisch, als die globalisierungskritische Bewegung zwar wachen Auges registrierte, dass es die *Staaten* des »Nordens« waren, die Entscheidungen trafen, die die Institutionen der *Global Governance* – wie Sozialwissenschaftler Weltbank, IWF und WTO ab Mitte der 1990er Jahre bezeichneten – mit viel Macht ausstatteten. Obschon sich viele Globalisierungsgegnerinnen als Avantgarde oder Nukleus einer postnationalen »Zivilgesellschaft« sahen (so ein weiteres Modewort der 2000er Jahre), geriet jedoch aus ihrem Blick, dass sie diese Selbstbeschreibung mit vielen Nichtregierungsorganisationen teilten, die nach 1989 ausgehend von der Beobachtung gegründet wor-

57 Siehe Lukas Hezels Beschreibung seines Forschungsprojekts »Vom Antiimperialismus zur Globalisierungskritik. Der Nationalstaat im Denken der globalisierungskritischen Bewegungen, 1988–2007«: https://www.phil.uni-mannheim.de/neuere-und-neueste-geschichte/team/promovierende/lukas-hezel/#c158120 [25.6.2023].

den waren, dass sich grenzüberschreitende »globale« Risiken nicht mehr durch Kooperation zwischen Staaten bewältigen ließen.[58] Gerade im Bereich der internationalen Umweltpolitik war Global Governance komplexer, als es die kritische Globalisierungstheorie wollte, was manchen verpassten politischen Anschluss erklärt.

Die »Ablehnung der Sache« förderte die gesamtgesellschaftliche Plausibilität der Globalisierungsdiagnose also noch,[59] woran auch durch und durch kritische Aufklärungsmedien wie der seit 2003 erscheinende *Atlas der Globalisierung* mit seinen vielen vorzüglichen Infografiken und thematischen Karten globaler Lagen ihren Anteil hatten. Die Ansicht, es gäbe gar keine Globalisierung, war marginal.[60] Das heißt nicht, dass nicht vor einer unreflektierten Verwendung des Globalisierungsbegriffs gewarnt worden wäre, die Teil der »Globalisierungsfalle« (Harald Schumann / Hans-Peter Martin) sei. Soziologen wie Ulrich Beck und sein der globalisierungskritischen Bewegung nahestehender französischer Kollege Pierre Bourdieu wiesen früh darauf hin, dass der Prozessbegriff »Globalisierung« von den Akteuren globaler wirtschaftlicher Integration ablenke und im schlimmsten Fall zur Verwechslung von Vernetzungsursachen und -wirkungen führe.[61] Beck prangerte als »Globalismus« eine ideologische Globalisierungsrhetorik an, die die Interessen der Profiteure an einer Unterwerfung aller Gesellschaftsbereiche unter die Logik des Marktes verschleierte. Ähnlich sah es der amerikanische Politikwissenschaftler Manfred Steger, der als »Globalismus« insbesondre die Koppelung des Globalisierungsbegriffs an den Demokratisierungsbegriff

58 Vgl. Zeiler, »Türen«, S. 334.
59 Bach, *Erfindung*, S. 207.
60 Deuerlein, *Zeitalter der Interdependenz*, S. 379.
61 Wirsching, »Kaiser«, S. 678.

kritisierte,[62] um damit die Begründung der Militärinterventionen der ölhungrigen USA im Irak als vorgeschoben zu entlarven. Die Äußerungen öffentlicher Intellektueller wie Beck und Bourdieu hoben letztlich darauf ab, dass eine bestimmte Art des Redens über die Globalisierung zu einem ihrer Faktoren wurde.

Die Welt als Netz

Versuchte man sich an einer Bilanz der Globalisierungsdebatte bis 2007, könnte man sagen: Alle, Kritikerinnen wie Befürworterinnen, sprachen von Netzen, kaum einer von Organisation. Die wichtigste Ursache dafür liegt auf der Hand. Das Internet trug stark bei zur lebensweltlichen Plausibilität der Vorstellung, man werde künftig in einer Welt ohne Zentrum und ohne regulierende Instanzen agieren. Textile Vernetzungs- und andere Dezentralisierungsmetaphern sind zwar älteren Ursprunges. Aber sie wurden um die Jahrtausendwende, als die Zahl der privaten Zugänge zum »Netz« rasant zunahm, unterfüttert durch die Alltagspraxis des »Surfens« und die Hyperlinkstruktur des Word Wide Web. Die neue Erfahrung der digitalen Kommunikation wurde flankiert von einer utopischen Werberhetorik, in der sich Globalismus und Emanzipationsemphase verbanden. Die Möglichkeit, vom heimischen PC aus über riesige Distanzen hinweg Wissen und Informationen auszutauschen und dabei selbst zum Knotenpunkt eines globalen Netzwerks zu werden, wurde als demokratischer Freiheitsgewinn gedeutet. Das schien sich spätestens im »arabischen Frühling« 2010/11 zu bestätigen, schloss aber auch schon vorher nahtlos an Medienverheißungen des Kalten Kriegs an: Apple Macintosh etwa hatte den ersten an Normalkonsumenten vermark-

62 Bach, *Erfindung*, S. 215–218.

teten Mikrocomputer 1984 mit einem Werbeclip beworben, in dem eine blonde Hammerwerferin in unverkennbarer Anspielung auf George Orwells totalitarismuskritischen Roman *1984* den riesigen Bildschirm zerschmetterte, von dem aus *Big Brother* eine Masse grau gekleideter Arbeitsdrohnen indoktrinierte. Was seine akademische Entsprechung in Manuel Castells' Diagnose hatte, die *Netzwerkgesellschaft* (1996) löse die hierarchische Moderne ab, präge die politische Rhetorik aber auch direkt: Das verdeutlicht das oft als Blaupause der »Agenda 2010« betrachtete »Schröder-Blair-Papier« von 1999.[63] Mit ihm propagierten die beiden Spitzenpolitiker einen »dritten Weg« der europäischen Sozialdemokratien, der nicht nur wirtschaftspolitischen Pragmatismus vorsah, sondern auch von der Annahme ausging, dass eine wissensbasierte Informationsökonomie im Entstehen sei, die nach entsprechenden Arbeitnehmerqualitäten verlangte.

Zweifellos glaubten viele Entrepreneure des Silicon Valley selbst an die Vision einer durch freien Informationsaustausch friedlich zusammenwachsenden, von Regierungen weitgehend unbehelligten, globalen »elektronischen Agora«. Akteure wie der Microsoft-Gründer Bill Gates hatten dem technikbegeisterten Flügel der kalifornischen Hippie-Aussteigerkultur der 1960er Jahre angehört. Unter Bezugnahme auf Modephilosophen der Gegenkultur wie Buckminster Fuller oder Marshall McLuhan reaktivierten Tech-Promoter wie Stewart Brand – bekannt für den Slogan »Information want to be free« – den (Techno-)Globalismus ihrer Jugendzeit. Brand hatte zwischen 1968 und 1972 einen Do-it-yourself-Warenkatalog für die Landkommunenbewegung herausgegeben, der einen Zugang (»access«) zu verschieden »Werkzeugen« legte, die beim (imaginierten) Ausstieg aus der Mehrheitsgesellschaft halfen, wozu

63 Raphael, *Kohle und Stahl*, S. 98.

Handbücher zur Schafzucht ebenso wie Elektrobauteile gehörten.[64] Dass sich mit dem Ausstieg aus den Strukturen der US-Nachkriegsgesellschaft eine ganze Welt ohne Hierarchien öffne, legte schon der Titel des *Whole Earth Catalog* nahe, genauso wie sein Cover, auf dem eine Erdfotografie abgedruckt war. Brand, der auch der Umweltbewegung angehörte, trug wesentlich zur Verbreitung solcher Bilder bei, die dann im Digitalisierungskontext der 1990er Jahre die Idee einer den Planeten überformenden, freiheitstiftenden globalen Kommunikationsinfrastruktur naturalisierten. Dass das eine radikalliberale »kalifornische Ideologe« verschleierte, die kein Bewusstsein davon hatte, dass es der amerikanische Zentralstaat gewesen war, der den militärisch-industriellen Komplex Südkaliforniens gefördert und auch die ersten elektronischen Netzstrukturen in Auftrag gegeben hatte, darauf wiesen die Sozialwissenschaftler Richard Barbrook und Andy Cameron bereits 1995 hin[65] – also rund fünf Jahre vor dem Platzen der Dotcom-Blase. Dieses verdeutlichte die unrealistischen Gewinnerwartungen der Internetunternehmer, ohne dass dem eine tiefer gehende Reflexion über die Anreizstrukturen der globalen Aktienmärkte gefolgte wäre, geschweige denn über die um die Jahrtausendwende eben auch außerhalb der Tech-Welt axiomatische Annahme, Vernetzung sei per se begrüßenswert.

Global denken, lokal konsumieren

Die »soziale Trägerschaft« der Globalisierungsdebatte der 1990er und 2000er Jahre war eher klein. »Globalisierung« hatte allenfalls für viel reisende Geschäftsleute, Spitzenpolitikerinnen, Journalisten und Akademikerinnen den Charakter einer

64 Turner, *Cyberculture*.
65 Barbrook/Cameron, »Ideology«.

regelmäßigen Erfahrung[66] – was sich, wie wir heute wissen, in den Vorwurf des Elitismus ummünzen ließ. Dennoch war die Evidenz der Globalisierung für die Bevölkerung im »globalen Norden« ausgeprägt. So ließ die Verfügbarkeit einer großen Zahl von Konsumgütern aus »Fernost« kaum Zweifel an der sich intensivierenden Integration der Weltwirtschaft. Dabei materialisierten sich in den weitgereisten Konsumartikeln die positiven wie die negativen Seiten der Globalisierung. Die Begegnung mit dem »Fremden« zu Hause war für viele Bürgerinnen mediatisiert durch Produkte der Unterhaltungs- und Kommunikationselektronik, die selbst global immer einheitlicher wurden, aber eben auch Zugang zu »Globalität« boten. Zugleich war es ihre Rolle als Konsumentinnen, in der die Bürger auch als Verantwortliche für die Globalisierung adressiert wurden. Der Konsum galt als Ansatzpunkt, an dem man im kleinen Maßstab selbst das Weltsystem verändern konnte, was durch Erzählungen von den Reisen einzelner Produkte wie T-Shirts – die Forschung spricht von *Commodity Chains* – untermauert wurde.[67] Die häufigste »globalisierungskritische« Antwort auf die von Naomi Klein und anderen gebrandmarkte Ausbeutung ostasiatischer Arbeiterinnen dürften um 2000 mehr oder weniger offene Konsumboykotte gegen Firmen wie den Sportartikelhersteller Nike gewesen sein.[68]

Der dem zugrunde liegenden Ansatz einer die Märkte »moralisierenden« Politik mit dem Einkaufswagen war verwandt mit der in den 1990er Jahren verbreiteten kulturtheoretischen Affirmation des Konsums als idenstitätsstiftender Praxis. Er erklärt sich aber auch aus längeren politischen Linien mit Globalitätsbezug. So standen vielen Globalisierungsgegnerinnen noch die erfolgreichen Anti-Apartheid-Boykotte vor

66 Eckel, »Historisierung«, S. 50.
67 Zeiler, »Türen«, S. 331.
68 Ebd., S. 338.

Augen. Es spielte aber auch die Hoffnung eine Rolle, als Verbraucher auf einen »faireren Handel« hinwirken zu können, die auf die Skandalisierung der asymmetrischen Interdependenzen in den 1970er und 1980er Jahren zurückging. Damals hatte man es als Teil des Kampfes gegen den Neokolonialismus empfunden, beim Verkaufsgespräch im »Dritte-Welt«- (bald dann »Welt«-)Laden über globale ökonomische Abhängigkeiten aufzuklären.[69] Kamen Produkte wie Kaffee oder die stilprägenden Jutebeutel hier als pädagogisches Anschauungsmaterial zur Verwendung, verlagerten sich die Aktivitäten mit zunehmender Professionalität und wachsenden Marktanteilen jedoch von der Aufklärung zum Konsum – also zur Vorstellung, dieser könne die unfairen Welthandelsstrukturen *direkt* ein Stück weit korrigieren. Was innerhalb der entsprechenden Gruppierungen in den frühen 1990er Jahren zu heftigen Strategiediskussionen führte, begegnet uns in der Debatte über die Zielkonflikte im »Bio-Bürgertum« wieder. Historisch ist das deshalb wichtig, weil sich der Fokus auf individuelles Handeln, der sich im konsumethisch gewendeten Motto »global denken, lokal handeln« artikuliert, rückblickend auch eine Erklärung bildet für die geringen Widerstandskräfte linker Milieus gegen das, was man erst mit Verzögerung als »Globalisierung« begriff: Die Vorstellung, *vor allem* durch Konsum solidarisch zu agieren, konnte entpolitisierend wirken. Sie lief zudem Gefahr, Menschen mit Verantwortung zu überfrachten. Wie wir heute wissen, bietet das eine willkommene Angriffsfläche für diejenigen, die politisches Kapital daraus schlagen, engagierten Menschen vorzuwerfen, sie wollten ihre Mitbürgerinnen »erziehen« oder mit Verboten gängeln.

69 Möckel, »Plastikwelt«.

Eine ökologisch verlorene Zeit

Dieses Kapitel hat keinen Epilog oder Abgesang. Warum auch? Wir leben immer noch in der Welt Milton Friedmans. Dass es sich dabei nicht um die beste aller möglichen Welten handelt, ist schon länger kein Geheimnis mehr. Zwischenzeitlich ist allerdings kostbare Zeit verloren gegangen – in ökologischer Hinsicht. Auch das hat mit der Dezentralisierungs- und Individualisierungsemphase der Jahrtausendwende zu tun. Wenn Schülern heute beigebracht wird, den eigenen ökologischen Fußabdruck zu reduzieren – wenn ihnen die fatalen Folgen ihrer »imperiale Lebensweise« vermittelt werden oder sie zum »planetaren Denken« angeregt werden sollen[70] –, dann gründet das in der Überzeugung, die Normalbürgerinnen des »Nordens« müssten nur ihr Bewusstsein ändern, damit eine bessere Welt entstehe. Das deutet auf die Langlebigkeit eines Handlungsbegriffs hin, der mittlerweile als Ursache ökologischer Ohnmachtserfahrungen kritisiert wird: Mitte der 1970er Jahre waren angesichts der planetarischen Wachstumsgrenzen allerlei »Manuale« oder »Bedienungsanleitungen« für das »Raumschiff Erde« erschienen, die eher den Charakter von Ratgeberliteratur hatten, wenn sie Tipps dafür gaben, wie man die Ressourcen der Erde durch private Lebensstiländerungen schonen konnte.[71] Die späte Einsicht, dass darüber aus dem Blick geriet, wie bewusst etwa global agierende Ölkonzerne die öffentliche Meinung zum Umweltschutz manipulierten – was einen *anti-environmentalism* förderte, in dem die US-Republikaner überraschend spät Mobilisierungspotenzial ausmachten[72] –, sie schmeckt umso bitterer, als Ökologie im letzten Jahrzehnt

70 Siehe Brand/Wissen, *Imperiale Lebensweise*; Hanusch/Leggewie/Meyer (Hg.), *Planetar denken*.

71 Kuchenbuch, *Welt-Bildner*, Kap. 7.2.

72 Müller, *Die amerikanische Rechte*.

des 20. Jahrhunderts ihren Durchbruch erlebte, etwa in Form der Beteiligung grüner Parteien an Regierungen oder globaler umweltpolitischer Erfolge wie dem FCKW-Verbot infolge des multilateralen Montreal-Abkommens 1989.

Nun geht viel von dem technologischen Know-how, das heute in der Energiewende zur Anwendung kommt, auf Tüfteleien von Exponenten der »angepassten Technologie« zurück, die ebenfalls schon in den 1980er Jahren von der Idee angetrieben waren, globale ökologische Probleme nur im Kleinen, nur lokal bewältigen zu können. Andere ökologisch denkende Akteure prangerten völlig zu Recht die Verwässerung der Einsicht in die Endlichkeit des Planeten durch Begriffe wie »ökologische Modernisierung« oder »nachhaltige Entwicklung« an. Stellvertretend dafür kann der Sachbuchautor und Leiter des Wuppertal Instituts für Klima, Umwelt, Energie, Wolfgang Sachs, stehen, der sich kritisch mit den Dokumenten der internationalen Umweltdiplomatie wie dem »Brundtland Report« der Weltkommission für Umwelt und Entwicklung von 1987 auseinandersetzte, weil aus ihnen ein demokratisch wenig legitimierter »Ökotechnokratismus« sprach – und wichtiger noch: ein Vertrauen in künftige »technological fixes«, das von der Notwendigkeit einer Veränderung menschlicher Wirtschaftsweisen ablenkte.[73] Das führte Sachs auch zu einer scharfen Kritik an den NASA-Erdfotografien, deren sentimentaler »Satellitenblick« den Planeten trivialisiere, ihn aber zugleich als Interventionsobjekt erscheinen lasse.[74]

Was wie eine Vorwegnahme der heutigen Kritik am sogenannten Geoengineering wirkt – und den wichtigen Hinweis birgt, dass die versöhnliche Rede vom Schutz des gemeinsamen Heimatplaneten konkrete umweltpolitische Zuständigkeits-

73 Sachs, *Patient*.
74 Sachs, »Satellitenblick«.

konflikte auf dem »Boden« verschleiern kann[75] –, war aber auch mit einer Modernitätskritik älteren Datums verknüpft. Sachs selbst prangerte zwar eher die »kulturelle Globalisierung« an.[76] Er tat dies aber in einem diskursiven Kontext, in dem indigene Gesellschaften als Kehrseite dieser Kritik als nachhaltigere, »naturweisere« Kulturen überhöht wurden.[77] Und das konnte politisch kontraproduktiv sein, weil sich Kritik an Umweltzerstörung infolgedessen weniger gegen kapitalistische Praktiken als gegen das staatliche Entwicklungsdenken richtete. Bis heute reißt das Interesse an den »Ökonomien der Anderen« nicht ab,[78] wie sich an der unkritischen Begeisterung für den Himalaja-Staat Bhutan zeigt, der für allerlei Versuche herhalten muss, alternative, nicht auf Wirtschaftswachstum abhebende Wohlfahrtsindizes zu entwickeln. Zwar war das Spektrum dieser Anstrengungen, die Welt anders – wenn nicht mit den Augen »der Anderen« – zu sehen, breit. Es reicht von der Wiederentdeckung von Margaret Meads und Claude Lévi-Straus' Kulturrelativismus bis hin zur Verehrung der »Mutter Erde« und den esoterischeren Spielarten der »Gaia-Hypothese« der Mikrobiologin Lynn Margulis und des Biophysikers und NASA-Mitarbeiters James Lovelock (die darauf hinauslief, die Erde als sich selbst erhaltendes System gleiche letztlich einem Lebewesen[79]). Wo solche Ideen, die sich sogar bis in die Holismen der 1920er Jahre zurückverfolgen lassen, jedoch in Fundamentalkritik an der »westlichen« geistigen Selbsterhebung über die Natur mündeten, da konnte das in vernunftkritische Selbstwidersprüche übergehen. Und vor allem: Es konnte unfreiwillig einem Exotismus Vorschub leis-

75 Jasanoff, »Images«.
76 Sachs, »Die eine Welt«.
77 Schüring, »Gegenwelten«.
78 Luks, *Ökonomie*.
79 Clarke, »Gaia«.

ten, der Allianzen mit der politisch organisierten internationalen Umweltbewegung erschwerte. Allerdings litt auch die engere Antiglobalisierungsdebatte am Widerspruch zwischen dem Universalismus ihrer Menschenrechtsargumentation und einer Wertschätzung der kulturellen Differenzen in der Welt. Wenn in diesem Kontext immer wieder die vermeintlich anders gelagerten »asian values« auftauchten, lässt sich auch das als Spätfolge des in den 1970er Jahren entstandenen ethischen Globalismus deuten, der als erster den »Richtungspfeil« globaler Lernprozesse wieder umgekehrt hatte.

8 Epilog

Eine neue Weltwirtschaftskrise

Der Globalisierungsbegriff war eben als Camouflage ökonomischer Interessen durchschaut worden, da erlangte er plötzlich Plausibilität durch eine Finanzkrise, die in die größte globale Wirtschaftskrise seit 1929 überging: Das Platzen einer Blase am US-Hypothekenmarkt 2007 wuchs sich zu einer internationalen Bankenkrise aus, die zwei Jahre später die europäische Staatsschuldenkrise hervorrief. Was war geschehen?[1] Eine Vielzahl von Akteuren der US-Finanzwirtschaft hatte ein Interesse daran gehabt, auch einkommensschwachen Haushalten Immobilienkredite viel zu lange zu viel zu »guten« Bedingen anzubieten. Die in den USA der 1990er Jahre politisch gewollte und als sozial stabilisierend betrachtete Eigenheimförderung traf auf neue Formen der Verbriefung von Kreditausfallsrisiken: auf zerstückelte und auf undurchsichtige Weise neu kombinierte *Mortgage Backed Securities*, die an den Kapitalmärkten gehandelt wurden. Dieser *Subprime*-Sektor hatte viel mit dem »billigen Geld« zu tun, das aufgrund des Booms der chinesischen Wirtschaft zur Verfügung stand. Dass sich systemische Risiken akkumulierten, wurde lange ignoriert; der anhaltende Boom des amerikanischen Immobilienmarkts trübte die Risikowahrnehmung, auch seitens der ohnehin laschen Bankenaufsicht. Hinzu kamen das verantwortungslose Verhalten der Kreditinstitute, aber auch der Ratingagenturen,

1 Tooze, *Crashed*.

die deren Kreditwürdigkeit prüften, den Banken aber allzu eng verbunden und ihrerseits kaum reguliert waren.

Die Kettenreaktion begann, als sich abzeichnete, dass Zehntausende Kreditnehmer ihre Schulden nicht würden bedienen können. Nun erwies sich die Rücknahme der auf die New-Deal-Ära, also die *erste* Weltwirtschaftskrise, zurückgehende Trennung von Anlage- und spekulativem Bankengeschäfts als fatal. Infolge der extremen Verschuldung der Banken beieinander und ihrer sehr niedrigen Eigenkapitalquoten kam es nach der Insolvenz von Lehman Brothers 2008 zu einem völligen Vertrauensverlust im Interbankverkehr und damit zu einer Liquiditätskrise, die rasch auch die »Realwirtschaft« erfasste. Die Abwärtsspirale konnte nur durch ein massives, mit Steuergeldern geschnürtes Rettungspaket für die »systemrelevanten« Kreditinstitute gebremst werden, die die Welt wahrscheinlich vor Schlimmerem rettete, auch wenn zuvor Arbeitslosigkeitsquoten erreicht wurden, wie man sie in den USA seit vierzig Jahren nicht mehr erlebt hatte. Derweil griff die Krise 2009 infolge veränderter Risikobewertungen und hierdurch eingeschränkter Refinanzierungsmöglichkeiten für Staatsschulden auf einzelne europäische Länder, allen voran Griechenland, dann auf die gesamte Eurozone über. Erst mit dem europäischen Stabilitätsmechanismus und dem massenhaften Ankauf von Staatsanleihen durch die Europäische Zentralbank ab 2010 wurde ein einigermaßen wirksames Instrumentarium zur Krisenbekämpfung gefunden. Allerdings macht sich das infolge der liquiditätsförderlichen Niedrigzinspolitik als »Betongold« geparkte Anlagekapital aus aller Welt in den immer weiter steigenden Mieten in den europäischen Städten bemerkbar. Die Krise ist immer noch bei uns.

Die Wiederentdeckung des Kapitalismus

Dass eine Globalisierung stattgefunden hatte, ließ sich Ende der 2000er Jahre also kaum mehr bezweifeln, waren es doch Kleinkredite an amerikanische Häuslebauer gewesen, die mit chinesischem Kapital finanziert wurden, deren Platzen zu einem harten Spar- und Privatisierungsregime in Griechenland führte, das ausgerechnet ein deutscher Finanzminister wesentlich vorantrieb. Die Forderungen der »Troika« aus Europäischer Kommission, IWF und EZB schien aber auch viel von dem zu bestätigten, was die linksgerichtete Globalisierungskritik schon Ende des Jahrtausends angeprangert hatte. Die »neoliberale« Kombination aus Austeritätsprogramm und Rettungspaket hat zwar den griechischen Staatshaushalt stabilisiert, aber um den Preis einer Verarmung erheblicher Teile der Bevölkerung. Ganz unverhohlen ließen Nichtmajoritäre Institutionen (NMI) nun also auch in Europa ihre Muskeln im Dienste der privaten Reichtumssicherung gegenüber gewählten Regierungen spielen, so der Eindruck.[2] Dass die Normalbevölkerung die Rechnung für die nach der Devise »too big to fail« vergesellschafteten Krisenfolgen zahlte, war umso skandalträchtiger, als die Konsequenzen für die Verursacher der Krise milde ausfielen. Die Bankiersboni erreichten rasch wieder Vorkrisenniveau. Und bisweilen konnte man den Eindruck davontragen, das *high speed trading* habe sich entkoppelt von menschlichen Entscheidungen vollzogen.

Wenig überraschend belebte all das die Antiglobalisierungsbewegung, etwa in Form der 2011 vom Zuccotti Park in Manhattan ausgehenden Occupy-Wall-Street-Proteste. Wie rund zehn Jahre zuvor erzeugten deren Aktionen – trotz Solidaritätsadressen einflussreicher Wirtschaftswissenschaftler wie Joseph E.

2 Vogl, *Souveränitätseffekt.*

Stiglitz und Paul Krugman – aber erst ein Medienecho, als es zur Räumung der Protestcamps kam. Und wie um die Jahrtausendwende blieben die Ziele der Proteste ähnlich diffus wie ihre Organisationsstruktur (die nun von spontanen Absprachen via Smartphone geprägt war), sieht man vom gemeinsamen Nenner der Forderung ab, Gewinne aus Devisengeschäften zu besteuern. Auch wenn die drohende Pfändung argentinischen Staatsvermögens auf Drängen internationaler Hedgefonds einige Entrüstung auslöste: Im Unterschied zur Jahrtausendwende ging es diesmal weniger um Solidarität mit dem »Süden« als um Lastenverteilungen innerhalb des »Nordens«. Das lässt sich am dem Anthropologen David Graeber zugeschriebenen Slogan »We are the 99 percent« erkennen.

In den folgenden Jahren erwies sich auch journalistisch das Thema der Steuervermeidung als besonders fruchtbar. Die seitdem fast regelmäßig digital geleakten Listen der Profiteure der Offshore-Steuerparadiese ließen soziale Ungleichheit mehr denn je als Resultat uneingeschränkter Kapitalmobilität erkennen – und diese als Konsequenz der Lobbymacht der steuervermeidenden Multis. Zudem galt, anders als in den 1990er Jahren, nunmehr als gesichert, dass die intensivierten Handelsbeziehungen einer globalisierten Welt den Wegfall von Arbeitsplätzen im »Norden« bedingten. Das hatte Polarisierungseffekte zwischen Niedrig- und Hochlohnländern zur Folge. Es erhöhte angesichts stagnierender Reallöhne aber auch innerhalb der Hochlohnländer die Kritik an der geringen Besteuerung der Spitzenvermögen, die im »Standort«-Diskurs mit der andernfalls drohenden Abwanderung von Firmen begründet worden waren.

Der Historiker Jürgen Kocka spricht angesichts der Bankenrettung 2008 von einer »Selbstentzauberung des neoliberalen Mythos«, der Markt komme ohne staatliche Interventionen aus.[3] Tatsächlich wurden seit der Finanzkrise die akademischen Kapitalismusanalysen entstaubt. Analysen der zyklischen Krisen des Kapitalismus, der Nichteinlösbarkeit seines meritokratischen Versprechens, seines Formwandels häuften sich. Bald wurden selbst in den Feuilletons Studien zum »Plattform-« oder »Zentralbankkapitalismus« besprochen, während Ansätze einer »pluralen Ökonomik« die Dominanz des neoklassischen Paradigmas an den wirtschaftswissenschaftlichen Fakultäten, wenn nicht brachen, so doch infrage stellten. Bücher wie Karl Polanyis *The Great Transformation* (1944) kehrten auf die Leselisten zurück, *Das Kapital im 21. Jahrhundert* des französischen Ökonomen Thomas Piketty wurde 2013 zum Bestseller.

Seitdem haben sich drei Entwicklungen als produktiv erwiesen. Erstens revidierte die Politikwissenschaft die um 2000 so präsente Wahrnehmung eines Machtverlusts »des Staats« gegenüber dem Weltmarkt. Neuere Forschungen machten darauf aufmerksam, dass die Globalisierung politisch gewollt war. Auch die Diskussionen unter Historikerinnen über den Nachteil einer allzu pauschalen Ökonomisierungs- bzw. Neoliberalismusdiagnose entspringen diesem Denkzusammenhang. Mit ihm erwachte – zweitens – das Interesse an der Lobbyarbeit bestimmter Akteure, vor allem im Bereich des internationalen Rechts. Am vorläufigen Ende dieses Trends steht Katharina Pistors Studie zum *Code des Kapitals*.[4] Sie zeigt, wie die nicht ohne Grund in den anglophonen Zentren des flexibleren Common Law angesiedelten Anwaltskanzleien und Vermögensberater beteiligt waren an der weltweiten Etablierung und Aufrechterhaltung jener Rechtsnormen und Eigentumsbegriffe, die eine Erklärung bilden für das von Piketty beobachtete Phänomen, dass die Rendite von Kapital den Zu-

3 Kocka, *Kapitalismus*, S. 118.

4 Pistor, *Code des Kapitals*.

wachs des »verdienten Vermögens« fast immer überstieg. Insofern, als Pistor die langen Linien dieser juristischen Begünstigungen bis zurück zu den Landreformen des 18. Jahrhunderts verfolgt, steht ihr Buch – drittens – für die Wiederentdeckung der *Geschichte* des globalen Kapitalismus. In ihr liegt auch der Erfolg der hier mehrfach angeführten Studie Quinn Slobodians zu den »Globalisten« der Zwischenkriegszeit begründet. Auch sie betont die Bedeutung der Indienstnahme nationaler Gesetze für die Kapitalmobilität – bis hin zur Idee, diese als Menschenrecht zu kodifizieren, die der Historiker bis ins frühe 20. Jahrhundert zurückverfolgt. Beide Studien stehen im Kontext eines breit empfundenen Unbehagens gegenüber Freihandelsabkommen, das keinen geringen Anteil daran hatte, dass die 2013 begonnenen Beratungen über das Freihandels- und Investitionsschutzabkommen zwischen der Europäischen Union und den USA (TTIP) auf unbestimmte Zeit ruhen.

Von der linken zur rechten Globalisierungskritik?

Trotz der Renaissance einer tendenziell linken akademischen Kapitalismuskritik lässt sich der Eindruck nicht von der Hand weisen, dass die »globalisierungskritische« Initiative zuletzt eher auf den Rechtspopulismus – zugespitzt: von Attac auf Pegida – übergegangen ist. Tatsächlich hatte der »Narrensaum« der amerikanischen Rechten schon 1999 in Seattle gegen die »Neue Weltordnung« protestiert. Das fußte bereits damals in einer kruden Mischung aus ökonomischer Verschwörungstheorie und rassistischen Ideologemen,[5] die mittlerweile weit über das »Prepper«-Milieu der USA hinausgewachsen ist. Allerdings hatte es auch im Umfeld der Occupybewegung Nischen einer »kulturalisierten« Globalisierungskritik gegeben,

5 Bach, *Erfindung*, S. 207 f.

deren pauschale Kritik an »kosmopolitischen Eliten« nicht viel trennte von der latenten, »traditionellen« Judenfeindlichkeit, für die ein Viktor Orbán stehen kann, der sich seit 2010 fast obsessiv am in Budapest geborenen US-Investmentbanker und Philanthropen George Soros abarbeitet. Eben diese Nähe macht sich die am Anfang dieses Essays erwähnte ironische Bezugnahme Hans-Georg Maaßens auf das Buch Slobodians zunutze – wobei Maaßen völlig bewusst sein dürfe, dass ihm ideologisch nahestehende Politiker auch vor indirekten Hitlerzitaten nicht Halt machen, wenn sie die »globale Klasse« anprangern.[6]

Obschon es seit mindestens 150 Jahren auch eine konservative Globalisierungskritik gibt, ist deren Einfluss auf den neuen Rechtspopulismus wenig erforscht. Und so wäre es mindestens gewagt, diesen monokausal auf das »Rendezvous mit der Globalisierung« zurückzuführen, als das Wolfgang Schäuble die Flüchtlingskrise 2015/16 bezeichnete, die ja tatsächlich Folge sowohl des »arabischen Frühlings« als auch der geostrategischen Interessen im Bürgerkriegsland Syriern war. Der politische Erregungszustand angesichts der Geschehnisse des Septembers 2015 gründete aber allem Anschein nach in Frustrationen, die viel mit der ausgebliebenen Anerkennung der Lebensleistung jener Menschen zu tun hatte, die besonders stark von den Kotransformationseffekten der 1990er und 2000er Jahre betroffen waren – in Ostmitteleuropa, aber zum Beispiel auch im vom Rückzug des Sozialstaats aus der Fläche geprägten Nordschweden.[7] Umso auffälliger ist, dass im Kontext der Debatte über den Rechtspopulismus selten thematisiert wird, wie sehr die inkriminierten Instrumente der Eurokrisenbewältigung den in den 1990er Jahren erprobten glichen. Immerhin hing der Aufschwung der bundesrepublikanischen neuen

6 Wolfgang Benz, »Wie Gauland sich an Hitlers Rede anschmiegt«, in: *Der Tagesspiegel*, 10.10.2018.

7 Lindell/Pelling, *Unzufriedenheit*.

Rechten direkt mit der »Eurorettung« zusammen. Was den einen wie ein Eingriff in die Souveränität gewählter Regierungen schien, betrachteten Vertreterinnen der 2013 als Anti-Euro-Partei gegründeten, sich seitdem immer weiter radikalisierenden Alternative für Deutschland (AfD) als Wohlstandstransfer zuungunsten der »einfachen Leute«.

Zweifellos verfing und verfängt eine antiglobalistische Rhetorik häufig bei den besonders stark von Arbeitslosigkeit bedrohten, ehemals (sozial)demokratisch wählenden Schichten Europas und Nordamerikas, und hier verstärkt bei zugleich kulturell weniger »weltgewandten« und sozial weniger mobilen Männern in den ländlichen Regionen. Die Rückkehr der Ethnonationalismen hat aber nicht immer etwas mit Migration zu tun. In Dänemark, dem ersten europäischen Land, in dem mit der Dansk Folkparti ab 2000 eine rechtspopulistische Partei die Regierung stützte, war das auch Folge einer erfolgreichen Stimmungsmache angesichts der vermeintlichen Hypertoleranz des urbanen Justemilieus gegenüber der zahlenmäßig marginalen muslimischen Bevölkerung. Der 2005 ausgebrochene »Karikaturenstreit« um bewusst provozierende Darstellungen des Propheten Mohammed begann als Stellvertreterkrieg innerhalb der dänischen Medienwelt über die Grenzen der Meinungsfreiheit. Zum Globalisierungsphänomen wurde er erst, als er im Nahen Osten Boykotte dänischer Exportprodukte und gewaltsame Proteste hervorrief, die mehrere Leben forderten, was die innerdänische Debatte radikalisierte. Hierzulande kaum beachtetet, hat sich Dänemark mittlerweile eine von den Sozialdemokraten verantwortete »Getto«-Gesetzgebung gegeben, die für Wohngegenden mit besonders hohem Anteil von Bewohnerinnen aus nichtwestlichen Ländern und ihre Nachkommen ein gesondertes Strafrecht vorsieht. Überhaupt sollte man, wenn man nach dem Zusammenhang zwischen Einwanderung, »Globalismus«-Schelte und Rechtspopulismus fragt, bedenken, dass sich auch die die jeweiligen Ausprägungen der Migrationsdebatten der vergangenen zwei Jahrzehnte nicht selten deutungshistorischen Sonderfaktoren verdankten. So wird gern vergessen, dass das Vereinigte Königreich zu den Befürwortern der innereuropäischen Arbeitsmobilität gezählt hatte, die man ab 2016 via Brexit wieder loswerden wollte. Was die Premierministerin Theresa May den Bürgerinnen dann als Entmachtung der »Citizens of Nowhere« verkaufte, ließ sich aber wohl nur in England als Rückkehr der ehemaligen imperialen Macht auf die Weltbühne (»Global Britain«) anpreisen.

»Kulturkämpfe« und das Ende des Vernetzungsglobalismus

Wenn der »Globalismus« in allerjüngster Zeit vermehrt von rechts angegriffen wird, dann hat das also wenig mit eingehenden Globalisierungsanalysen zu tun. Aber auch ökonomische Verteilungskonflikte infolge zunehmender Migration spielen allenfalls eine untergeordnete Rolle. Die Mobilisierung hat mindestens ebenso viel zu tun mit der – mehr wahrgenommenen als wahrhaftigen – Herausforderung der kulturellen Hegemonie der »Mehrheitsgesellschaften« infolge einer lauter werden Kolonialismuskritik bzw. der Forderungen migrantischer und anderer marginalisierter Gruppierungen nach soziokultureller Anerkennung und politischer Repräsentation. Nun sind aber auch Versuche, die Erfolge der Rechtspopulisten aus kulturellen Kränkungen heraus zu erklären, mit Vorsicht zu genießen, wie das Beispiel des – nicht nur aufgrund seiner Plagiate problematischen – Buchs der Soziologin Cornelia Koppetsch, *Die Gesellschaft des Zorns* (2019), zeigt. Koppetschs Erklärung des »Rechtspopulismus im globalen Zeitalter« krankt nicht zuletzt daran, dass sie dessen Feindbeschreibung reproduziert. So unterscheidet sie »nicht systematisch zwischen kosmopolitischen Werten, kosmopolitischer Lebensführung und kosmopolitischer Identität«.[8] Noch dazu übertreibt sie die Exklusivität »des« Kosmopolitismus, auch in dem konkreten Sinne, dass er seine Heimat in *Gated Communities* und mehrsprachigen Privatkindergärten habe. Eine »klassenübergreifende Protestbewegung gegen die globale Öffnung der Gesellschaft« wirkt dann wie eine »natürliche« kollektivpsychologische Reaktion gegen den »bislang unbewältigten Epochenbuch der Globalisierung«. Die ebenso bewusste wie erfolgreiche Mobilisierung von Ressentiments seitens Parteien des rechten Rands, die wirtschaftspolitisch für alles andere als Protektionismus oder soziale Umverteilung stehen, bleibt so aber außen vor. Dabei müsste es darum gehen, zu analysieren, warum rechtsgerichtete Akteure mithilfe des Globalismus- bzw. Kosmopolitismusvorwurfs erfolgreich von der Tatsache ablenken können, dass die Diversität der europäischen Gesellschaften seit mindestens 150 Jahren mehr oder weniger ausgeprägt ist.

Ein Faktor hierbei war sicher der technologisch beschleunigte Bedeutungsverlust der klassischen, zumeist bürgerlich-liberalen Gatekeeper der Aufmerksamkeitsökonomie infolge der digitalen »Verbreiterung der sozialen Basis kultureller Prozesse« durch die sozialen Medien, deren Nutzerzahlen Ende der 2000er Jahre explodierten.[9] Mittlerweile wissen wir, dass die Plattformbetreiber Antagonismen und Ressentiments mit ihren Algorithmen aktiv fördern,[10] wenn sie nicht gegen Geld die öffentliche Meinung manipulieren helfen, wie es 2018 der *Cambridge-Analytica*-Skandal um den Verkauf von Nutzerdaten

8 So die konzise Analyse von Floris Biskamp: https://florisbiskamp.com/2019/09/24/kritik-an-cornelia-koppetschs-gesellschaft-des-zorns-und-drei-weitere-texte-im-sozblog/ [25.6.2023].

9 Stalder, *Digitalität*, S. 12.

10 Siehe Vogl, *Kapital und Ressentiment*.

während der US-Wahlkämpfe zeigte. Wenn *ein* Globalismus des 20. Jahrhunderts nachhaltig desavouiert ist, dann ist es die – noch um 2010/11 im Umfeld von arabischem Frühling und Antiglobalisierungsbewegung Hoffnung weckende – Erwartung einer durch dezentrale digitale Vernetzung befriedeten und befreiten Welt. Sie überzeugt schon deshalb nicht mehr, weil diese Freiheit offensichtlich an den Grenzen autoritärer Staaten endet, in denen die Techunternehmer Geschäftsinteressen hegen.

»Wildes« Denken im Anthropozän

Nun lassen Phänomene wie das »Seasteading« – also das bei den Plattformgründern populäre Konzept schwimmender Inseln, auf denen sich Hyperreiche staatlicher Regulierung und Besteuerung gänzlich entziehen können, – oder auch die »Golden Visa« und der jüngste Trend, der Erwerb riesiger abgelegener Grundstücke in Neuseeland, wenig Zweifel daran, dass es sehr wohl, wenn nicht kosmopolitische, so doch »planetarische Existenzen« gibt: also Menschen, die unbegrenzt mobil wären in der Eventualität des Zusammenbruchs der gesellschaftlichen Ordnung, die in den entsprechenden Szenarios fast immer einer ökologischen Katastrophe folgen. Es ist eine bittere Ironie, dass die *Spaceship* bzw. *Lifeboat ethics* der 1970er Jahre nun einer zynischen »politics of the armed lifeboat« weichen.[11] Es zeugt aber auch davon, dass seit einigen Jahren das Bewusstsein dafür, dass Migration fast immer mit ökologischen Krisen in Zusammenhang steht, stark zugenommen hat. Auch die neuere umwelthistorische Forschung zeigt, dass Fluchtursachen in der Welt schon lange in der menschengemachten Veränderung lokaler Naturverhältnisse liegen, die

11 Zitiert nach Daggett, »Petro-masculinity«, S. 26.

bereits im Zeitalter der ersten, »imperialen« Globalisierung durch die Entstehung globaler Wertschöpfungsketten beschleunigt wurde.[12] Wie der Historiker Dipesh Chakrabarty argumentiert, ist dieser Zusammenhang seitens der kritischen Deutungseliten aber lange unterbelichtet worden. Exemplarisch weist er darauf hin, dass die erste große Konferenz des Postkolonialismus mit Sprechern wie dem indischen Philosophen Homi Bhabha und dem erwähnten Stuart Hall 1988 fast zur selben Zeit tagte, als der NASA-Wissenschaftler James Hansen erstmals vor der US-Regierung über die globale Erhitzung sprach, ohne dass eine der beiden Seiten hier eine Verbindung gezogen hätte.[13] Dass Chakrabarty – immerhin Urheber der Forderung nach einer akademischen »Provinzialisierung Europas« – auf diese Verbindung hinweist, zeugt nun von der zwischenzeitlichen Rückkehr »materialistischer« Sichtweisen mit planetarischer Perspektive, die ein Korrektiv mancher »naturblinden« Kulturtheorie der 1990er und 2000er Jahre darstellen.

Stellvertretend für diese Entwicklung kann die Debatte über das Anthropozän, das neue, menschengemachte Erdzeitalter, stehen.[14] Das Konzept, das der niederländische Atmosphärenchemiker Paul Crutzen 2000 im Zuge einer geologischen Fachdiskussion geprägt hatte, berührt das ureigenste Terrain der Humanwissenschaften, die es zugleich zur Beschäftigung mit naturwissenschaftlichen, allen voran stratigrafischen Daten und Denkkategorien zwingt. Als besonders produktiv hat sich die Warnung davor erwiesen, die Menschheit angesichts des unbestreitbaren anthropogenen Klimawandels und der menschlichen Zerstörung der Biome der Erde als

12 Vgl. Ross, *Ecology and Power*.

13 »The Long-Lasting ›Provincialization‹ of Europe. An Interview with Dipesh Chakrabarty«: https://europedebate.hypotheses.org/1085 [25.6.2023].

14 Einen hervorragenden Überblick bieten Horn/Berthaller, *Anthropozän*.

eine Art blind voran walzender Quasinaturgewalt zu zeichnen. Zum einen öffne das einem *Geoengineering* Tür und Tor, dessen Exponenten sich zur technischen Manipulation der biologischen Überlebensbedingungen der Spezies Mensch berufen fühlten, ohne sich über deren demokratische Legitimation den Kopf zu zerbrechen. Und tatsächlich eignet mancher Spielart der Anthropozändebatte ein fast evolutionistischer Zug; Crutzen selbst nahm in einem seiner ersten Artikel zum Thema lobend auf hier behandelte Vordenker des frühen 20. Jahrhunderts wie Wladimir Wernadski und Teilhard de Chardin Bezug, die alles andere als politische Köpfe waren.[15] Zum anderen blende die Debatte die konkrete historische Verantwortungsfrage aus – worauf mit alternativen Wortschöpfungen wie dem »Kapitalozän« reagiert wird, deren analytischer Nutzen sich noch erweisen muss.

Allerdings sind auch die eingangs erwähnten, entschieden gegen die Machbarkeitshybris des »Globus«-Denkens der Geoingenieure in spe gerichteten Überlegungen Bruno Latours ein Stück weit blind für die eigene intellektuelle Vorgeschichte. Wer sich etwas in die Debatten der 1970er und 1980er Jahre eingelesen hat, dem kommt einiges bekannt vor an der Aufforderung des französischen Wissenschaftshistorikers und seiner Mitstreiter, die Kosmologien der Amazonasindianer, ihr In-der-Welt-Sein, ihre Verbundenheit mit nichtmenschlichen Akteuren zu studieren. So ehrenhaft und stimulierend solche Versuche sind, von den marginalisierten »Anderen« etwas für das Überleben im Anthropozän zu lernen: Manche europäische Hochschuldebatte über derlei »wildes Denken« grenzt an Zynismus, wenn darüber die Frage ungestellt bleibt, welcher Rechtsrahmen vonnöten wäre, um den Widerstand indigener Menschen gegen den ökologischen Raubbau multi-

15 Crutzen, »Geology of Mankind«, S. 23.

nationaler Unternehmen in ihrer Heimat zu stärken, von den ungezählten Umweltschützerinnen ganz zu schweigen, die seit den 1990er Jahren in Ländern wie Brasilien ermordet wurden. Anna Lowenhaupt Tsings brillante (und über jeden Ethnokitsch erhabene) Studie zum Matsutake-Pilz, den asiatische Displaced Persons des Vietnamkriegs in den ehemaligen Monokulturforsten der US-Pazifikküste für japanische Märkte erstöbern, zeigt demgegenüber zwar weit konkreter, dass Menschen schon länger die ökologischen »Ruinen des Kapitalismus« bewohnen und dabei symbiotische Verhältnisse mit anderen natürlichen »Aktanten« eingehen.[16] Aber sie hat einen fast melancholischen Grundton, der in Quietismus überzugehen droht.

Die vielen Enden der Globalisierung

Wir sind wieder angelangt beim verworrenen Koordinatensystem des Globalismusvorwurfs der Gegenwart. Die Verwendung des Globalismusbegriffs bei der Rechtfertigung (Maaßen) bzw. Erklärung (Streeck) des neuen Rechtspopulismus, seine Funktion als Negativfolie in der Debatte über das Mensch-Natur-Verhältnis im Anthropozän, aber auch seine Rolle im Rahmen der kritischen Selbstreflexion der Globalgeschichte – diese Diskursphänomene wurzeln beim genaueren Hinsehen allesamt in Auseinandersetzungen, die weit in die Geschichte zurückgehen. Wir können diese Linien aber klarer erkennen als je zuvor. Denn das Globalitätsbewusstsein war nie ausgeprägter als nach der Corona-Pandemie. Noch immer sind die infolge der chinesischen Zero-Covid-Strategie gestörten Lieferketten im Alltag spürbar. Dass wir vom Welthandel abhängig sind, dass dieser aber nicht selbstverständlich reibungslos verläuft,

16 Lowenhaupt Tsing, *Pilz am Ende der Welt*.

wurde zuletzt angesichts des tausendfach »memefizierten« Fotos des im März 2021 im Suezkanal havarierten Containerschiffs »Ever Given« deutlich. Das hat seine politische Entsprechung in mehr oder weniger populistischen Versuchen Deutschlands und Frankreichs, die Abhängigkeit ihrer Gesundheitssysteme von chinesischen Medizinprodukten zu verringern, indem man Anreize für den Ausbau nationaler Pharmaindustrien setzt. Dass Grenzöffnungen alles andere als irreversibel sind, hatten im Frühjahr 2020 mit als Erste die Crews der Kreuzfahrtschiffe erfahren müssen, auf denen sich die »Globalisierungsgewinner« ihren Lebensabend versüßen. Auch bei weniger direkt betroffenen Menschen hatte die Pandemie einen enormen Zuwachs globalen Bewusstseins zur Folge, und zwar sowohl in seiner konnektivistischen als auch in seiner komparatistischen Variante: Einerseits waren die Infografiken zu den Ausbreitungswegen der jüngsten Virusmutationen phasenweise omnipräsent. Andererseits verschafften Statistiken zur Wirksamkeit der nationalen Lockdown-Strategien oder zu den jeweiligen Impfquoten dem Staatsvergleich ungeahnte Popularität.

Ob sich infolge der Pandemieerfahrung ein gesellschaftlicher Trend zur »Entnetzung«[17] fortsetzen, ob die jüngste Stagnation von Handel und Kapitalflüssen weiterbestehen, die globale wirtschaftliche Verflechtung angesichts der »Chipwars« gar zurückgehen wird – darüber soll hier nicht spekuliert werden. Totgesagte leben oft länger, das könnte man vom »Ende des Kapitalismus« lernen.[18] Tatsächlich ist die Rede vom Ende der Globalisierung fast genauso alt wie die Globalisierungsde-

17 Stäheli, *Entnetzung*.

18 Lenger, »Ende des Kapitalismus«; Martin Deuerlein, »Ende der Globalisierung? Eine historische Perspektive«, https://geschichtedergegenwart.ch/ende-der-globalisierung-eine-historische-perspektive/ [25.6.2023].

batte selbst. Sie kam erstmals in der Asienkrise 1997 auf, dann erneut 2001 nach den Terroranschlägen in Manhattan und zuletzt, nachdem Donald Trump allerlei Handelskriege anzettelte, die *Die Zeit* 2016 gleich als »Aufstand gegen den Freihandel« interpretierte.[19] Immerhin forderten andere Journalisten wie Gustav Seibt die Historikerinnen im selben Zuge dazu auf, ihr plurales, nichtlineares Globalisierungsverständnis stärker in die Öffentlichkeit zu tragen.[20] Und tatsächlich interessiert sich die Geschichtswissenschaft seitdem verstärkt für die Unterbrechungen, die »Dis:konnektivitäten« (in) der Welt.

Will man aber die »dynamischen ko-konstitutiven Beziehung zwischen globaler Integration, ausbleibenden Verbindungen und Desintegration« untersuchen,[21] gilt es, auch die Wirklichkeit erzeugende Kraft globalistischer Deutungen ernst zu nehmen. Wie dieser Essay anregen sollte, heißt das – erstens – diese Deutungen an ihre Entstehungskontexte zurückzubinden: an soziale Milieus und kulturelle Konstellationen, politische Mobilisierungs- und Legitimierungsprozesse und nicht zuletzt akademische oder mediale Diskurse. Man müsste noch viel genauer aufzeigen, welche Protagonisten aus welchen Wissensgebieten bei welchen Entscheiderinnen Einfluss mit ihren Globalitätsdiagnosen und -prognosen erlangten. Das hieße zugleich, systematisch herauszuarbeiten, was dieser Essay nur andeuten konnte: Dass es nämlich Medien waren, die Globalismen plausiblisierten, die ihre Verbreitung, ihre Emotionalisierung, Moralisierung, ihre Politisierung möglich machten.

19 Lisa Nienhaus/Jens Tönnesmann, »Aufstand gegen den Freihandel«, in: *Die Zeit*, 1.12.2016.

20 Gustav Seibt, »Big history«, in: *Süddeutsche Zeitung*, 23.4.2017.

21 Käte Hamburger Research Centre, »Dis:connectivity in processes of globalisation«, https://www.globaldisconnect.org/kate-hamburger-kolleg/ [25.6.2023, Übersetzung D.K.].

Globalismen bedurften – zweitens – eines gewissen Gehalts tatsächlicher Erfahrung mit grenzüberscheitenden Verhältnissen. Das konnten Migrationsbiografien oder neue Herausforderungen für die Berufsgruppe der Managerinnen sein; es gehörten jedoch auch die Furcht vor dem Arbeitsplatzverlust oder auf den ersten Blick trivialere Alltagsphänomene wie der Ferntourismus oder der Konsum exotischer »Kolonialwaren« dazu. Aber weder determinieren diese Erfahrungen die Bewertung der entsprechenden Globalität noch folgen Globalismen zwangsläufig auf die Zunahme raumübergreifender sozialer Verbindungen. Bisweilen verhielt es sich umgekehrt. (Anti-)Globalismus *konnte* eine Reaktion auf »reale« translokale Prozesse sein, er konnte diese dann durchaus bremsen. Globalitätserwartungen konnten Vernetzungen aber auch erst auslösen. Das zeigt sich wohl am deutlichsten an den Realitätseffekten der fast zyklisch wiederkehrenden Verheißung einer kommunikationstechnischen Verknüpfung der Menschheit.

Eine vertiefte Beschäftigung mit historischen Globalismen, das ist die vielleicht schwierigste Aufgabe, müsste – drittens – Momente des Vergessens einbeziehen. Und zwar jenseits der Plattitüde, dass unsere Welt auch eine andere sein könnte, die man den optimistischen Weltordnungsvisionen der 1940er Jahre oder dem Aufblitzen einer gerechteren Weltwirtschaft Mitte der 1970er entnehmen könne. Wenn man unbedingt aus der Geschichte des globalen Denkens lernen möchte, dann wäre mein Vorschlag, Abstand zu mancher historischer Globalitätshoffnung zu nehmen. So ließe sich auch erkennen, dass bei aller berechtigten Kritik an der ethnozentrischen Überlegenheitsgewissheit, die für das europäische globale Denken im hier untersuchten Zeitraum geradezu konstitutiv war, nicht *per se* heilende Kraft im Kosmopolitismus der »Anderen« liegt. Das politische Potenzial der Allianzen globaler *multitudes* scheint in jüngster Zeit aufgrund der Tatsache gewachsen zu sein, dass Globalität auch aus Sicht des »Nordens« eben nicht mehr nur ein Problem des bemitleidenswerten »Rests der Welt« ist, wie es selbst dem kritischen Globalisierungsdiskurs der Jahrtausendwende vorkam. Zugleich hat das Bewusstsein der historischen Heterogenität innerhalb Europas und Nordamerikas stark zugenommen. »Wir« sind immer schon »globaler« – übereinander informierter, miteinander vernetzter, einander verbundener und verpflichteter – gewesen, als uns eingeredet wird.

Literaturverzeichnis

Adi, Hakim, *Pan-Africanism and Communism. The Communist International, Africa and the Diaspora, 1919–1939*, Trenton 2013.

Ahrens, Ralf / Marcus Böick / Marcel vom Lehn, »Vermarktlichung. Zeithistorische Perspektiven auf ein umkämpftes Feld«, in: *Zeithistorische Forschungen* 12/3 (2015), S. 393–402.

Andersson, Jenny / Sibylle Duhautois, »Futures of Mankind. The Emergence of the Global Future«, in: Rens van Munster / Casper Sylvest (Hg.), *The Politics of Globality since 1945. Assembling the Planet*, Abingdon / New York 2016, S. 106–125.

Anker, Peder, *The Power of the Periphery. How Norway Became an Environmental Pioneer for the World*, Cambridge / New York 2020.

Ashworth, Lucian M., »Mapping a New World. Geography and the Interwar Study of International Relations«, in: *International Studies Quarterly* 57/1 (2013), S. 138–149.

Bach, Olaf, *Die Erfindung der Globalisierung. Entstehung und Entwicklung eines zeitgeschichtlichen Grundbegriffs*, Frankfurt a. M. / New York 2013.

Bach, Olaf, »Ein Ende der Geschichte? Entstehung, Strukturveränderungen und die Temporalität der Globalisierungssemantik seit dem Zweiten Weltkrieg«, in: *Vierteljahrshefte für Zeitgeschichte* 68/1 (2020), S. 128–154.

Bänziger, Peter-Paul, *Die Moderne als Erlebnis. Eine Geschichte der Konsum- und Arbeitsgesellschaft, 1840–1940*, Göttingen 2020.

Bhagavan, Manu, *India and the Quest for One World. The Peacemakers*, New York 2013.

Barbrook, Richard / Andy Cameron, »The Californian Ideology«, in: *Science as Culture* 6/1 (1996), S. 44–72.

Barker, Tim, »Das Blut der Anderen. Der Volcker-Schock und die Folgen«, in: *Merkur* 73/842 (2019), S. 5–18.

Barth, Volker, *Mensch versus Welt. Die Pariser Weltausstellung von 1867*, Darmstadt 2007.

Barth, Volker, *Wa(h)re Fakten. Wissensproduktionen globaler Nachrichtenagenturen 1835–1939*, Göttingen 2019.

Beckert, Jens, *Imaginierte Zukunft. Fiktionale Erwartungen und die Dynamik des Kapitalismus*, Berlin 2018.

Beckert, Sven, *King Cotton. Eine Geschichte des globalen Kapitalismus*, München 2015.

Bemmann, Martin, *Weltwirtschaftsstatistik. Internationale Wirtschaftsstatistik und die Geschichte der Globalisierung, 1850–1950*, Berlin 2023.

Berg, Nicolas, *Luftmenschen. Zur Geschichte einer Metapher*, Göttingen 2008.

Berghoff, Hartmut, »Die 1990er als Epochenschwelle? Der Umbau der Deutschland AG zwischen Traditionsbruch und Kontinuitätswahrung«, in: *Historische Zeitschrift* 308/2 (2019), S. 364–400.

Bernet, Brigitta / David Gugerli, »Sputniks Resonanzen. Der Aufstieg der Humankapitaltheorie im Kalten Krieg – eine Argumentationsskizze«, in: *Historische Anthropologie* 19/3 (2011), S. 433–446.

Bin Wong, Roy, »Möglicher Überfluss, beharrliche Armut. Industrialisierung und Welthandel im 19. Jahrhundert«, in: Sebastian Conrad / Jürgen Osterhammel (Hg.), *Geschichte der Welt. 1750–1870. Wege zur modernen Welt*, München 2016, S. 255–409.

Böick, Marcus, *Die Treuhand. Idee – Praxis – Erfahrung 1990–1994*, Göttingen 2018.

Bösch, Frank, »Boom zwischen Krise und Globalisierung. Konsum und kultureller Wandel in der Bundesrepublik der 1970er und 1980er Jahre«, in: *Geschichte und Gesellschaft* 42/2 (2016), S. 354–376.

Bösch, Frank, »Internationale Solidarität im geteilten Deutschland. Konzepte und Praktiken«, in: ders. / Caroline Moine / Stefanie Senger (Hg.), *Internationale Solidarität. Globales Engagement in der Bundesrepublik und der DDR*, Göttingen 2018, S. 7–34.

Bösch, Frank, *Zeitenwende 1979. Als die Welt von heute begann*, München 2018.

Borchardt, Knut, »Globalisierung aus historischer Perspektive«, in: Jürgen Osterhammel (Hg.), *Weltgeschichte*, Stuttgart 2008, S. 217–238.

Borck, Cornelius, »Der Transhumanismus der Kontrollmaschine: Die Expo '67 als Vision einer kybernetischen Versöhnung von Mensch und Welt«, in: Michael Hagner / Erich Hörl (Hg.), *Die Transformation des Humanen. Beiträge zur Kulturgeschichte der Kybernetik*, Frankfurt a. M. 2008, S. 125–162.

Borgwardt, Elizabeth, *A New Deal for the World. America's Vision for Human Rights*, Cambridge 2005.

Brand, Ulrich / Markus Wissen, *Imperiale Lebensweise. Zur Ausbeutung von Mensch und Natur im globalen Kapitalismus*, München 2017.

Brandes, Sören, »›Free to Choose‹. Die Popularisierung des Neoliberalismus in Milton Friedmans Fernsehserie (1980/90)«, in: *Zeithistorische Forschungen* 12/3 (2015), S. 526–533.

Braun, Hermann, »Welt«, in: Otto Brunner u. a. (Hg.), *Geschichtliche Grundbegriffe. Historisches Lexikon zur politisch-sozialen Sprache in Deutschland*, Bd. 7, Stuttgart 1992, S. 433–510.

Brendebach, Jonas / Martin Herzer / Heidi Tworek, »Introduction«, in: dies. (Hg.), *International Organizations and the Media in the Nineteenth and Twentieth Centuries: Exorbitant Expectations*, London 2018, S. 1–16.
Bruggmann, Jana, »Der Weltraum im Zeitalter seiner technischen Reproduzierbarkeit. Das wissenschaftliche Theater der Berliner Urania, 1889–1905«, in: *Technikgeschichte* 84/4 (2017), S. 305–328.
Büschel, Hubertus / Daniel Speich, »Einleitung. Konjunkturen, Probleme und Perspektiven der Globalgeschichte von Entwicklungszusammenarbeit«, in: dies. (Hg.), *Entwicklungswelten. Globalgeschichte der Entwicklungszusammenarbeit*, Frankfurt a. M. / New York 2009, S. 7–29.
Burton, Eric, *In Diensten des Afrikanischen Sozialismus. Tansania und die globale Entwicklungsarbeit der beiden deutschen Staaten, 1961–1990*, Berlin 2021.

Clarke, Bruce, »Mediating Gaia. Literature, Space, and Cybernetics in the Dissemination of Gaia Discourse«, in: Solvejg Nitzke / Nicolas Pethes (Hg.), *Imagining Earth. Concepts of Wholeness in Cultural Constructions of Our Home Planet*, Bielefeld 2017, S. 61–90.
Clavin, Patricia, *Securing the World Economy. The Reinvention of the League of Nations, 1920–1946*, Oxford 2013.
Conrad, Sebastian, *Globalisierung und Nation im Deutschen Kaiserreich*, München 2006.
Cornelißen, Christoph / Dirk van Laak, »Einleitung: Die (Ent-)Provinzialisierung Weimars«, in: dies. (Hg.), *Weimar und die Welt. Globale Verflechtungen der ersten deutschen Republik*, Göttingen 2020, S. 9–21.
Crutzen, Paul J., »Geology of Mankind«, in: *Nature* 415/23 (2002).

Daggett, Cara, »Petro-masculinity: Fossil Fuels and Authoritarian Desire«, in: *Millennium* 47/1 (2018) S. 25–44.
Davies, Hannah Catherine, »›Mingled in an Almost Inextricable Confusion‹: The Panics of 1873 and the Experience of Globalization«, in: *Journal of Global History* 15/2 (2020), S. 291–309.
Debaene, Vincent, »Vorwort«, in: *Claude Lévi-Strauss. Strukturale Anthropologie Zero*, Berlin 2021, S. 7–63.
De Grazia, Victoria, *Irresistible Empire. America's Advance through Twentieth-century Europe*, Cambridge 2005.
Dejung, Christof / David Motadel / Jürgen Osterhammel (Hg.), *The Global Bourgeoisie. The Rise of the Middle Classes in the Age of Empire*, Princeton 2019.
Dejung, Christof, »Deglobalisierung? Oder Enteuropäisierung des Globalen? Überlegungen zur Entwicklung der Weltwirtschaft in der Zwischenkriegszeit«, in: Sönke Kunkel / Christoph Meyer (Hg.), *Aufbruch ins postkoloniale Zeitalter. Globalisierung und die außereuropäische Welt in den 1920er und 1930er Jahren*, Frankfurt a. M. / New York 2012, S. 37–61.

De Oliveira, Patrick Luiz Sullivan, »Transforming a Brazilian Aeronaut into a French Hero: Celebrity, Spectacle, and Technological Cosmopolitanism in the Turn-of-the-Century Atlantic«, in: *Past & Present* 254/1 (2022), S. 235–275.

Deuerlein, Martin, *Das Zeitalter der Interdependenz. Globales Denken und internationale Politik in den langen 1970er Jahren*, Göttingen 2020.

Deuerlein, Martin, »Inter-Dependenz: Nord-Süd-Beziehungen und die Auseinandersetzung um die Deutung der Welt«, in: Jürgen Dinkel / Steffen Fiebrig / Frank Reichherzer (Hg.), *Nord/Süd. Perspektiven auf eine globale Konstellation*, Berlin 2020, S. 21–44.

Dinkel, Jürgen, *Die Bewegung Bündnisfreier Staaten. Genese, Organisation und Politik (1927–1992)*, Berlin 2016.

Dinkel, Jürgen, »Globalisierung des Widerstands. Antikoloniale Konferenzen und die ›Liga gegen Imperialismus und für nationale Unabhängigkeit‹, 1927–1937«, in: Sönke Kunkel / Christoph Meyer (Hg.), *Aufbruch ins postkoloniale Zeitalter. Globalisierung und die außereuropäische Welt in den 1920er und 1930er Jahren*, Frankfurt a. M. / New York 2012, S. 209–232.

Dinkel, Jürgen / Steffen Fiebrig / Frank Reichherzer, *Nord/Süd. Perspektiven auf eine globale Konstellation*, Berlin 2020.

Dodds Pennock, Caroline, *On Savage Shores*, London 2023.

Dörnemann, Maria, *Plan Your Family – Plan Your Nation. Bevölkerungspolitik als internationales Entwicklungshandeln in Kenia (1932–1993)*, Berlin 2019.

Dörries, Matthias, »Krakatau 1883. Die Welt als Labor und Erfahrungsraum«, in: Iris Schröder / Sabine Höhler (Hg.), *Welt-Räume. Geschichte, Geographie und Globalisierung*, Frankfurt a. M. / New York 2005, S. 51–73.

Dogliani, Patrizia, »The Fate of Socialist Internationalism«, in: Glenda Sluga / Patricia Clavin (Hg.), *Internationalisms. A Twentieth-Century History*, Cambridge 2016, S. 38–60.

Dünne, Jörg, »Die Karte als Operations- und Imaginationsmatrix. Zur Geschichte eines Raummediums«, in: Jörg Döring / Tristan Thielmann (Hg.), *Spatial Turn. Das Raumparadigma in den Kultur- und Sozialwissenschaften*, Bielefeld 2008, S. 49–69.

Eckel, Jan, »›Alles hängt mit allem zusammen.‹ Zur Historisierung des Globalisierungsdiskurses der 1990er und 2000er Jahre«, in: *Historische Zeitschrift* 307/1 (2018), S. 42–78.

Eckel, Jan, »VfZ-Schwerpunkt Globalisierung: Schlusskommentar«, in: *Vierteljahrshefte für Zeitgeschichte* 68/4 (2020), S. 686–689.

Edwards, Paul N., *The Closed World. Computers and the Politics of Discourse in Cold War America*, Cambridge, Mass. / London 1996.

Eiling, Lisa, *Primat der Praxis. Bernhard Harms und das Institut für Weltwirtschaft 1913–1933*, Tübingen 2023.

Eitler, Pascal, »Der kurze Weg nach ›Osten‹. Orientalisierungsprozesse in der Bundesrepublik Deutschland um und nach 1968«, in: Axel Schildt (Hg.), *Von draußen. Ausländische intellektuelle Einflüsse in der Bundesrepublik bis 1990*, Göttingen 2016, S. 288–305.

Elichirigoity, Fernando, *Planet Management. Limits to Growth, Computer Simulation, and the Emergence of Global Spaces*, Evanston 1999.

Engel, Alexander, *Risikoökonomie. Eine Geschichte des Börsenterminhandels*, Frankfurt a. M. / New York 2021.

Fäßler, Peter E., *Globalisierung. Ein historisches Kompendium*, Köln/Weimar/Wien 2007.

Fergusson, Niall u. a. (Hg.), *The Shock of the Global. The 1970s in Perspective*, Cambridge, Mass. 2010.

Fischer, Karin, »The Influence of Neoliberals in Chile before, during, and after Pinochet«, in: Philip Mirowski / Dieter Plehwe (Hg.), *The Road from Mont Pèlerin. The Making of the Neoliberal Thought Collective*, Cambridge, Mass. 2009, S. 305–346.

Gänger, Stefanie / Jürgen Osterhammel, »Denkpause für Globalgeschichte«, in: *Merkur* 74/855 (2020), S. 79–86.

Geppert, Alexander C. T., »›Space Personae‹: Cosmopolitan Networks of Peripheral Knowledge, 1927–1957«, in: *Journal of Modern European History* 6/2 (2008), S. 262–286.

Getachew, Adom, *Die Welt nach den Imperien. Aufstieg und Niedergang der postkolonialen Selbstbestimmung*, Berlin 2022.

Gillett, Anne, *At Home in Our Sounds. Music, Race, and Cultural Politics in Interwar Paris*, Oxford 2021.

Gilman, Nils / Howard Brick, *Mandarins of the Future: Modernization Theory in Cold War America*, Baltimore 2007.

Glasman, Joël, *Humanitarianism and the Quantification of Human Needs*, New York 2020.

Goebel, Michael, *Anti-Imperial Metropolis. Interwar Paris and the Seeds of Third World Nationalism*, New York 2015.

Gopal, Priyamvada, *Insurgent Empire. Anticolonial Resistance and British Dissent*, London 2019.

Graeber, David / David Wengrow, *Anfänge. Eine neue Geschichte der Menschheit*, Stuttgart 2022.

Graf, Rüdiger / Kim Christian Priemel, »Zeitgeschichte in der Welt der Sozialwissenschaften. Legitimität und Originalität einer Disziplin«, in: *Vierteljahrshefte für Zeitgeschichte* 59/4 (2011), S. 479–508.

Graf, Rüdiger, *Öl und Souveränität. Petroknowledge und Energiepolitik in den USA und Westeuropa in den 1970er Jahren*, Berlin 2014.

Graf, Rüdiger, »Einleitung. Ökonomisierung als Schlagwort und Forschungsgegenstand«, in: ders. (Hg.), *Ökonomisierung. Debatten und Praktiken in der Zeitgeschichte*, Göttingen 2019, S. 9–27.

Graf, Rüdiger, »Der Konflikt, der nicht stattfand: Ressourcen, Interdependenz, Sicherheit und die Erwartung des Nord-Süd-Konflikts in den 1970er Jahren«, in: Jürgen Dinkel / Steffen Fiebrig / Frank Reichherzer (Hg.), *Nord/Süd. Perspektiven auf eine globale Konstellation*, Berlin 2020, S. 423–445.

Greiner, Bernd, »Wirtschaft im Kalten Krieg. Bilanz und Ausblick«, in: ders. / Christian Th. Müller / Claudia Weber (Hg.), *Ökonomie im Kalten Krieg*, Hamburg 2010.

Grimmer-Solem, Erik, *Learning Empire. Globalization and the German Quest for World Status, 1875–1919*, Cambridge 2019.

Hannig, Florian, *Am Anfang war Biafra. Humanitäre Hilfe in den USA und der Bundesrepublik Deutschland*, Frankfurt a. M. / New York 2022.

Hanusch, Frederic / Claus Leggewie / Erik Meyer (Hg.), *Planetar denken. Ein Einstieg*, Bielefeld 2021.

Hathaway, Oona A. / Scott J. Shapiro, *The Internationalists. How a Radical Plan to Outlaw War Remade the World*, New York 2017.

Hearden, Patrick J., *Architects of Globalism. Building a New World Order During World War II*, Fayetteville 2002.

Heintz, Bettina, »Welterzeugung durch Zahlen. Modelle politischer Differenzierung in internationalen Statistiken, 1948–2010«, in: *Soziale Systeme* 18 / 1 + 2 (2012), S. 7–39.

Helleiner, Eric, *Forgotten Foundations of Bretton Woods. International Development and the Making of the Postwar Order*, Ithaca u. a. 2014.

Herrmann, Hans-Christian von, »Der planetarische Maßstab der Technik. Zur Geschichte einer absoluten Metapher«, in: *Jahrbuch für Medienphilosophie* 2 (2016), S. 53–66.

Hirschhausen, Ulrike von / Jonas Kreienbaum, »›Neocolonialism‹ Revisited: An Empirical Enquiry into the Term's Theoretical Substance Today«, in: *Comparativ* 29/3 (2019), S. 65–85.

Höhler, Sabine, *Spaceship Earth in the Environmental Age, 1960–1990*, London 2015.

Höhler, Sabine / Fred Luks (Hg.), *Beam us up, Boulding! 40 Jahre »Raumschiff Erde«*, Hamburg 2006.

Homberg, Michael, *Reporter-Streifzüge. Metropolitane Nachrichtenkultur und die Wahrnehmung der Welt 1870–1918*, Göttingen 2017.

Homberg, Michael, »Von Sendern und Empfängern: Der Nord-Süd-Dialog und die Debatte um eine Neue Weltinformations- und Kommunikationsordnung«, in: Jürgen Dinkel / Steffen Fiebrig / Frank Reichherzer (Hg.), *Nord/Süd. Perspektiven auf eine globale Konstellation*, Berlin 2020, S. 263–298.

Horn, Eva / Hannes Berthaller, *Anthropozän zur Einführung*, Hamburg 2019.
Huber, Valeska, *Channelling Mobilities. Migration and Globalisation in the Suez Canal Region and Beyond, 1869–1914*, Cambridge 2013.
Huber, Valeska / Jürgen Osterhammel (Hg.), *Global Publics. Their Power and their Limits, 1870–1990*, London 2020.
Hünemörder, Kai F., »Vom Expertennetzwerk zur Umweltpolitik: Frühe Umweltkonferenzen und die Ausweitung der öffentlichen Aufmerksamkeit für Umweltfragen in Europa (1959–1972)«, in: *Archiv für Sozialgeschichte* 43 (2003), S. 275–296.

Jäger, Jens, *Das vernetzte Kaiserreich. Die Anfänge von Modernisierung und Globalisierung in Deutschland*, Stuttgart 2020.
Jasanoff, Sheila, »Heaven and Earth: The Politics of Environmental Images«, in: dies. / Marybeth Long Martello (Hg.), *Earthly Politics. Local and Global in Environmental Governance*, Cambridge, Mass. / London 2004, S. 31–53.
Johnston, Jean-Michel, *Networks of Modernity. Germany in the Age of the Telegraph, 1830–1880*, Oxford 2021
Jones, Max, »Exploration, Celebrity, and the Making of a Transnational Hero: Fridtjof Nansen and the Fram Expedition«, in: *The Journal of Modern History* 93/1 (2021), S. 68–108.
Jureit, Ulrike, *Das Ordnen von Räumen. Territorium und Lebensraum im 19. und 20. Jahrhundert*, Hamburg 2012.

Kalt, Monica, *Tiersmondismus in der Schweiz der 1960er und 1970er Jahre. Von der Barmherzigkeit zur Solidarität*, Berlin u. a. 2010.
Kalter, Christoph, *Die Entdeckung der Dritten Welt. Dekolonisierung und neue radikale Linke in Frankreich*, Frankfurt a. M. / New York 2011.
Karayiannides, Efthimios, »Stuart Hall, Development Theory, and Thatcher's Britain«, in: *Modern Intellectual History* (2022), S. 1–24.
Kocka, Jürgen, *Geschichte des Kapitalismus*, München 2013.
Koselleck, Reinhart, »›Erfahrungsraum‹ und ›Erwartungshorizont‹ – zwei historische Kategorien«, in: ders., *Vergangene Zukunft*, Frankfurt a. M. 1979, S. 349–375.
Krajewski, Markus, *Restlosigkeit. Weltprojekte um 1900*, Frankfurt a. M. 2006.
Kuchenbuch, David, »›Eine Welt‹. Globales Interdependenzbewusstsein und die Moralisierung des Alltags in den 1970er und 1980er Jahren«, in: *Geschichte und Gesellschaft* 38 (2012), S. 158–184.
Kuchenbuch, David, *Welt-Bildner. Arno Peters, Richard Buckminster Fuller und die Medien des Globalismus, 1940–2000*, Wien/Köln/Weimar 2021.
Kuhnert, Matthias, *Humanitäre Kommunikation. Entwicklung und Emotionen bei britischen NGOs 1945–1990*, Berlin 2017.
Kunkel, Sönke / Christoph Meyer, »Dimensionen des Aufbruchs. Die 1920er

und 1930er Jahre in globaler Perspektive«, in: dies. (Hg.), *Aufbruch ins postkoloniale Zeitalter. Globalisierung und die außereuropäische Welt in den 1920er und 1930er Jahren*, Frankfurt a. M. / New York 2012, S. 7–32.

Kunkel, Sönke, »Zwischen Globalisierung, internationalen Organisationen und ›global governance‹. Eine kurze Geschichte des Nord-Süd-Konflikts in den 1960er und 1970er Jahren«, in: *Vierteljahrshefte für Zeitgeschichte* 60/4 (2012), S. 555–578.

Kunter, Katharina / Annegreth Schilling (Hg.), *Globalisierung der Kirchen. Der Ökumenische Rat der Kirchen und die Entdeckung der Dritten Welt in den 1960er und 1970er Jahren*, Göttingen 2014.

Latour, Bruno, *Kampf um Gaia. Acht Vorträge über das neue Klimaregime*, Berlin 2020.

Lebovic, Sam, »›Here, There and Everywhere‹: The Beatles, America, and Cultural Globalization, 1964–1968«, in: *Journal of American Studies* 51/1 (2016), S. 43–65.

Leendertz, Ariane, *Der erschöpfte Staat. Eine andere Geschichte des Neoliberalismus*, Hamburg 2022.

Leendertz, Ariane, »Die Macht des Wettbewerbs. Die Max-Planck-Gesellschaft und die Ökonomisierung der Wissenschaft seit den 1990er Jahren«, in: *Vierteljahrshefte für Zeitgeschichte* 70/2 (2022), S. 235–271.

Lenger, Friedrich, »Das Ende des Kapitalismus – bei, vor und nach Marx«, in: *Merkur* 72/831 (2018), S. 34–49.

Lenger, Friedrich, *Der Preis der Welt. Eine Globalgeschichte des Kapitalismus*, München 2023.

Leonhard, Jörn, *Der überforderte Frieden. Versailles und die Welt 1918–1923*, München 2018.

Lindell, Johanna / Lisa Pelling, *Die schwedische Unzufriedenheit*, Stockholm 2022.

Lingelbach, Gabriele, »Globalgeschichtliche Perspektiven auf die Weimarer Republik«, in: Christoph Cornelißen / Dirk van Laak (Hg.), *Weimar und die Welt. Globale Verflechtungen der ersten deutschen Republik*, Göttingen 2020, S. 23–52.

Lowenhaupt Tsing, Anna, *Der Pilz am Ende der Welt. Über das Leben in den Ruinen des Kapitalismus*, Berlin 2018.

Lüders Kaalund, Nanna Katrine, »Erasure as a Tool of Nineteenth-Century European Exploration, and the Arctic Travels of Tookoolito and Ipiirvik«, in: *The Historical Journal* 66/1 (2023), S. 122–140.

Luhmann, Niklas, »Die Weltgesellschaft«, in: ders., *Soziologische Aufklärung 2. Aufsätze zur Theorie der Gesellschaft*, Opladen 1975, S. 51–71.

Luks, Timo, *Die Ökonomie der Anderen. Der Kapitalismus der Ethnologen. Eine transnationale Wissensgeschichte seit 1800*, Tübingen 2019.

Mandler, Peter, »One World, Many Cultures: Margaret Mead and the Limits to Cold War Anthropology«, in: *History Workshop* 68/1 (2009), S. 149–172.

Mausbach, Wilfried, »Von der ›zweiten Front‹ in die friedliche Etappe? Internationale Solidaritätsbewegungen in der Bundesrepublik 1968–1983«, in: Sven Reichardt / Detlef Siegfried (Hg.), *Das Alternative Milieu. Antibürgerlicher Lebensstil und linke Politik in der Bundesrepublik Deutschland und Europa 1968–1983*, Göttingen 2010, S. 423–444.

Mazower, Mark, *No Enchanted Palace. The End of Empire and the Ideological Origins of the United Nations*, Princeton 2009.

Mergel, Thomas, »Marx, Engels und die Globalisierung«, in: *Zeithistorische Forschungen* 6 (2009), S. 276–289.

Meteling, Wenke, »Internationale Konkurrenz als nationale Bedrohung. Zur politischen Maxime der ›Standortsicherung‹ in den neunziger Jahren«, in: Ralph Jessen (Hg.), *Konkurrenz in der Geschichte. Praktiken – Werte – Institutionalisierungen*, Frankfurt a. M. / New York 2014, S. 289–315.

Meyer, Philipp Julius, *Kartographie und Weltanschauung. Visuelle Wissensproduktion im Verlag Justus Perthes 1890–1945*, Göttingen 2021.

Mirowski, Philip / Dieter Plehwe (Hg.), *The Road From Mont Pèlerin. The Making of the Neoliberal Thought Collective*, Cambridge, Mass. 2009.

Mittelman, James H., »Globalization: Captors and captive«, in: *Third World Quarterly* 21/6 (2000), S. 917–929.

Möckel, Benjamin, »Gegen die ›Plastikwelt der Supermärkte‹. Konsum- und Kapitalismuskritik in der Entstehungsgeschichte des ›fairen Handels‹«, in: *Archiv für Sozialgeschichte* 56 (2016), S. 335–352.

Möhring, Maren, »Die ›Welt in einem Haus‹. Der Berliner Unterhaltungs- und Gastronomiekomplex ›Haus Vaterland‹ in der Weimarer Republik«, in: Christoph Cornelißen / Dirk van Laak (Hg.), *Weimar und die Welt. Globale Verflechtungen der ersten deutschen Republik*, Göttingen 2020, S. 327–346.

Monaville, Pedro, *Students of the World. Global 1968 and Decolonization in the Congo*, New York 2022.

Morat, Daniel, »Katalysator wider Willen. Das Humboldt Forum in Berlin und die deutsche Kolonialvergangenheit«, in: *Zeithistorische Forschungen* 16/1 (2019), S. 140–153.

Morat, Daniel u. a. (Hg.), *Weltstadtvergnügen. Berlin 1880–1930*, Göttingen 2016.

Morgan, Jennifer, *Reckoning with Slavery. Gender, Kinship, and Capitalism in the Early Black Atlantic*, Durham 2021.

Moser, Peter, »Zugriff auf die Lithosphäre. Gestaltungspotenziale unterschiedlicher Energiegrundlagen in der agrarisch-industriellen Wissensgesellschaft«, in: *Traverse* 20/3 (2013), S. 37–48.

Moyn, Samuel, *The Last Utopia. Human Rights in History*, Cambridge 2010.

Müller, Ella, *Die amerikanische Rechte und der Umweltschutz. Geschichte einer Radikalisierung*, Hamburg 2023.

Mulsow, Martin, *Überreichweiten. Perspektiven einer globalen Ideengeschichte*, Berlin 2022.

Muschik, Eva-Maria, *Building States. The United Nations, Development, and Decolonization, 1945–1965*, New York 2022.

Muschik, Eva-Maria, »Special Issue Introduction: Towards a Global History of International Organizations and Decolonization«, in: *Journal of Global History* 17/2 (2022), S. 173–190.

Nolte, Paul, »A Different Sort of Neoliberalism? Making Sense of German History since the 1970s«, in: *Bulletin of the German Historical Institute* 64 (2019), S. 9–26.

Nützenadel, Alexander, »Die wirtschaftliche Dimension der Globalisierung«, in: Pim den Boer u. a. (Hg.), *Europäische Erinnerungsorte 3. Europa und die Welt*, München 2012, S. 19–26.

Osterhammel, Jürgen, *Die Verwandlung der Welt. Eine Geschichte des 19. Jahrhunderts*, München 2008.

Osterhammel, Jürgen, »Globalifizierung. Denkfiguren der neuen Welt«, in: *Zeitschrift für Ideengeschichte* IX/1 (2015), S. 5–16.

Osterhammel, Jürgen / Niels P. Petersson, *Geschichte der Globalisierung*, München 2007.

O'Sullivan, Christopher D., *Sumner Welles, Postwar Planning, and the Quest for a New World Order, 1937–1943*, New York 2008.

O'Sullivan, Kevin, *The NGO Moment. The Globalisation of Compassion from Biafra to Live Aid*, Cambridge 2021.

Patel, Kiran Klaus, *Projekt Europa. Eine kritische Geschichte*, München 2018.

Paulmann, Johannes, *Globale Vorherrschaft und Fortschrittsglaube. Europa 1850–1914*, München 2019.

Pemberton, Jo-Anne, *Global Metaphors. Modernity and the Quest for One World*, London 2001.

Penny, Glenn H., *German History Unbound. From 1750 to the Present*, Cambridge 2022.

Penny, Glenn H., *Im Schatten Humboldts. Eine tragische Geschichte der deutschen Ethnologie*, München 2019.

Peters, Arno, *Der Europa-zentristische Charakter unseres geographischen Weltbildes und seine Überwindung*, Dortmund 1976.

Petersson, Niels P., »Globalisierung und Arbeit«, in: Boris Barth / Stefanie Gänger / ders. (Hg.), *Globalgeschichten. Bestandsaufnahme und Perspektiven*, Frankfurt a. M. / New York 2014, S. 259–333.

Pistor, Katharina, *Der Code des Kapitals. Wie das Recht Reichtum und Ungleichheit schafft*, Berlin 2020.

Plumpe, Werner, *Das kalte Herz. Kapitalismus. Die Geschichte einer andauernden Revolution*, Berlin 2019.

Plumpe, Werner / Jan-Otmar Hesse / Roman Köster, *Die Große Depression. Die Weltwirtschaftskrise 1929–1939*, Frankfurt a. M. 2014.

Pula, Besnik, *Globalization Under and After Socialism. The Evolution of Transnational Capital in Central and Eastern Europe*, Stanford 2018.

Radkau, Joachim, *Das Zeitalter der Nervosität. Deutschland zwischen Bismarck und Hitler*, München 1998.

Ramachandran, Ayesha, *The Worldmakers, Global Imagining in Early Modern Europe*, Chicago 2015.

Ramaswamy, Sumathi, *Terrestrial Lessons. The Conquest of the World as Globe*, Chicago 2017.

Raphael, Lutz, *Imperiale Gewalt und mobilisierte Nation. Europa 1914–1945*, München 2011.

Raphael, Lutz, *Jenseits von Kohle und Stahl. Eine Gesellschaftsgeschichte Westeuropas nach dem Boom*, Berlin 2019.

Raza, Ali u. a. (Hg.), *The Internationalist Moment. South Asia, Worlds, and World Views 1917–1939*, Los Angeles u. a. 2015.

Reichardt, Sven, *Authentizität und Gemeinschaft. Linksalternatives Leben in den siebziger und frühen achtziger Jahren*, Frankfurt a. M. 2014.

Richter, Isabel, »Psychonauts and Seekers: West German Entanglements in the Spiritual Turn of the Global 1960s and 1970s«, in: *Contemporary European History* (2022), S. 1–17.

Rischbieter, Laura, »Risiken und Nebenwirkungen. Internationale Finanzstrategien in der Verschuldungskrise der 1980er Jahre«, in: *Geschichte und Gesellschaft* 41/3 (2015). S. 465–493.

Rosenboim, Or, *The Emergence of Globalism. Visions of World Order in Britain and the United States, 1939–1950*, Princeton/Oxford 2017.

Ross, Corey, *Ecology and Power in the Age of Empire. Europe and the Transformation of the Tropical World*, Oxford 2017.

Rossow, Holger, *Globalismus und New Labour. Zur diskursiven Konstruktion von Globalisierungsprozessen im Großbritannien der Blair-Ära*, Bielefeld 2011.

Roth, Roland / Dieter Rucht, »Globalisierungskritische Netzwerke, Kampagnen und Bewegungen«, in: dies. (Hg.), *Die sozialen Bewegungen in Deutschland seit 1945. Ein Handbuch*, Frankfurt a. M. 2007, S. 493–512.

Sachs, Wolfgang, »Die eine Welt«, in: ders. (Hg.), *Wie im Westen so auf Erden. Ein polemisches Handbuch zur Entwicklungspolitik*, Reinbek 1993, S. 429–450.

Sachs, Wolfgang, *Der Planet als Patient. Über die Widersprüche globaler Umweltpolitik*, Basel 1994.

Sachs, Wolfgang, »Satellitenblick. Die Ikone vom blauen Planeten und ihre

Folgen für die Wissenschaft«, in: Ingo Braun / Bernward Joerges (Hg.), *Technik ohne Grenzen*, Frankfurt a. M. 1995, S. 305–346.

Sanchez-Sibony, Oscar, *Red Globalization. The Political Economy of the Soviet Cold War from Stalin to Khrushchev*, Cambridge 2014.

Sandner, Günther, *Otto Neurath. Eine politische Biographie*, Wien 2014.

Sarasin, Philipp, *1977. Eine kurze Geschichte der Gegenwart*, Berlin 2021.

Schmelzer, Matthias, *The Hegemony of Growth. The OECD and the Making of the Economic Growth Paradigm*, Cambridge u. a. 2016.

Schneider, Ute, »Kartographie als imperiale Raumgestaltung. Alexander (Sándor) Radós Karten und Atlanten«, in: *Zeithistorische Forschungen* 3/1 (2006), S. 77–94.

Schröder, Iris / Sabine Höhler, »Welt-Räume: Annäherungen an eine Geschichte der Globalität im 20. Jahrhundert«, in: dies. (Hg.), *Welt-Räume. Geschichte, Geographie und Globalisierung*, Frankfurt a. M. / New York 2005, S. 9–47.

Schröder, Iris, »Eine Weltkarte aus der Provinz: Die Gothaer Chart of the World und die Karriere eines globalen Bestsellers«, in: *Historische Anthropologie* 25/3 (2017), S. 353–376.

Schüring, Michael, »Zwischen Ökobiblizismus und Neo-Animismus. Aspekte alternativer Gegenwelten in den Evangelischen Kirchen der Bundesrepublik um 1980«, in: *Geschichte und Gesellschaft* 41/1 (2015), S. 107–139.

Schulten, Susan, *The Geographical Imagination in America 1880–1950*, Chicago 2001.

Seefried, Elke, *Zukünfte. Aufstieg und Krise der Zukunftsforschung 1945–1980*, Berlin 2015.

Seibel, Benjamin, *Cybernetic Government. Informationstechnologie und Regierungsrationalität von 1943–1970*, Wiesbaden 2016.

Sharma, Nandita, *Home Rule. National Sovereignty and the Separation of Natives and Migrants*, Durham 2020.

Siegel, Steffen / Petra Weigel, »Warum Phileas Fogg keine Karten braucht«, in: Passepartout (Hg.), *Weltnetzwerke – Weltspiele. Jules Vernes In 80 Tagen um die Welt*, Konstanz 2013, S. 184–187.

Siegfried, Detlef, *Alternative Dänemark. Kosmopolitismus im westdeutschen Alternativmilieu 1965–1985*, Göttingen 2023.

Siegrist, Pascale, »Cosmopolis and Community: Élisée Reclus and Pëtr Kropotkin on Spatial and Moral Unity, 1870s to 1900s«, in: *Global Intellectual History* 7/11 (2020), S. 1–18.

Slobodian, Quinn, *Foreign front. Third World politics in sixties West Germany*, Durham 2012.

Slobodian, Quinn, *Globalisten. Das Ende der Imperien und die Geburt des Neoliberalismus*, Berlin 2019.

Slobodian, Quinn, »World Maps for the Debt Paradigm: Risk Ranking the

Poorer Nations in the 1970s«, in: *Critical Historical Studies* 8/1 (2021), S. 1–22.

Sluga, Glenda, »The Transformation of International Institutions. Global Shock as Cultural Shock«, in: Niall Fergusson u. a. (Hg.), *The Shock of the Global. The 1970s in Perspective*, Cambridge, Mass. 2010, S. 223–236.

Sluga, Glenda, »UNESCO and the (One) World of Julian Huxley«, in: *Journal of World History* 21/3 (2010), S. 393–418.

Sluga, Glenda, *Internationalism in the Age of Nationalism*, Pennsylvania 2013.

Speich-Chassé, Daniel, *Die Erfindung des Bruttosozialprodukts. Globale Ungleichheit in der Wissensgeschichte der Ökonomie*, Göttingen 2013.

Stäheli, Urs, *Soziologie der Entnetzung*, Berlin 2021.

Stalder, Felix, *Kultur der Digitalität*, Berlin 2016.

Stanley, Amy, »Maidservants' Tales: Narrating Domestic and Global History in Eurasia, 1600–1900«, in: *The American Historical Review* 121/2 (2016), S. 439–460.

Steil, Benn, *The Battle of Bretton Woods. John Maynard Keynes, Harry Dexter White, and the Making of a New World Order*, Princeton/Oxford 2013.

Steinmetz, Willibald, *Europa im 19. Jahrhundert*, Frankfurt a. M. 2019.

Storjohann, Petra, »Globalisierungsdiskurs«, in: Thomas Nier / Jörg Kilian / Jürgen Schiewe (Hg.), *Handbuch Sprachkritik*, Stuttgart 2020, S. 259–267.

Streeck, Wolfgang, *Zwischen Globalismus und Demokratie. Politische Ökonomie im ausgehenden Neoliberalismus*, Berlin 2021.

Stuchtey, Benedikt, *Die europäische Expansion und ihre Feinde. Kolonialismuskritik vom 18. bis in das 20. Jahrhundert*, München 2010.

Studer, Brigitte, *Reisende der Weltrevolution. Eine Globalgeschichte der Kommunistischen Internationale*, Berlin 2020.

Ther, Philipp, *Die neue Ordnung auf dem alten Kontinent. Eine Geschichte des neoliberalen Europa*, Berlin 2014.

Ther, Philipp / Ulf Brunnbauer / Piotr Filipkowski / Andrew Hodges / Stefano Petrungaro / Peter Wegenschimmel, *In den Stürmen der Transformation. Zwei Werften zwischen Sozialismus und EU*, Berlin 2022.

Thiemeyer, Thomas, »Jahre am Rande der Zeit«, in: *Merkur* 68/778 (2014), S. 256–260.

Tooze, Adam, *Crashed. Wie zehn Jahre Finanzkrise die Welt verändert haben*, München 2018.

Torp, Cornelius, »Weltwirtschaft vor dem Weltkrieg. Die erste Welle ökonomischer Globalisierung vor 1914«, in: *Historische Zeitschrift* 279/3 (2004), S. 561–609.

Tripp, Sebastian, *Fromm und politisch. Christliche Anti-Apartheid-Gruppen und die Transformation des westdeutschen Protestantismus 1970–1990*, Göttingen 2015.

Turner, Fred, *From Counterculture to Cyberculture. Stewart Brand, the Whole Earth Network, and the Rise of Digital Utopianism*, Chicago 2006.

Van Acker, Wouter, »Internationalist Utopias of Visual Education: The Graphic and Scenographic Transformation of the Universal Encyclopaedia in the Work of Paul Otlet, Patrick Geddes, and Otto Neurath«, in: *Perspectives on Science* 19/31 (2011), S. 23–80.

Van Munster, Rens / Casper Sylvest, »Introduction«, in: dies. (Hg.), *The Politics of Globality since 1945. Assembling the Planet*, Abingdon / New York 2016, S. 1–19.

Van Reybrouck, David, *Revolusi. Indonesien und die Entstehung der modernen Welt*, Berlin 2022.

Van Vleck, Jenifer, *Empire of the Air. Aviation and the American Ascendancy*, Cambridge, Mass. 2013.

Vogl, Joseph, *Der Souveränitätseffekt*, Zürich 2015.

Vogl, Joseph, *Kapital und Ressentiment. Eine kurze Theorie der Gegenwart*, München 2021.

Wagner, Florian, *Colonial Internationalism and the Governmentality of Empire, 1893–1982*, Cambridge 2022.

Wallerstein, Immanuel, *Historical Capitalism. With Capitalist Civilization*, London 1996.

Weitbrecht, Dorothee, *Aufbruch in die Dritte Welt. Der Internationalismus der Studentenbewegung von 1968 in der Bundesrepublik Deutschland*, Göttingen 2012.

Wells, H. G., *World Brain*, London 1938.

Wenzlhuemer, Roland, »›Less Than No Time‹. Zum Verhältnis von Telegrafie und Zeit«, in: *Geschichte und Gesellschaft* 37/4 (2011), S. 593–613.

Westermann, Andrea, »Inventuren der Erde. Vorratsschätzungen für mineralische Rohstoffe und die Etablierung der Ressourcenökonomie«, in: *Berichte zur Wissenschaftsgeschichte* 37/1 (2014), S. 20–40.

Wilder, Gary, *Freedom Time. Negritude, Decolonization, and the Future of the World*, Durham u. a. 2015.

Willkie, Wendell, *One World*, London 1943.

Wirsching, Andreas, *Demokratie und Globalisierung. Europa seit 1989*, München 2015.

Wirsching, Andreas, »Towards a New Europa? Knowledge as a Transformational Ressource since the 1970s«, in: *Bulletin of the German Historical Institute* 56 (2015), S. 7–22.

Wirsching, Andreas, »›Kaiser ohne Kleider‹? Der Nationalstaat und die Globalisierung«, in: *Vierteljahrshefte für Zeitgeschichte* 68/4 (2020), S. 659–685.

Wittner, Lawrence S., *One World or None: A History of the World Nuclear Disarmament Movement Through 1953. The Struggle Against the Bomb*, Stanford 1993.

Zahra, Tara, »Against the World: The Collapse of Empire and the Deglobalization of Interwar Austria«, in: *Austrian History Yearbook* 52 (2021), S. 1–10.

Zeiler, Thomas W., »Offene Türen in der Weltwirtschaft«, in: Akira Iriye (Hg.), *Geschichte der Welt. 1945 bis heute. Die globalisierte Welt*, München 2013, S. 184–356.

Zimmer, Thomas, *Welt ohne Krankheit. Geschichte der internationalen Gesundheitspolitik 1940–1970*, Göttingen 2017.

Zimmerman, Andrew, *Alabama in Africa. Booker T. Washington, the German Empire, and the Globalization of the New South*, Princeton 2010.